当代翻译学文库

黄忠廉　傅敬民　李瑞林　主编

教育部人文社会科学重点研究基地
黑龙江大学俄罗斯语言文学与文化研究中心　学术丛书

语言景观译写规范研究

刘丽芬　著

科学出版社

北京

内 容 简 介

本书以国内外所拍4万余张标牌为语料，对比汉外语言景观，从语相、语形、语义、语用四方面剖析中国语言景观译写错误，对其匡谬正俗，作出理论阐释，并提出可行性建议。本书重新界定了语言景观的内涵与外延，总结了语言景观在书写、词汇、语法、篇章等方面的特点，提炼出不同功能类型语言景观的译写模式；阐述了语境、版面空间、书写等对语言景观翻译的制约作用，探讨了语言景观的转化（全译）与变通（变译）规律。

本书服务于各类机构与个人语言景观译写与研究、高校外语与翻译教学、各级政府语言景观规划等。

图书在版编目（CIP）数据

语言景观译写规范研究 / 刘丽芬著. -- 北京：科学出版社，2025.3. -- （当代翻译学文库 / 黄忠廉，傅敬民，李瑞林主编）. -- ISBN 978-7-03-080492-1

Ⅰ．H059

中国国家版本馆 CIP 数据核字第 2024SA2391 号

责任编辑：王　丹　贾雪玲 / 责任校对：张亚丹
责任印制：徐晓晨 / 封面设计：蓝正设计

科学出版社出版
北京东黄城根北街16号
邮政编码：100717
http://www.sciencep.com

北京中石油彩色印刷有限责任公司印刷
科学出版社发行　各地新华书店经销
*

2025年3月第 一 版　开本：720×1000　1/16
2025年3月第一次印刷　印张：14 1/4
字数：240 000
定价：128.00元
（如有印装质量问题，我社负责调换）

本书得到广东外语外贸大学西方语言文化学院资助

总　序

当代翻译学文库

中国是翻译大国，正日益成为翻译强国。当下，翻译事业繁荣，译入译出并举，译学日渐昌盛。"当代翻译学文库"将集聚各方智慧，追踪国际译学前沿，着力推进知识创新，培养卓越翻译人才，以适应中国翻译事业发展现实与长远需要。

本文库含"理论译学"和"应用译学"两个分库。理论译学分库突出理论性、权威性和前沿性，重点考察翻译的一般规律与内在机制，探究翻译的本体论、认识论和方法论问题，推进译学知识体系、方法体系和话语体系建构，强化译学的独特性与自治性。它具体包括：①翻译思想类，聚焦翻译家与翻译学者的思想研究；②翻译理论类，聚焦翻译理论及其范畴研究；③翻译学科类，聚焦翻译学科系统建构研究；④翻译历史类，涵盖通史、史料史、断代史、专门史、国别史、口述史等。

应用译学分库则面向广泛的翻译生活世界，重点研究实践层面的核心认知与操作问题。它具体包括：①理论研究类，加强本体研究，聚焦目标对象、核心特征、基本原则、翻译策略等主要维度，探索应用译学理论体系化路径；②领域研究类，研究文化、商务、科技、新闻、法律等领域的特殊性及其翻译方法；③交叉研究类，聚焦翻译学与其他学科的交叉研究，丰富应用译学内涵，拓展应用译学空间；④翻译工具类，重点研究翻译技术、翻译资源研发与应用、翻译工具书及其编纂等问题；⑤翻译教学类，着重研究翻译教师、教材、教法等问题。

本文库著作来源以国内为主，兼及国外；以汉语为主，辅以外语；以国家社会科学基金项目和教育部人文社会科学研究项目的结项成果为主，兼收基于博士学位论文的高水平著作。整个文库服务于广大译者、翻译研究者、高校外语专业师生，以及对翻译和翻译研究感兴趣的读者。

中国译学协同研究中心（广东外语外贸大学）
应用翻译研究中心（上海大学）
2021 年金秋

目 录

总序　当代翻译学文库

绪论 …………………………………………………………………………… 1

第一章　语言景观研究回眸 ………………………………………………… 5
第一节　国内语言景观研究回望 ………………………………………… 5
第二节　国外语言景观研究回溯 ………………………………………… 12

第二章　语言景观及相关概念略论 ………………………………………… 21
第一节　语言景观及其近似概念 ………………………………………… 21
第二节　语言景观与公示语的名与实 …………………………………… 23
第三节　语言景观类型细说 ……………………………………………… 32

第三章　语言规范与语言偏离 ……………………………………………… 46
第一节　语言规范 ………………………………………………………… 46
第二节　语言偏离 ………………………………………………………… 48

第四章　语言景观汉俄译写语相错误剖泮 ………………………………… 55
第一节　俄语景观正字法规范 …………………………………………… 55
第二节　语言景观汉俄译写排版析弊 …………………………………… 65
第三节　语言景观汉俄译写正字法析误 ………………………………… 66

第五章　语言景观汉俄译写语形错误剖析 ………………………………… 76
第一节　语言景观语法概说 ……………………………………………… 76
第二节　语言景观汉俄译写词法释弊 …………………………………… 78
第三节　语言景观汉俄译写句法释误 …………………………………… 86

第六章　语言景观汉俄译写语义错误解析 …… 100
第一节　俄语词汇-语义特点概说 …… 101
第二节　语言景观汉俄译写词汇概念义析误 …… 103
第三节　语言景观汉俄译写语义聚合纠误 …… 117
第四节　语言景观汉俄译写语义组合匡谬 …… 134
第五节　语言景观汉俄译写语义重复纠偏 …… 143

第七章　语言景观汉俄译写语用失误剖释 …… 148
第一节　语言景观汉俄译写语用概说 …… 148
第二节　语言景观汉俄译写语用语言失误细析 …… 151
第三节　语言景观汉俄译写社交语用失误阐析 …… 187

结论及建议 …… 200

参考文献 …… 203

绪　　论

一、研究缘起

本书研究最早始于 2005 年，当时笔者在俄罗斯做访问学者，零星拍了些语言景观，因手头正在进行标题研究，故仅收集了部分语料，尚未对语言景观进行深入研究。2012 年，笔者再次公派访学莫斯科大学，又续拍了莫斯科、图拉等城市以及金环几个小镇的语言景观，但未成体系；2013 年回国后着手语言景观研究。由于俄语国家来华人员日益增多，我国位于中俄边境的城市、三亚等热门旅游城市的俄语景观相应出现且呈增长趋势，但也伴生大量翻译错误：拼写、语法、词汇、修辞、文化等方面的错误俯拾皆是。这些俄语景观非但不能为来华友人提供方便，反而会适得其反，使其产生误解或不快的情绪。一些俄罗斯人将我国语言景观俄译错误放到了网上，搬上了屏幕，招致颇多负面评价。笔者曾在公众号"飞翔俄语"看到一个视频，即俄罗斯一家电视台将我国语言景观俄译错误作为娱乐内容，俄罗斯观众观看时笑得前仰后合，而笔者却心情沉重，认为这有损中国国家形象，也不利于两国人民的友好交流。因此，笔者深感研究意义重大，为此，还专门去了我国俄语景观分布较多的地方，如满洲里、五大连池、绥芬河、哈尔滨、北戴河①、三亚、海口等地进行调研，拍摄俄语景观，也请朋友和学生拍摄黑河、珲春、霍尔果斯、乌鲁木齐、义乌、天津等地的俄语景观，收集了大量的俄语景观语料。此后，对所拍语料归类和分析。2014 年，笔者获批教育部人文社会科学重点研究基地重大项目"境内俄语服务窗口语言生态与中国形象构建研究"，是年 9 月，笔者作为特邀代表参加俄罗斯国立阿莫索夫东北联邦大学主办的"俄罗斯东北及亚太地区俄罗斯学"第一届

---

① 秦皇岛市北戴河区。

俄语教学国际研讨会，借机拍摄了雅库茨克和符拉迪沃斯托克两座城市的部分语言景观。

　　随着以习近平同志为核心的党中央提出并推进"一带一路"倡议，为做好"一带一路"合作伙伴的语言服务，笔者于2016年以语言景观为研究对象获批国家社会科学基金项目，项目以良好结项后，又继续深耕，研究由语符延伸至非语符，由单模态延展至多模态，由译写拓展至制作，涉及语言学、翻译学、符号学、设计学、美学等多学科，并于2022年再次获批国家社会科学基金项目。本书是笔者多年来对语言景观汉俄译写的思考总结。为给语言景观汉俄译写提供正确、地道的译文，笔者于2018年再次申请专程赴俄拍摄语言景观。当时俄罗斯正值冬季，笔者不顾寒冷，早出晚归，采用地毯式调查法，以圣彼得堡市的地铁站为起点，向四周辐射，几乎走遍了大半个圣彼得堡市，个中滋味只有自己知晓。与此同时，笔者还请学生和朋友在俄语国家其他城市拍摄俄语景观，在莫斯科、圣彼得堡、图拉、谢尔盖耶夫镇、科斯特罗马、伊万诺沃、苏兹达尔、弗拉基米尔、杜尚别、布拉戈维申斯克、伊尔库茨克、符拉迪沃斯托克、雅库茨克、乌法、阿斯塔纳、哈尔科夫等地共拍摄了几万张俄语景观图片，为语言景观汉俄译写研究做好了语料准备。

二、研究目的与特色

（一）研究目的

　　共拍摄我国境内14个城市和地区的俄语标牌1万多张，俄语国家17个城市和地区的标牌3万多张。对这些图片进行整理、归类、分析，归纳错误类型，分析错误原因，同时预测可能会出现的错误，提出解决方法，总结相应类型语言景观的汉俄译写模式，旨在规范我国语言景观汉俄译写，为今后类似的语言景观汉俄译写提供具有可操作性的模套，为来自俄语国家的友人提供语言帮助，为构建城市乃至国家形象提供正确的语言支持。

（二）研究特色

　　厘清了语言景观及相关概念，重新科学地界定了语言景观的内涵与外延，为语言景观研究奠定了基础；对不同翻译错误进行总结归类，提升到理论高度，并总结出不同类型语言景观的汉俄译写模式。

分析了俄语国家的语言景观，提炼出了语言景观书写及撰写的语言及非语言特点。书写上，指示、提示、限制、禁止性语言景观第一个单词的首字母一般大写或整条语言景观大写；可用不同语相手段突出某一词或句，以起强调、区分等不同作用。语言表述简洁明了，少用或不用连接词，有时前置词可省，如标明店铺在几楼时，前置词 на 可省，直接用第一格，如"在 5 楼"（на 5 этаже），可译为 5 этаж；标示价格时，如"低价"（по низким ценам），可省前置词 по，直接用 низкие цены，"零售"（в розницу）与"批发"（оптом）同时出现时，"零售"可译为 розница，省前置词 в，直接用第一格，"批发"副词可省两个字母，只大写前三个字母 ОПТ。少用标点，但若表示提醒或警告则常用感叹号，加强语气时常用三个感叹号。语法相对简单，如店铺名称可直接用第一格名词列举所销售商品。不同功能类型的语言景观各有其书写及撰写特点，并形成了一定的模式。

三、研究框架

本书研究目标和动机是规范语言景观汉俄译写，为来自俄语国家的友人提供精准的语言服务，建构良好的城市和国家形象。围绕这一目标，本书构建的脉络大致如下：为做好这一研究，必须了解研究现状，引出第一章"语言景观研究回眸"；为推进这一研究，必须厘清其基本概念，弄清其基本内容，澄清一些基本认识，为此，形成第二章"语言景观及相关概念略论"；为了判断语言景观汉俄译写是否正确，必须有一个依据和规范，由此导出第三章"语言规范与语言偏离"；本书标题是一个偏正结构，其正部是规范研究，这也是本书的重点，共四章，即第四～七章，从语相、语形、语义、语用四方面，分别剖释语言景观汉俄译写排版错误、正字法错误、语法错误、词汇错误和语用失误等，最终实现研究目标。"现状—基础—依据—重心—目标"五部分浑然一体，形成一个闭环。每章的大致内容如下。

第一章分为国内与国外两块，分别归纳了语言景观的研究现状，总结出国内外研究的特点，并指出存在的问题，从而得出本书的价值与意义。

第二章辨析了语言景观的近似概念、定义及分类等。

第三章梳理了语言规范与语言偏离的定义与表现，探讨了语言错误与翻译错误的定义及类型。

第四章讨论了俄语景观正字法规范，分析了语言景观汉俄译写排版与正字法错误类型及其误因。

第五章总结了语言景观的语法特点，分析了语言景观汉俄译写在词法（词类错误，名词单复数错误，词形变化及格使用错误，动词错误，前置词遗漏、冗余、错用等）和句法（词序错误、词组类型错误和句类错误）方面的错误及其误因。

第六章阐述了俄语词汇-语义特点，分析了语言景观汉俄译写中词汇概念义、语义聚合、语义组合、语义重复等错误类型及其误因，并总结出一些语言景观汉俄译写模式。

第七章从语用语言失误（偏离俄语表达习惯、中式俄语、信息不对等、同一内容译文不一、多语混杂、英式翻译、胡译乱译）和社交语用失误（内外不分、文化误译）两方面剖析了语言景观汉俄译写语用失误。

最后总结了语言景观汉俄译写在语相、语形、语义、语用四方面的错误类型，并对改进语言景观汉俄译写提出了可行性建议。

第一章

语言景观研究回眸

语言景观又称符号景观，与其内涵外延近似的另一术语是公示语。目前，国内外在社会语言学视域内关注语言景观的研究，在语言学、翻译学视角下关注公示语的研究。本书内容涉及符号学、语言学[①]、翻译学等多学科，故以语言景观为名。本章从符号学、语言学、翻译学等学科视角综述国内外有关语言景观的研究。为了保持全文统一，综述一律采用语言景观这一术语。我国语言景观研究始于20世纪80年代，其英译研究一直是国内学者关注的热点，而对英语之外的其他语种的外译研究很少，亟须探讨。下面分别对国内外语言景观研究进行综述。

第一节 国内语言景观研究回望[②]

我国语言景观研究兴于21世纪。此类研究有过多种名称，如公示语、标记语、标示语、标识语、提示语、揭示语、牌示语、警示语等，现基本统一和规范化。在中国知网分别以这些名称为篇名检索文献（截至2024年11月底），剔除不相干文献，获取中文文献6304篇，其中英语界的文献为3725

---

① 学界关于符号学与语言学的关系有三种观点：符号学包括语言学（索绪尔）；语言学包括符号学（罗兰·巴特）；符号学与语言学平起平坐。笔者认同第一种观点，但为了精准展现本书研究视角，故此处将两者并列列出。

② 本节部分内容参见 Лю Лифэнь, Ли Жуйжу, Ван Хайцзяо. 2022. Обзор исследований общественных знаков в Китае. Каплунова М. Я., Чжао Жунхуэй. *Современная языковая политика в мире: теория и практика*. М.: ИМЛИ РАН, С. 283-303.

篇。2007年开始出现研究热潮，主要聚焦于汉译英，对其他语种的研究很少，日语、俄语、韩语、德语和法语界分别有文献102、62、33、3、2篇。表示"语言景观"之义的篇名首次使用于1985年，以"牌匾"作为篇名；以"地名"作为篇名的研究始于1934年，标题为《楚辞地名考》，以"地名"为篇名的第二篇文章发表于1938年，讨论了地名的罗马字母拼音；以"店名"作为篇名的研究始于1986年，该文章简单介绍了店名的命名心理；以"公示语"作为篇名的研究始于2003年（其实"公示语"一词于2002年出现在北竹和单爱民发表的论文中，只是未作为篇名使用），在2007年逐渐运用开来，在2014年达至巅峰（301篇），而较早使用"语言景观"的是肖昌铁于1987年发表的论文《汉语逆序论》，文中出现"汉语言景观"这一表述，但讨论的是汉语的逆序问题，与我们现有"语言景观"实指不同；比较贴近现有"语言景观"的是1988年吴必虎在《台湾的历史移民及其对台湾文化的影响》一文中所采用的"语言景观"这一表述，文章指出，"移民不仅造成台湾语言景观的改变，还使台湾的地名文化层次发生变化。每一次移民都造成一次地名的变异、命名和增减"（吴必虎，1988：294）。其中的"语言景观"指不同的方言，其实地名也属于语言景观。由其他途径检索可知，有关语言景观的专著、翻译工具书及论文集等约为21部，均聚焦汉英方面，其他语种缺乏。研究所涉领域较广，主要探讨了语言景观的分类、功能、文本类型及语言特点等，大多取汉译英视角，多采用实证调查法，运用40多种理论分析某城市、某领域、某机构等的语言景观在语言、语用及文化方面的英译错误，探究了其误因并提出了改进方法。学者们还讨论了语言景观翻译原则和方法，提出了语言景观翻译对策和规范城市语言景观的建议。此外，研究内容还涉及语言景观与教学、城市形象、软实力等方面。下面从学界（英语界和俄语界）研究和社会关注两方面展开综述。

一、英语界语言景观研究动态

我国语言景观研究中，英语界的研究占绝大多数，学术论文、专著、教材、工具书等成果丰硕，现作一梳理。

（一）专研语言景观的论文

我国有关语言景观的论文颇多，讨论了语言景观的分类、功能、语言特点与翻译（相关研究将在正文中详说）以及语言景观与国家形象等，其中，以探讨语言景观的翻译为最多，且多是运用某种理论，如目的论（王宁武等，2006）、模因论（田宁，2011）、顺应论（曾庆南，2012）、关联理论（邱芳，2009）、互文性（龙江华，2007）、符号学（吕旸，2009）、文本类型理论（赵伟丽，2009）、翻译美学（郭海霞，2011）、生态翻译学（王倩倩，2012）、接受理论（杨丽波，2007）、变译理论（王颖，2011）等分析某城市、某领域、某机构、某景点等的语言景观英译错误，大致将其归为语言失误和语用失误两大类。有的探讨了语言景观的翻译原则（赵伟飞，2010），提出了"模仿-借用-创新"翻译策略（丁衡祁，2006）和借译、仿译、创译（牛新生，2008）、直译、意译、增译、减译、改译、缩译等翻译方法，几乎囊括了所有翻译方法。

（二）专论语言景观的著作

专论语言景观的著作约有 16 部，大多偏重实践例析，也是以某种理论为指导，讨论语言景观英译与规范问题，主要分为以下几类。

第一，奠基性的研究。该类研究界定了语言景观的内涵、外延与功能特点（吕和发等，2011）；介绍了语言景观译写中的一些理论性问题，分主题（导向标示语、景点牌示语、安全警示语、商业推广语、规则要求语等）讨论了语言景观汉英翻译的方法与技巧（王颖和吕和发，2007；杨永林，2013a）；探讨了法规、环保、景点、停车场、时间、工装、警示、步骤、危机管理、规则要求、纪念、交通工具、商场、住宿、禁止、饮食、残疾人设施等语言景观，为后奥运、后世博的中国城市和旅游目的地的语言环境建设提供可参照、可操作的翻译实例和理论依据（吕和发和蒋璐，2011）；从公共场所英文的构建、功能、读者、社会语境、语言形式、意义体现等方面探讨了如交通道路、酒店饭店、商场超市、医院卫生、学校、景点等语言景观的英文译写（崔学新，2010）。

第二，理论指导实践的研究。该类研究以某种翻译理论为指导，分析语言景观英译错误。例如，谢丹（2017）探讨了变译理论与语言景观翻译有机结合的必要性和必然性，提出了相应的语言景观变译方法，以发挥译者在语言景观翻译中的主体性，提高译文质量，优化外宣语言环境。此类研究多为调查某个城市的语言景观英译错误，运用某种理论分析其误译成因（贝可钧和翁晓梅，2015），并提出改进方法（万永坤，2015；上海市公共场所中文名称英译专家委员会，2004；王欣等，2010；贝可钧和翁晓梅，2015）、策略（朱志勇，2018）、基本原则（王晓明和周之南，2011）等。

第三，对比与翻译相结合的研究。该类研究以对比为基础讨论语言景观的翻译。例如，吕和发和蒋璐（2013）以英美中三国著名景点的解说为语料对比中英景点解说在语体、语义等方面的异同；韦孟芬（2016）对比中英语言景观的异同，从语言和文化角度分析了汉语景观英译的常见错误，探究其错误原因及改进对策，并提出了常见领域语言景观的英译策略。

（三）语言景观翻译的工具书

有关语言景观翻译的工具书约有 7 部，其中 1 部双向，6 部单向，但均属汉英方面，缺乏其他语种。这些工具书主要涉及安全、交通、旅游、机械、天气等方面的英汉汉英揭示语（余富林，2003），与食、宿、行、游、娱、购等活动直接相关的语汇（吕和发和单丽平，2004），英语国家行、游、科、教、文、卫、娱、环保、生产、通信等领域的一些标牌语（宋德富和张美兰，2011），以及道路交通、机场航班、停车指示、巴士站台、出租汽车、火车地铁、非机动车、电梯安全、自动售货机等语言景观（周一兵，2012）；还包括针对某个城市的语言景观汉译英，如涉及交通、旅游、医疗、科教、商业、文化休闲、口岸、司法等类别的深圳（深圳市外事办，2010）和张家界（熊雁鸣，2013）的语言景观英译以及宁夏旅游景点和酒店（周玉忠等，2011）语言景观英译。

（四）涉及语言景观的著述

除了专论语言景观的著述外，其他涉及语言景观的著述，均讨论语言景观英译问题，如《社会语用建设论文集》（何自然，1998）中有文章讨论了语言景观的英译及语用失误问题。大多学者在其著述中设章或节探讨语言景观翻译，分析语言景观的英译方法（程尽能和吕和发，2008），以及语用错误（唐红芳，2007），例证目的论对语言景观翻译的指导作用（张沉香，2008）。

（五）语言景观翻译教材

学者还将语言景观用于外语教学，出版了专门的语言景观翻译教材或将语言景观翻译纳入翻译教材中。例如吕和发和蒋璐（2013）专门编写了《公示语翻译教程（学生用书）》；大多学者在翻译教材中专设章或节探讨语言景观翻译，分析了涉外广告的特点及翻译、企业名称翻译（刘季春，1996），企业宣传资料、公共标牌、旅游宣传资料等的翻译（陈小慰，2011），时政口号、体育口号、城市口号和广告口号等的翻译（杨全红，2009）。讨论最多的还是旅游语言景观翻译，介绍了旅游语言景观的功能、语言特点及其英译原则、策略与方法（赵友斌，2018；彭萍，2016；黄义娟和刘冲亚，2019；王欣，2019），以及景点公共场所英文译写规则（陈刚，2014）。

二、俄语界语言景观研究动态

俄语界语言景观研究相对滞后，通过中国知网及其他途径检索可知，截至 2024 年 11 月底，以"公示语""语言景观""符号景观"命名的文献共 29 篇，其中以"语言景观"命名的文献 3 篇，有 2 篇期刊论文、1 篇硕士学位论文，工具书及专著均未见。俄语界最早研究语言景观的文献是郜竞存于 1991 年发表的《小议俄语揭示语》一文。

俄语界语言景观研究主要取语言学、翻译学视角，从内涵与外延两方面重新界定了语言景观（刘丽芬，2020a），精析了俄罗斯宠物类语言景观功能类型（吕卉和刘丽芬，2018），分析了我国境内俄译语言景观的区域特点及错误类型（王晓娟，2011），探讨了满洲里市具有代表性的街道（姜雪华，2017）、对俄口岸城市（顾俊玲，2013）、三亚（刘丽芬等，2021）、海南（刘丽芬和潘盈汕，2020；吕卉等，2022）等的语言景观的俄译错误以及致误原因。王晓娟（2014，2015）分析了汉俄提示类和禁止类语言景观的结构特点并提出了相应的翻译原则；刘丽芬等从语用学视角阐释了语言景观外译信息不对等（刘丽芬和李敏，2024）、外译社交语用失误（刘丽芬和裴湘琳，2024）等问题，讨论了语言景观词汇指称义外译失范类型并进行溯因（刘丽芬和张莉，2024）。有关中俄语言景观的对比研究，陈曦（2007）在其专著中提及了中俄店铺名称的异同；刘丽芬和肖欢（2023）从形式和语义两方面对比了中俄景点名称，探讨了中俄景点名称互译策略与方法；刘丽芬等运用布迪厄的场域理论对比分析了中俄应急语言景观的构型（刘丽芬等，2023）、中俄美业店名的演变（刘丽芬和卫晓，2024）；刘丽芬（2016a）探讨了指示性、提示性、限制性中俄语言景观的句法结构模式，她指导的8篇硕士学位论文中有7篇从结构及语义方面对比分析了中俄提示性、限制性、禁止性、号召性等功能类语言景观，中俄高校和电梯类语言景观，以及服饰和店铺类语言景观。

学者们还从符号学视角阐释语言景观（刘丽芬和张莉，2022）；从美学、设计学、符号学等多学科视角阐析城市语言景观的生命气息（刘丽芬和焦敏，2023）；从共时角度解读语言景观的多项功能，从历时角度考察语言景观变化所折射的国家语言政策的变化，指出研究语言景观应多学科协同（刘丽芬，2020b）。

三、机构对语言景观研究的关注

语言景观研究不仅是学者的任务，还是一项社会事务，受到全社会共同关注。语言景观翻译研究形成了中外合作，团队合作，产、学、研、政合作模式。《中国翻译》于2005年开辟了"公示语翻译"专栏，有效促进了语言景观翻译研究。2005年7月，中国日报网会同对外经济贸易大学等单位举办了"全国公共场所双语标识规范大行动"活动；同年9月，中国翻译协会下发《关于开展"完善城市公示语翻译"活动的通知》，要求各地翻译协会积极参与并大力支持该项活动。不少地方立法机构、行政管理机构、社会组织越来越关注语言景观翻译问题，电视、广播、新闻报刊以及主要门户网站等也纷纷采取措施强力支持语言景观翻译研究或积极参与有关活动。

此外，一些省市也陆续编制或出台公示语翻译地方标准，如 2006 年北京市发布的《公共场所双语标识英文译法》和 2009 年沪苏浙三地发布的《公共场所英文译写规范》。此后，云南、广西、深圳、广州、成都、贵阳、青岛、西安等地的公共场所标识英译地方标准纷纷出台[①]。2013 年 12 月 31 日，国家标准《公共服务领域英文译写规范 第 1 部分：通则》发布，2014 年 7 月 15 日正式实施；2017 年 5 月 22 日，《公共服务领域英文译写规范》第 2 部分到第 10 部分发布，12 月 1 日正式实施。同年 12 月 29 日，国家质量监督检验检疫总局、国家标准化管理委员会发布《公共服务领域俄文译写规范》和《公共服务领域日文译写规范》两项国家标准，并于 2018 年 7 月 1 日正式实施。两项标准分别规定了公共服务领域俄、日文翻译和书写的相关术语和定义、译写原则、译写方法和要求、书写要求等，并分别提供了 919 条、859 条规范译文供社会参考。2020 年 7 月 15 日，海南省地方标准《公共场所标识标牌英文译写规范》（含通则、交通、旅游、住宿、文化娱乐和医疗卫生等 6 个部分）正式发布；8 月 1 日，以省政府令公布的《海南省公共场所外语标识管理规定》正式实施；10 月 19 日，海南省地方标准《公共场所标识标牌英文译写规范》再次补充发布，主要面向学校、教育类机构、商业场所、组织机构、政务服务等领域。最值得一提的是，广州市第十六届人民代表大会常务委员会第二十一次会议于 2023 年 11 月 29 日通过的《广州市公共场所外语标识管理规定》，经广东省第十四届人民代表大会常务委员会第七次会议于 2023 年 12 月 28 日批准，自 2024 年 2 月 1 日起施行。该规定系全国首部关于公共场所外语标识的地方性法规[②]。

四、研究简评

我国语言景观研究取得了丰硕成果。研究多采用调查法，偶见语料库法，列举了语言景观翻译的一些错误并运用某种理论分析了其误译成因，给出了改进的原则、方法和策略等，但重复研究多，在语言景观分类、语言文化特

---

① 吕和发. 2019. 净化、建设、创建：中国公示语翻译三十年. 杭州市翻译协会三届六次理事会.
② https://www.163.com/dy/article/INP88OAT0514R9OJ.html.

点、语用功能、错误类型、语言景观例证以及语言景观翻译策略等内容上大同小异。采用对比分析法提炼汉语与译语国家语言景观模式及对可能出现的外译错误进行预测的研究少见或未见，所讨论的译语多为英语，即以汉译英为主，对俄语景观的研究较少，既有研究仅停留于发现并改正语言景观汉俄译写错误层面，极少进行误因分析。

作为城市名片的语言景观，是给到访者留下第一印象的视觉符号。语言景观外译作为一个地方的文明标志会直接反映出该地乃至国家国际化水平的高低。如果语言景观外译错误过多，不仅会直接影响外国友人的出行和生活，而且从长远来看，更会影响该地乃至国家未来在政治、经济、社会和文化方面的发展。随着来我国旅游、学习、工作的俄语国家人员的增多，俄语景观逐渐增加，俄语译写错误也随之增多，规范语言景观俄语译写已刻不容缓，非常有必要为语言景观俄语译写提供一套系统的译写规范。

第二节　国外语言景观研究回溯[①]

较之国内，国外语言景观研究起步较早，且正在走向成熟，Vinay 和 Darbelnet（1995）在其专著《法英文体对比：翻译方法论》（*Comparative Stylistics of French and English: A Methodology for Translation*）的前言部分谈及了语言景观（文中用的术语 road signs〈路标〉）的译写，但并未展开。国外研究很少涉及语言景观的翻译问题，刘丽芬及其团队在俄罗斯权威及核心期刊上发表系列论文，详尽分析了语言景观汉俄转换的排版及书写错误（Лю Лифэнь & Пи Юаньчжо, 2022a）、词序错误（Лю Лифэнь & Ли Минь, 2023）、词法错误（Лю Лифэнь et al., 2023）、句法错误（Лю Лифэнь & Ван Хайцзяо, 2023）、词汇组合错误、语义重复（Лю Лифэнь & Куан Цзеин, 2024）、偏离俄语习惯表达、胡译乱译（Лю Лифэнь et al., 2024）等，这些研究成果也成为本书的一部分。本小节主要综述与本书内容相关的俄罗斯语言景观研究，分为以下两大块。

[①] 本小节部分内容参见 Ян Лисинь, Ли Минь, Лю Лифэнь. 2024. Обзор исследований языкового ландшафта в России. *Политическая лингвистика*, 5 (107): 329-337.

一、语言景观名称的多样性

在俄罗斯，语言景观常被作为城市语言研究的对象，其研究可追溯至 20 世纪 60 年代，以不同名称体现，有下位概念，也有近似概念。早期主要研究城市客体名称，起初使用 урбаноним（城市客体名称）一词，1988 年 Подольская 在《俄语专有名词术语词典》（*Словарь русской ономастической терминологии*）中率先提出 эргоним（城市建筑物名称）（Подольская，1988：151）这一术语，Козлов（2000）使用 эргоурбоним（城市客体名称）一词。此外，学者还使用了下位概念，如 Яловец-Коновалова（1997）使用 НКП（商业企业名称），Шимкевич（2002）使用 темоним（城市企业机构名称），Вовк（2010）则使用 фирмоним（商业企业法人机构专名），下位概念繁多，还有 эмпороним（商业机构名称）、годоним（城市线性客体，包括街巷、胡同、公路、街心花园等名称）、хороним（区域、街区、公园等名称）、ойконим（居民点名称）、гидроним（水文名称）、ороним（地形地貌名称）、агороним（广场、市场等名称）、ойкодомоним（建筑物专名，包括广场、市场等名称）、экклезионим（举行仪式、朝拜，进行任一宗教活动的场所专名，如教堂、寺庙等）等。

研究城市语言的杰出代表是 Ларин 和 Китайгородская。研究城市客体名称的学者主要有 Суперанская、Щетинин、Букчина、Золотова、Бондалетов、Алиева、Алистанова、Крюкова、Танаева、Дубкова、Захарова-Саровская、Подольская、Михайлюкова、Голомидова、Козлов、Пономарева、Трапезникова、Шмелева、Ремчукова、Махиянова、Китайгородская、Розанова、Крыжановская 等，他们主要探讨城市客体名称的命名、结构和语义特点。

随着研究的细化与深入，学者也使用了其他术语，如 публичные надписи（公共标牌）、публичные объявления（公共告示）、публичные директивы（公共指令）、предписывающие знаки（指令标识）、общественные знаки（公示语）、информативно-регулирующие указатели（指示指令标识）、информативно-запретительные знаки（禁止公示语）、инструктивные общественные указатели（指示语）、вывески（招牌）、таблички（标牌）、языковой ландшафт（语言景观）、языковой облик（语言风貌）、

лингвистический ландшафт（语言景观）、семиотический ландшафт（符号景观）等。研究者主要有 Вежбицкая、Тер-Минасова、Аринштейн、Астапенко、Попович、Павлов、Руссинова、Медведева、Федорова、Баранова 等。

二、语言学为本，他学科渗透

研究语言景观，必须先弄清其概念、功能及本质特点。其本质特点有赖于从语言学视角揭橥，即揭示其结构、语义及语用特点，确定其体裁类型，阐释其文化内涵，剖析其不同符号及组构意义。下面分别展开细说。

（一）语言景观的概念、功能及结构-语义分析

作为多学科研究对象的语言景观，不同学科对其有不同解读，语言学界讨论了语言景观及其近似术语与分类（Лю Лифэнь，2018），如较全面地分析了公示语与语言景观的内涵与外延（Лю Лифэнь，2023），以及语言景观的功能（У Цзюань & Лю Лифэнь，2023）。

语言景观的核心要素是语言，对语言的结构及语义进行分析是一切研究的基础。语言景观作为一种特殊体裁，其结构-语义特点既基于通常行文，又有其独特之处。讨论语言景观结构-语义的文献较多，除专论语言景观的结构-语义外，从语言学其他视角分析语言景观时大多也会涉及其结构-语义。因相关文献较多，仅择要而述之。Канакина（2014）以城市客体名称为例从语言文化角度分析了奔萨市城市地名、城市商业客体名称、巧克力糖果名称、家具名称等的构成及语义特点；Ремчукова 和 Махиянова（2015）探讨了俄罗斯现代城市商业店铺命名的词汇-语法机制，分析了根据俄语派生特点、书写特点以及人名的语法特点而创造的潜在名称与随机名称，指出创造性命名受制于语言规范，反映了俄语词汇和语法的积极变化；Васильева（2017）分析了阿斯特拉罕市企业名称的结构-语义和构词特征，以及其在现代俄罗斯城市语言空间的变化及功能；Гузикова（2013）探究了城市客体名称中的外来词和各种符号，认为现代城市环境变得多元化，城市书面文本呈现出多语码特征，提出要审慎对待外来词，进行相应语言立法。除单语分析外，学者还对比分析了不同语言的语言景观，例如 Дубкова 和 Захарова-Саровская（2018）

从结构和语义角度分析并总结了中俄两种非亲属语言城市客体名称中新词的构词法，Лю Лифэнь 和 Пи Юаньчжо（2022b）对比分析了中俄语言景观结构特点，У Цзюань 和 Лю Лифэнь（2023a）分析并提炼出中俄换喻类商业店铺名称的结构-语义模式，并阐释其异同原因。

（二）语言景观的体裁及语体分析

俄罗斯学者一直致力于探讨语言景观在语言学中的地位。早在20世纪90年代，Сахарный（1991）将商店招牌、机构标牌、书名、戏剧名、题词、广告等纳入语篇范畴，并将其定义为"初始语篇"（текст-примитив），他认为语言景观是一种独特的言语体裁。近30年来，俄罗斯学者在语言景观体裁研究上取得了辉煌成绩，研究最为深入的依次为店铺招牌、标语口号和指令性语言景观。Китайсгородская 和 Розанова（2010）在《现代市民的语言生活——以莫斯科市为例》（Языковое существование современного горожанина: на метериале города Москвы）中，讨论了城市书面言语中的宣传画、招牌、告示等小型书面言语体裁。Михайлюкова（2012，2017a，2019）认为，招牌是一种篇幅短小、意义浓缩、信息自足，具有特殊语言特点且无习见连接手段的特殊语篇，其语言和非语言符号（图像）需确保其完整性，大部分招牌具有广告功能，用于表达命名者的语用意图；她还探讨了具有区域特点的中俄双语招牌的体裁特征。Петрова（2016）首次从交际时间、地点和交际双方关系方面分析了市际交通空间言语体裁。Буренина（2011a）将语言景观看作公文语体，认为指令类语言景观是一种行使社会规范功能的"小型书面言语作品"，当属公文事务语体，并分析了法语指令类语言景观的修辞特征。

Покровская 等（2011）在其专著《文化对话中的言语体裁》（Речевые жанры в диалоге культур）中也专辟一章介绍了禁止性语言景观的分类及功能，从形式和语法角度分析了俄、意、英文化中禁止性语言景观的言语体裁。她们认为，禁止性语言景观体裁具有多样性，在意、英文化中表达温和，而在俄文化中则较坚决。她们总结了俄语该类语言景观体裁的词汇-语法特点：①表"禁止"动词 запрещать/воспрещать 的被动形式；②使用动词不定式；③не+第二人称命令式；④请求型、限制型；⑤запрещать/ воспрещать 的被动形式+理由；⑥陈述信息型。她们指出，俄语"禁止"概念以直接言语行为模式为主，近年来出现了间接禁止性语言景观，用以缓和语气，体现民主化和对受众的尊重。

学者对标语口号体裁的研究比较充分，以国内外总统选举、国家杜马选举以及集会、游行、罢工等标语口号为语料。例如，Китайсгородская 和 Розанова（2010）分析了集会、游行中的言语特点；Федорова（2014）以新阿尔巴特街游行示威标牌上的标语口号为语料，讨论了游行示威这一复杂交际事件的体裁，阐明其交际主体类型、主要功能和语言特点；Селиверстова（2014）分析了国家杜马选举和总统选举的政治标语和口号体裁特征，总结出其词汇和句法特点，认为该体裁属于交际型体裁，具有稳定性、多功能稳定性、多功能性（表征、表情、吸引、交际、元语言、审美）、对话性、针对性等特点，句法上表现为使用重复、平行、省略和问答结构；Тортунова（2015）主要分析了现代政治口号中表政治意识形态的词汇以及具有独特意义的常用词汇；Дзюба 等（2017）在《语义学、词典学、语用学描写的对象：俄德政治口号——评〈给世界机会！俄德现代政治口号词典〉》(Российские и немецкие политические лозунги как объект семантического, лексикографического и лингвопрагматического описания (рецензия на публикацию "Дайте миру шанс! Словарь современных политических лозунгов России и Германии"))中总结了现代政治口号研究的多维视角（包括美学、翻译学、互文性、语言符号学、价值论、文献法、语言学等），指出了这一小型政治交际体裁的地位及其研究前景。

（三）语言景观的文化阐释

起初，学者对语言景观的研究更多是从文化角度进行，因为语言文化研究是俄罗斯研究的特色。他们认为，语言景观同时反映并形成一个社会和国家的意识形态和心智，是理解社会关系和文化价值的关键所在。Вежбицкая（2001）从文化角度对比分析了德国和美国的禁止性语言景观，对语言景观进行了较为权威的界定，将语言景观定名为 общественные знаки，俄罗斯大多数学者都采用了这一名称。Тер-Минасова（2000）在其教材《语言与跨文化交际》（Язык и межкультурная коммуникация）中专辟一章"文化的十字路口与十字路口的文化"探讨了英俄指令类文本的词汇手段以及告示和号召在英语和俄语中的文化特点。Медведева（2004，2005b）从语言文化角度分别对比分析了俄英德三语表禁止意义语言景观的表达手段和商贸领域警示性语言景观的特点，其副博士论文《公示语中"禁止"观念的表征》（Языковая репрезентация концепта "запрет" в общественных знаках）（2008年）将语言景观看作公文语体，分析了德俄禁止性语言景观的语言特点及表达手段，探讨了德俄"禁止"观念的语言文化特点；Медведева（2005a）还分析了反映俄罗斯文化规范的非等值语言景观；Медведева和Филипп（2005）探讨了将语言景观用于对比国情学的教学法等。Зенина（2011a）认为，指令-指示型语言景观是一种文化对象。Котельникова（2019）分析了中国城市招牌的语言文化特征，认为牌匾上使用具有民族特色的文字游戏、汉字和古诗受文化传统、公民价值取向变化的影响。Котельникова和Леонтович（2018）探讨了中国现代城市符号中与文明相关的语言景观（主要是交通、环保类），反映了中国社会进程的动态变化并阐明了其民族文化特点。学者们还解读了中国社会主义核心价值观多模态景观隐喻（Янь Цюцзю et al.，2022）、中国抗疫语言景观中的集体主义思想（Цзяо Минь et al.，2022）。

对语言景观的文化阐释，离不开对语言景观中先例现象的挖掘与分析。先例现象这一概念由俄罗斯学者提出，它承载丰富的民族文化，一直备受俄罗斯学界关注。例如，Прокофьева（2016）调查分析了源自古希腊古罗马神话、斯拉夫神话、俄罗斯民间创作、欧洲神话、东方童话和印度神话的城市客体名称；Ремчукова等（2017）探讨了城市商业机构名中的先例来源，分析了先例现象在命名中的语言文化潜势和理据性程度，认为城市客体命名中的先例名集信息、指示、形象、概念和吸引功能于一体；Костина（2016）、Кузьмина（2016）分析了源于《圣经》的俄语标语口号，指出《圣经》中宣扬的平等、自我牺牲、无私奉献等思想与苏联意识形态中的某些理念具有一定的相似性。

（四）语言景观的语用分析

语言景观是一种施为性语言，其中所蕴含的语用意义成为学者挖掘的关注点。例如，Аринштейн（2001）从语用学角度探讨了语言景观的语言特点；Шорина（2007b）对比分析了英俄指令性语言景观的言语行为特点，其副博士论文《指令标识及其在言语行为系统中的地位》（Публичный директив и его место в системе речевых актов）（Шорина，2007a）从交际语用和民族社会语用角度，对比分析了英俄语言景观中的言语行为与民族社会文化特点，揭示了英俄语言景观的结构-句法、语义特点及其与礼貌范畴的关系；Буренина（2011a，2011b）的一系列著述探讨了法语指令类文本中祈使情态的词汇-语法表达手段，通过分析祈使情态的表达策略揭示了指令类文本的语用特点；Зенина（2011a，2011b）阐释了英语各类语言景观中的混合言语行为及其出现原因，着重探讨了纯命令行为和混合型言语行为，还讨论了非正式语言景观中礼貌原则达成的语言手段；Ларина（2018）分析了德语景观指令性言语行为，将指令性言语行为分为禁止、警告、请求、命令、威胁等类别，并探讨了这些言语行为所采用的语言手段；Астапенко（2004）从语言学角度分析了英语禁止性语言景观；Руссинова（2006）探讨了俄英禁止性语言景观的功能特点；Горбачева（2013）根据莫里斯符号的三种意指方式（指谓、规定、评价），将语言景观分为指谓型、规定型、评价型和指谓式信息型四种类型，着重分析了规定型和评价型（分别体现施为行为、施为话语）语言景观。作为创造不同语用效果的语言景观书写手段也进入学者的研究视野，如 У Цзюань 和 Лю Лифэнь（2020）探究了不同功能俄语景观的书写特点及其规律，以及实现何种语用功能。

（五）符号学视角

语言景观是由文字、图形、图像单个或彼此间组合，配以色彩，有时配以灯光等的语言与非语言符号，依附于一定的实体并以不同方式呈现的符号集合体，因此，也是符号学研究的对象。早在 21 世纪初，Еремеев（2001）就已经从现代神话学角度探讨了神话学和神话学创作在语言景观领域的应用，指出神话是第二性符号系统。Слышкин 和 Чиж（2008）认为，城市语言符号研究有两种基本方法，即"城市作为符号"和"城市作为文本"，使用前者可以研究城市重命名过程、别称和称呼的分化、准优化名称的形成等，使用后者可以分析机构展板体裁。2010～2020年，语言景观中非语言符号的表意作用成为学者关注的热点，他们主要探讨语言符号和非语言符号间的相互作用，从二者有机结合的混合篇章角度研究各类语言景观。例如，Ларина（2018）从语言和非语言符号角度分析了德语指令性语言景观的言语行为，指出标牌上的语言景观有文字为主、图形为主和图文语义互补三种形式；Покровская等（2011）探讨了图像、图形、颜色等非语言要素在语言景观篇章中的作用；Буренина（2011b）在其副博士论文《指令类语言景观文本形式及功能——以法语为例》（Формы и функции информативно-регулирующих текстов (на материале французского языка)）中探讨了法语景观的外部结构特点，描述了非语言手段及其在交际中的作用；Симоненко（2016）、Михайлюкова（2017a）、Котельникова和Леонтович（2018）将招牌视作复杂的多符号整体、特殊的混合文本（初始文本），认为非语言符号也参与了语篇连贯性、完整性、信息性及语用性的表达，"不分析非语言要素，将无法解读招牌上的名称"（Михайлюкова，2017b：133），其中，Симоненко（2016）探讨了招牌文本中的物质代码和文化代码，Михайлюкова（2017b）分析了招牌字体、颜色、单词排序、位置、图画摆放等非语言要素所表达的意义；Астафурова和Джумагалиева（2014：112）将"徽标、宣传画、警示标志、纪念标志和象征（标志）全部归为景观设计符号空间的混合文本"，探讨了颜色、图像等要素的应用。

此外，Михайлюкова（2019）在其教材《社会语言学——现代城市语言面貌（高校实践教程）》（Социолингвистика: языковой облик современного города: учебник и практикум для вузов）中以巴特、洛特曼、托多洛夫等符号学家的理论为基础，分析了具有区域特征的城市小型书面文本，其中包括招牌、户外广告、告示、宣传画等；Сперанская（2019）探讨了不懂汉语的外国人如何快速与中国城市建立联系，她认为最重要的手段是利用标牌上语言之外的拉丁文、数字、图像符号、物品图像、拼音，以及标牌的摆放位置和城市宣传栏等信息。尤为值得一提的是Крыжановская（2017）的副博士论文《城市客体命名中图像变体：结构-语义和语用视角》（Эргонимы с элементами графической трансформации: структурно-семантический и прагматический аспекты）从专名系统角度研究了城市客体命名中的图像变体（游戏），对图像要素及其组合进行了分类和定量分析，并指出图像变体引发名称结构-语义和语用变化。作者将图像变体分为字母变体和非字母变体，其中字母变体包括拉丁元素（纯拉丁元素、双重元素）和古俄语元素，非字母变体包括图像结构和图画文字。图像结构包括图像感染错合、图像准新理据、字形变体机制、标点变体机制；图画文字包括数字、社会文化象征符号、网络符号等。另外，Лю Лифэнь 等（2019）、Лю Лифэнь 和 Хуан Чжунлянь（2020）从社会语言学视角对比了中俄高校语码构成、选择及分布等；Хуан Чжунлянь 等（2024）运用场所符号学分析了广州市永庆坊语言景观，Лю Лифэнь 等（2024）分析了东山口商业街区语言景观。

三、研究简评

俄罗斯语言景观研究主要从名称、结构-语义、体裁及语体、文化、语用、符号组构等视角切入，以招牌等城市客体名称、标语口号等为研究语料，多采用实证调查法，分别讨论了指令类、指示类、禁止类语言景观，主要探究语言景观的体裁类型、词汇特点、语法特征、语用功能、语言文化特点、语言符号与非语言符号构建文本的作用与意义等。语种上，以俄语为主，对比研究涉及俄德、俄法，也有学者分析了中国兰州部分地区客体名称的多符构成，以及中俄边境城市汉语景观的文化特点，但有关语言景观译写只有中国学者讨论了汉语景观的俄译错误，俄罗斯学界暂未见语言景观译写研究文献，但有学者开始关注语言景观的翻译问题，如 Повалко 等（2023）在探讨俄罗斯人民友谊大学校园内张贴的汉语景观时，指出了俄语景观汉译的不准确性。在经济全球化背景下，中俄关系不断发展使语言景观汉俄译写研究愈显重要。

第二章

语言景观及相关概念略论

"景观"(landscape)是随时间发展演进和对学科认识不断深入而内涵及外延逐渐丰富的概念。从"景观"一词的发展和演变来看,不同时代、不同学科、不同文化背景的主体有着多角度及多层次的理解。地理学家将其视作科学名词,定义为地表景象;艺术家则将其视为表现与再现的对象;生态学家视其为一个生态系统;旅游学家视其为旅游资源;等等(祁颖,2009)。它在发生学上则指相对一致和形态结构同一的区域;作为类型概念,它是类型单位的通称,指相互隔离的地段按其外部特征的相似性,归为同一类型单位,如荒漠景观、森林景观等(沙润等,2004)。景观分为原始(自然)景观与文化景观,文化景观是"附加在自然景观上的人类活动形态",是"地球表面文化现象的复合体,它反映了一个地区的地理特征"(转引自单霁翔,2010:14,22)。文化景观分为人口景观、政治景观、语言景观、流行文化景观等比较具体的类型(单霁翔,2010)。语言景观的定义最早见于Landry和Bourhis在1997年发表的论文,他们主要从社会语言学角度进行研究。

要分析语言景观译写规范,须了解语言景观及其相关概念的定义、类型、特点及表现等。下面就语言景观名称的厘定、语言景观概念及类型等作详细分析。本书选择语言学、翻译学等学科研究视角,语言景观与语言学框架内的公示语等相关概念自然存在密切关系。本章主要讨论语言景观与公示语之间的关系。

第一节 语言景观及其近似概念

与语言景观相关的名称有很多,既有表示同一意义的表述,如"语言风貌""符号景观",概念内涵与外延相同,可以相互替换,但学者多使用语言景观;也有所指相同,但研究角度各有侧重的表述,如"公示语",它是与语言景观最相近也经常混用的名称。下面从名称多样和学科归属角度进行分析。

一、名称多样[①]

关于公示语的名称,国内外均有不同表述。英文中有四种说法,即 signs、signage、public signs 和 environmental communication notices and signs,一般用 public signs、signs 或 signage。赵楠和黄忠廉(2015)认为,signs 较 signage 和 public signs 使用更为广泛,应用 signs,学界大多也认同这一观点。在俄语中,则有多达十余种说法,如 публичные надписи、публичные объявления、публичные директивы、предписывающие знаки、общественные знаки、информативно-регулирующие указатели、информативно-запретительные знаки、инструктивные общественные указатели、вывески、таблички 等,各个名称存在差异,目前较多采用 общественные знаки。汉语名称更多,先后使用了牌匾、社会用语、揭示语、告示语、警示语、标语、标牌、标识语、标示语、告示用语、公示语、提示语、牌示语、公共告示标识等(根据中国知网),现普遍采用公示语这一名称(刘丽芬,2020a)。

语言景观又称语言风貌,英语表述为 landscape,俄语表述为 языковой (лингвистический) ландшафт (пейзаж)、языковая ситуация,但倾向于使用 языковой ландшафт。

从名称可以看出,公示语与语言景观在俄汉英表述中各有不同,公示语一词使用的变数远远大于语言景观。

二、学科归属

公示语以牌匾为名研究之始就一直寄身于语言学框架,关注的是标牌的

[①] 本小节部分内容参见刘丽芬. 2020. "公示语"定名理据及概念重识. 中国外语, (2): 59-66.

文字内容，中国学者研究了公示语的编制、翻译、类型、功能等，因而属于语言学研究范畴。但公示语作为一种语言现象，我们可以从不同视角对其进行研究。语言景观的定义自 1997 年提出以来，其研究便是在社会语言学框架下进行，关注的是标牌语言使用所反映的社会语言现实，讨论了语言选择背后所蕴含的深层次的政策取向、身份以及布局、分布等问题，因而是社会语言学研究的对象，又因为其为景观，故与许多学科关系密切，涉及社会学、景观学、地理学、文化学、文化地理学、符号学、设计学等学科的研究。

第二节　语言景观与公示语的名与实[①]

第一节分析了语言景观与公示语的名称与学科属性，为了科学界定这两个概念，本节从词典释义、概念的内涵与外延角度进行对比分析，最后给二者作出科学定义。

一、词典释义

探寻两个相关词之间的细微差别常采用义素分析法。义素是构成义位的语义要素，是语义系统中最小的单位。本书采用《现代汉语词典》（第七版）中的释义来区分这两个用语，因《现代汉语词典》中无这两个用语的释义，笔者检索这两个用语的各组成部分。尽管公示语与语言景观有一个共同义素"语"，但语言景观之"语"为语言，语言在词典中的释义为：①人类所特有的用来表达意思、交流思想的工具，是一种特殊的社会现象，由语音、词汇和语法构成一定的系统；②话语（中国社会科学院语言研究所词典编辑室，2016：1601）。公示语之"语"包括四重含义：①话；②说；③谚语，成语；

[①] 本小节部分内容参见刘丽芬. 2020. "公示语"定名理据及概念重识. 中国外语, (2): 59-66; Лю Лифэнь. 2023. 公示语 (общественные знаки) и 语言景观 (языковой ландшафт): лингвистические термины и стоящие за ними понятия. *Вестник Санкт-Петербургского университета. Востоковедение и африканистика*, 15(3): 588-602.

④代替语言表示意思的动作或方式(中国社会科学院语言研究所词典编辑室，2016：1600-1601)。"公示"，即公布，让公众了解并向公众征求意见(中国社会科学院语言研究所词典编辑室，2016：452)；"公布"指(法律、命令、文告、通知事项等)公开发布，使大家知道，"公"在这里指"使公开"(中国社会科学院语言研究所词典编辑室，2016：450)。

"景观"的释义为：①指某地或某种类型的自然景色；②泛指可供观赏的景物。"景"在"景观"中指"景致，风景"(中国社会科学院语言研究所词典编辑室，2016：691)；"观"则指"看"(中国社会科学院语言研究所词典编辑室，2016：479)。

据此，利用义素分析法，可将两个词分析如下：

公示语：[+语言][+语言的替代物][+公开][+空间][+视觉][+听觉][−欣赏][−景物]

语言景观：[+语言][+语言的替代物][+公开][+空间][+视觉][−听觉][+欣赏][+景物]

由此可见，二者的区别性语义特征是：公示语不具有"景物"和"欣赏"之义，公示语可以用代替语言的符号表示，既可视，也可听；从目前研究现状看，语言景观多是研究城市空间的可视现象，但今后可能会扩大到可听、可触，乃至可嗅范围。从单位上看，一个、两个或多个标牌构成一个、两个或多个公示语，而一个、两个或多个标牌只构成一个语言景观。

二、内涵阐释

目前关于公示语的定义有十几种，或从内涵角度下定义，或从内涵与外延两方面下定义，或简或繁，简短的不全面，繁琐的则有悖于定义从简的特点(刘丽芬，2020a)。语言景观作为研究对象，为时不长，其定义也处于不断完善中，关于语言景观的定义有几种，或只指出语言景观的外延，或只列举部分特点，所下定义并不全面。笔者从概念内涵与外延两方面分析学者的观点，其中内涵定义分为种与属，属种概念词汇一般由两个部分组成，即识别特征和加确特征，前者是概括性特征，后者是具体化特征(王铭玉，1998)。公示语的"种"包括空间、对象、目的、功能、表达方式、接收方式，外延表现为范围与类型；语言景观的"种"包括空间、功能、表达、接收方式，外延表现为类型。取二者种概念的相同部分以及属概念进行辨析。

（一）种差之辨

种差之一：空间。公示语之"公"即"公开"，在公共空间体现。对于这一空间特点，学者们的表述为"公共场所"。语言景观之"景观"具有观赏价值，凸显空间概念，其表述有"公共空间""社会空间""公共领域"，与公示语的"公共场所"义同，均是在公共空间呈现，但其空间有范围要求，强调整体性，即"某个属地、地区或城市群""某个地理区域"（表2-1），固然单个语言标牌可构成一个语言景观，但大多情况下多个语言标牌和/或图形才构成语言景观，强调地理概念。公示语则无此限制，可以是任一公共空间的任一语言标牌。

表 2-1 公示语与语言景观空间比较

名称	作者	年份	空间	名称	作者	年份	空间
公示语	杨全红	2005	公共场所	语言景观	Landry 和 Bourhis	1997	某个属地、地区或城市群
	罗选民和黎土旺	2006			Gorter	2006	某个地理区域/公共领域
	丁衡祁	2006			Itagi 和 Singh	2002	公共领域
	谢建平等	2008			Backhaus	2007	公共空间特定区域
	李玉良和于巧峰	2008			Ben-Rafael	2009	公共空间
	皮德敏	2010			Shohamy 和 Waksman	2008	公共空间
	岳中生和于增环	2014			Федорова	2014	社会空间
	吕和发	2017					

种差之二：功能。公示语与语言景观的功能划分的依据不同，公示语根据文字内容划分，语言景观根据语言所反映的社会语言现实划分。二者功能众多，有学者将公示语的功能概括为"特殊的交际功能"（罗选民和黎土旺，2006：66）、"一定交际功能"（岳中生和于增环，2014：3），也有较为详细的，如"指示性、提示性、限制性、强制性"（戴宗显和吕和发，2005：

38），列举最为详尽的当属吕和发（2017：82）的"指示性、提示性、限制性、禁止性、警示性、强制性、信息性、解说性、教育性、管理性、推广性、公益性"。实际上，还可以列举一些，如呼吁号召、广告、美学、心理、认知等功能（刘丽芬，2020a）。语言景观的功能分为信息功能、象征功能、文化功能、美学功能、历史功能、教育功能、社会功能等（表 2-2），也可再列举一些，如心理功能、虚拟功能等。公示语与语言景观相同的功能有信息功能和教育功能，但名同义异。公示语的信息功能指根据文字内容提供具体信息，而语言景观的信息功能是提供某一地区语言特征、语言的社会地位、语言的多样性以及该地区参与全球化程度的信息（Абрамова，2016）。公示语的教育功能是文字内容所体现的教育意义，如积极的或消极的；语言景观的教育功能是通过所使用的语言促使受众学习除官方语言之外的其他语言，如标牌上除占主导地位的官方语言汉语外，还有如英语或俄语等外语，又如新疆维吾尔自治区的标牌，除使用官方语言汉语外，还使用维吾尔语。使用官方语言之外的少数民族语言或其他任何语言可以向受众传递另一种语言元素，并可以激发他们学习不同的文化和语言的兴趣（Абрамова，2016）。

表 2-2　公示语与语言景观功能对比

名称	作者	年份	功能
公示语	戴宗显和吕和发	2005	指示性、提示性、限制性、强制性
	罗选民和黎土旺	2006	特殊的交际功能
	岳中生和于增环	2014	一定交际功能
	吕和发	2017	指示性、提示性、限制性、禁止性、警示性、强制性、信息性、解说性、教育性、管理性、推广性、公益性
语言景观	Landry 和 Bourhis	1997	信息功能、象征功能
	Абрамова	2016	信息功能、象征功能、文化功能、美学功能、历史功能、教育功能、社会功能等

公示语与语言景观可能还有其他相同的功能，如心理功能，但也是名同义异。语言景观的心理功能通过主体看到语言景观元素后产生的态度来描述，可将其描述为愉快与不快、美与丑、正确与错误等。例如，旅游指南吸引游客参观三亚，欣赏制作精美的汉语标牌，购买带有文字的服装和纪念品等。公示语的心理功能则是指由文字内容引起心理变化，如看到公示语"为了您

和他人的健康,请熄烟",受众会很愉快地遵守。

公示语和语言景观的功能有很多,若全部列举,则显得杂乱,有悖于定义撰写的简短性原则。公示语是针对有所需求的特定受众,其功能可概括为"特殊的交际功能",而语言景观主要通过标牌反映语言的价值和地位,以信息功能和象征功能为主,其功能可简括为"特定功能"。

种差之三:表达方式与接收方式。公示语与语言景观均通过载体表现,传达信息的载体有两种含义,一是呈现信息的媒体,如文字、声音、图形、图像、视频等,二是存储和传递信息的物理介质,如纸张、胶片、磁盘、光盘等。第一种含义即信息的表达方式。既有定义(表 2-3)将公示语表达方式锁定为"平面媒体为主"(吕和发,2017),有"文字"(罗选民和黎土旺,2006)、"书面语言或口头语言,有时配有一些图形符号"(皮德敏,2010)、"文字和图示"(岳中生和于增环,2014)、"文字、图示或图文兼用"(杨全红,2005)、"文字或图形或声音"(龙江华,2007)等形式。语言景观的表达方式有书面形式(Gorter,2006)、文本(Jaworski & Thurlow,2010)、文字(Shohamy & Waksman,2008)、书写语言(Pavlenko,2010)、图示和书面符号或文本(Федорова,2014)等。

表 2-3 信息的表达方式与接收方式

术语名称	作者	年份	表达方式	接收方式	外延
公示语	戴宗显和吕和发	2005	文字及图形	—	—
	杨全红	2005	文字、图示、图文兼用	—	—
	贺学耘	2006	—	观看	—
	罗选民和黎土旺	2006	文字	—	路标、广告、商品说明书、旅游指南、社会宣传、告示等
	丁衡祁	2006	—	—	标识、指示牌、路牌、标语、公告、警示等
	龙江华	2007	文字、图形或声音	观看或收听	—
	谢建平等	2008	—	—	—
	李玉良和于巧峰	2008	—	—	—
	皮德敏	2010	文字、图形或声音	展示或播报	标牌或标语
	岳中生和于增环	2014	文字和图示	—	—
	吕和发	2017	平面媒体	—	—

续表

术语名称	作者	年份	表达方式	接收方式	外延
语言景观	Landry 和 Bourhis	1997	—	—	公共路牌、广告牌、街名、地名、商铺招牌以及政府楼宇的公共标牌
	Itagi 和 Singh	2002	—	可视	—
	Gorter	2006	书面形式	—	与商标及地名相关
	Shohamy 和 Waksman	2008	文字	—	—
	Jaworski 和 Thurlow	2010	文本	视觉	—
	Pavlenko	2010	书写语言	—	文化衫、示威游行的标语、车身广告、产品包装和印刷品、墙壁上的涂鸦
	Федорова	2014	图示和书面符号或文本	可视	

  公示语和语言景观的表达方式均有"文字""文本""图示和文字",表现为语言及非语言信息——"文字""图形""图文兼用",更多是可视现象。当用可视形式表达时,二者均可书写在纸上或布条上或地上或台阶上等,可贴在墙上或电线杆上或水泥柱上,可刻在墙上或石板上或花岗岩上,可通过灯光映射在墙上或地面上等,但公示语还可通过电脑制作、电子屏幕显示、广播播报等形式呈现。其意义的表征除了语言本身之外,还包括图像、声音、色彩、姿态等多种符号形式,它们在交际中共同构建完整的意义(Kress & Leeuwen,2001:1),公示语可采用文字、图示、声音或几种兼用的形式表达,呈现为多模态,但以"视"的单媒体为主。

  信息的接收方式分为视觉型、听觉型、触觉型,甚至嗅觉型等。接收方式取决于表达方式,大多数学者给公示语下定义时只指出一种"视",只有龙江华(2007:129)认为公示语涉及"观看或收听"。笔者认为,除"视"外,公示语还涵盖了对地铁、公交车语音播报和商品促销语音宣传等的"听",特殊受众(如盲人)或高科技展览中的"触"以及对气味的"嗅"。当用视觉、听觉、触觉或嗅觉中的一种来获取外部信息时,为单模态,一个模态即一个符号系统,借助一个特定的感知过程而被识解;当用视觉、听觉、触觉或嗅觉中的两种来获取外部信息时,为双模态[①];若用视觉、听觉、触觉、嗅

---

① 学界将双模态看作多模态,本书认同这一观点,给公示语和语言景观下定义时采用多模态这一表述。

觉中的多种来获取外部信息时,为多模态。语言景观是一种"可视"(Itagi & Singh, 2002; Федорова, 2014)现象,是视觉符号,重在"视"。

结合表达方式,公示语信息传达可分为单媒体单模态、单媒体双模态、单媒体多模态、双媒体单模态、双媒体双模态、双媒体多模态,甚至多媒体多模态,但主要以单媒体单模态为主,单媒体双模态(如提示、禁止性语言景观上图文共现)、双媒体单模态(如公交车站名语音播报和电子屏文字显示)使用次之,单媒体多模态、双媒体双模态或多模态使用不多,多媒体多模态使用更少。在语言景观中,因景观是指人类与自然、事物之间形成的所有可视现象,是人类所能看到的视觉环境,以文字、文本、图示和文字呈现,所以为"视"的单媒体。但语言景观和公示语一样,起初被定义为可视现象,随着研究的扩展,可能会增加表达方式,将"听"纳入研究范围[①]。

(二)属概念之辨

由《现代汉语词典》(第七版)可知,"公示语"的属概念"语"具有"语言与非语言信息"两种含义。学者们认为,"公示语"是一种"特殊文体"(杨全红,2005:43;贺学耘,2006:57)、"特殊应用文体"(龙江华,2007:129;皮德敏,2010:132;岳中生和于增环,2014:3)、"特殊语言现象"(李玉良和于巧峰,2008:42)、"社会管理用语"(谢建平等,2008:204),吕和发(2017:82)总结得更到位,认为"公示语"是"语言及非语言信息"。

随着表达方式的增加,公示语由"文字""图示""图示和文字"等组成,它是一种符号,既可以是单模态符号,也可以是双模态乃至多模态符号;不仅包括口头语和以书写符号文字形态出现的书面语等语言符号,还包括图形、图像、颜色、光亮和人的体语(身势语)(如比赛中裁判的手势)等非语言符号。因此,其属概念是"单模态、双模态乃至多模态符号"或"语言符号和/或非语言符号"。

语言景观的核心义是"语言","景观"借入语言,是隐喻性借用。学者们的诸多定义,或未指出属概念,或界定比较抽象,如认为语言景观是"语言"(Landry & Bourhis, 1997),或比较具体,如认为语言景观是"文字"

---

① 刘丽芬和张莉(2022)认为语言景观由语言符号和/或非语言符号组成。

(Shohamy & Waksman，2008)、"书写语言"(Pavlenko，2010)、"文本"(Jaworski & Thurlow，2010)、"语言物件"(Ben-Rafael，2009)，或将语言景观属概念动态化，表述为"语言应用"(Itagi & Singh，2002；Gorter，2006)、"语言、话语建构"(Jaworski & Thurlow，2010)，只有Федорова表述较为完备，认为语言景观是"图示和书面符号或文本的集合"(Федорова，2014)。笔者认为此类观点比较符合目前的研究现状，但语言景观不应再局限于语言，而应被视为一种符号，包括语言与非语言符号。有学者建议将语言景观改为符号景观。

三、外延拓展

公示语与语言景观涵盖的范围很广，涉及衣、食、住、行、娱、购、游等日常生活的各个方面，与生活、生产、生命、生态、生业相关，包括公共路牌、广告牌、街名、地名、商铺招牌、政府楼宇标牌、旅游景点简介等（表2-4）。公示语的表达方式多于语言景观，包括"可视、可听、可触、可嗅"，语言景观只"可视"，因此公示语的外延要比语言景观广，但随着研究的深入、研究范围的拓展，语言景观也将如同公示语，除"视"外，将"听""触"，乃至"嗅"等纳入其研究范围。

表2-4 公示语与语言景观的属概念与类型

术语名称	作者	年份	属概念	类型
公示语	戴宗显和吕和发	2005	信息	—
	杨全红	2005	信息、特殊文体	—
	贺学耘	2006	特殊文体	路牌、广告牌、路标、商店招牌、警示语、宣传语、旅游景点简介等
	丁衡祁	2006	语言	标识、指示牌、路牌、标语、公告、警示等
	龙江华	2007	特殊应用文体	—
	谢建平等	2008	社会管理用语	
	李玉良和于巧峰	2008	特殊语言现象	
	皮德敏	2010	一种特殊的应用文体	标牌或标语
	岳中生和于增环	2014	特殊应用文体	—
	吕和发	2017	语言及非语言信息	

续表

术语名称	作者	年份	属概念	类型
语言景观	Landry 和 Bourhis	1997	语言	公共路牌、广告牌、街名、地名、商铺招牌以及政府楼宇的公共标牌
	Itagi 和 Singh	2002	语言应用	—
	Gorter	2006	语言应用	与商标及地名相关
	Ben-Rafael	2009	语言物件	—
	Shohamy 和 Waksman	2008	文字	—
	Jaworski 和 Thurlow	2010	语言、话语建构	—
	Pavlenko	2010	书写语言	文化衫、示威游行的标语、车身广告、产品包装和印刷品、墙壁上的涂鸦
	Федорова	2014	图示和书面符号或文本的集合	—

有学者认为，语言景观还包括文化衫、示威游行的标语、车身广告、产品包装和印刷品、墙壁上的涂鸦等（Pavlenko，2010）。笔者部分同意这一观点，认为产品包装和印刷品不应被纳入语言景观的范围，若将此纳入，那么"产品说明书""书本"等印刷品岂不都是语言景观的研究对象？照此下去，语言景观的范围可无限扩大，远远超越语言景观之本质，其外延将无边界。

四、定义厘定

若从科学的角度来看，国内外关于公示语与语言景观的已有定义，每一条都值得推敲。公示语研究在我国比较成熟，公示语释义相较语言景观更为完备，但因局限于不同时代不同研究客体，而且现实世界中语言可视化的新载体不断出现，其释义不免失之偏颇。因此，给公示语和语言景观下定义时为了确保定义的严密性、科学性、易懂性、易辨性，在定义其内涵之后须再对其外延进行定义。笔者在已有定义基础上，遵循保留基干、删繁就简、增补重构三原则，尝试给出如下定义：

公示语属于语言学术语，是在公共场合呈现的具有特殊交际目的和特定功能的单或多模态符号（语言符号和/或非语言符号）。它包括路牌、广告牌、商店招牌、政府机构名称、标语、口号、旅游景点简介、商品说明书等（刘丽芬，2020a）。

语言景观是语言学及其分支学科社会语言学等多学科的研究对象，是某地某公共空间具有特定功能的符号（语言和/或非语言符号，即图、文或图文兼用）复合体。它包括公共路牌、广告牌、街名、地名、商铺招牌、政府楼宇标牌、旅游景点简介等。

尽管景观作为术语起初主要用于绘画艺术，但随着时间的推移和人们认识的深入，其渐渐进入不同学科背景学者的研究视域，已成为地理学、发生学、生态学、设计学、美学、文化学等学科的研究对象。同理，语言景观作为一个研究对象，尽管肇始于社会语言学，但现已扩大至符号学、文化学、政治学、语言学、翻译学等学科领域，如运用 SPEAKING 模型进行语言学分析，探究词汇选择、正词法、句法等语域层面的问题，考察语码转换和语码混合等语码层面的问题，分析语言手段与社会意义之间的多重关系。因此，本书的核心术语为语言景观，重点探讨中国与俄语国家语言景观的撰写特点及汉俄转换问题，分析语言景观汉俄译写错误及其原因，对策见结论部分。

第三节　语言景观类型细说

语言景观功能类型繁多，可从不同学科、不同角度进行分类，例如从社会语言学角度可分为信息功能、象征功能等，从语言学角度可分为指示功能、提示功能、限制功能、禁止功能、宣传号召功能等。本书主要是从语言学及翻译学视角讨论语言景观译写规范，故仅细说语言学视角的功能类型。

一、功能分类

语言景观的功能是学者们讨论较多的内容。他们的分类不尽相同，各具风格。北竹和单爱民（2002）首先提出语言景观的应用功能，即指示性、提示性、限制性和强制性。吕和发（2005）指出语言景观作为一种语言在使用时因人因地而异，有特定的使用目的和语用效果，具有提供信息、引发兴趣或促进行动、增强形象、服务社会、警示和规范行为等语用功能。戴宗显和吕和发（2005）依据消费者类别、消费需求和消费行为将语言景观的这些语用功能连同"加深理解、防范犯罪"归为语言景观的七大应用功能。此外，有影响力的还有三分法和四分法。三分法有国外学者 Culler 分出的指示、服务和禁止三种实用意义功能（樊桂芳，2010），国内学者罗选民和黎土旺（2006）分出的提示、指令和参照三大功能。四分法有国外学者分出的提示性、指示性、告示性和警告性四大功能（杨永和，2009），国内学者北竹和单爱民（2002）分出的四种应用功能以及倪传斌和刘治（1998）分出的禁止性、警告性、命令性和提示性四种功能。此外，戴宗显和吕和发（2005）还分出了生态环保性功能，牛新生（2008）在国外四分法的基础上还加入了劝导功能和宣传功能。按文本类型分，主要有范祥涛和刘全福（2002）的二分法（信息型和呼唤型）、张美芳（2009）的三分法（信息型、表情型和感染型）、魏海波和刘全福（2007）的三分法（说服型、信息型和警示型），刘白玉（2008）在此基础上还添加了参照性。分类最为全面的当属吕和发（2017），他在原来分类的基础上又增加了禁止性、警示性、信息性、解说性、教育性、管理性、推广性、公益性等功能。

学者们对语言景观的功能分类大体相同，只是侧重点或划分视角不同。笔者认为，语言景观具有指示性、提示性、限制性、强制性、宣传号召性等功能，对于同类功能，俄汉语在语言表达上有同有异。下面将进行对比分析。[①]

（一）指示性

语言景观最大的特点是简洁，让人一目了然。简洁即用尽量少的词或短句来传递信息。该特点主要见于指示性语言景观。指示性语言景观是向公众提供某种相关信息或指南，用于指明道路、方向、处所、内容等，常见于街道、车站、机场、商场、宾馆、餐馆、医院、剧院、旅游景点等场所，如公共路标、指示牌、街道名称、地域名称、商业标识以及政府机构公共标识所使用的语言，目的在于把各种必要的、有用的信息传达给公众。由调查可知，俄汉指示性语言景观多用名词或名词词组。

---

① 下面部分内容参见刘丽芬. 2016. 俄汉公示语模式化研究. 外语学刊, (6): 85-89.

1. 名词

名词具有称名功能，也具有指示作用。对于指示性语言景观，俄语多用名词，汉语则较少，相对应的如 Касса/售票处、Справочная/问讯处、Выход/出口、Вход/入口、Остановка/公交站、Парковка/Стоянка/停车场、Кинотеатр/电影院、Библиотека/图书馆、Таможня/海关、МОРОЖЕНОЕ/冰淇淋、ТУАЛЕТ/洗手间等，准确地传递了必要信息，达到了指示和服务的目的。

但大多数不对应，俄语强调信息，只指出功能或具体物品，直接用表示该类信息的单个词作为名称，更符合语言景观的指示性特点。汉语除指出功能或具体物品外，包含更多的信息，指出所属，如加上表地点的名词"处""场""台""馆""店"等，分类明晰；加上所属，其语用效果是便于人们记住。俄语用单个名词时，汉语常用名词词组。俄语一般直接用某物品的复数形式作为店名，汉语则常用名词词组形式，即"人名/地名等+物品+通名（如'店'）"。例如，在俄罗斯莫斯科和国内哈尔滨等城市拍摄的语言景观的俄汉语分别为：Цветы（花）/"花+店"、рюкзаки СУМКИ чемоданы（箱包）（表示三种不同类型包的复数名词直接并列，但现在倾向于简化，直接用 СУМКИ 作店名）/"亿客+箱包+店"、Аптека（药店）/"人民同泰+药+店"、СТРОЙМАРКЕТ（建材市场）[строй+маркет（建材+市场）组成的复合词] / "高桥+建材市场"、КОЛГОТКИ И БЕЛЬЁ（袜子内衣）/"鑫泉+内衣袜子+店"，ЖАЖДА（口渴，想喝）（俄语用"口渴"一词指代"解渴的饮料、矿泉水等物品"）/"饮料+矿泉水+啤酒等"）。较之汉语，俄语表达更为简洁明了，无冗余信息，恰到好处地体现了指示性语言景观的目的，即为大众提供必要信息。

又如，俄罗斯人命名超市时，一般直接用 СУПЕРМАРКЕТ（超市）、МИНИМАРКЕТ（小超市），或用该超市的名称，如 ОРБИТА（"轨道"超市）、МАГНИТ（"磁铁"超市/M 超市）、ЛЕНТА（"连达"超市/"向日葵"超市）、АШАН（"欧尚"超市）等。汉语也有直接命名的情况，如"新一百""新一佳"等，但大多数为"名称+功能/类属"，以区别于其他同类，表述更具体，以吸引受众，让其记住，如"中百+超市""华联+超市""永辉+超市"等。

2. 名词词组

指示性语言景观除使用单个名词外，还大量使用名词词组，俄语如 ЮВЕЛИРНЫЙ МАГАЗИН（首饰店）、ПЕШЕХОДНЫЙ ПЕРЕХОД（人行道）、ПРОСТОР ДОМАШНЕГО ТВОРЧЕСТВА（家庭手工制作用品店）、ВЕТЕР ПЕРЕМЕН（流行风，指服装店）、ПОЛОВОЕ ЗДРАВООХРАНЕНИЕ（性保健品）、Бытовая техника（日用电器）、Специализированный магазин（专卖店）、ШВЕЙНЫЙ МИР（裁缝店）、Концертный зал（音乐厅）、Ломбард Москвы（莫斯科当铺）、Магазин отделочных материалов（装饰材料店）、Комплекс услуг связи（通信服务综合体）、ПОЧТА РОССИИ（俄罗斯邮局）等；汉语如候车室（Зал ожидания）、失物招领处（Стол находок）、行李寄存处（Камера хранения багажа）、行李提取处（Зал получения багажа）等，简洁、准确地表达了公众需求的重要信息。表示某店名、某机构名、某组织名、交通站名等时，汉语一般用"名称+功能"表示，如学府+超市、远大+购物中心、北京全聚德+烤鸭、佑铭+体育馆、黑龙江大学+站等。虽然俄语中也见"功能+名称"表达法，如РЕСТОРАН "РЫЦАРСКИЙ КЛУБ"（"骑士俱乐部"餐厅）、ООО "БАЛТИЙСКИЙ БЕРЕГ"（"波罗的海岸"有限责任公司）、Станция Комсомольская（共青团地铁站）、Фабрика "Красный октябрь"（"红色十月"工厂），但该表达法的使用频率远远低于汉语。又如以下几例，相对应的有СУПЕРМАРКЕТ КАНЦТОВАРОВ（办公用品超市，目前习惯于直接使用 КАНЦТОВАРЫ）/办公用品超市、Главный корпус（主楼）/主楼、РЕСТОРАН АВТОРСКОЙ КУХНИИ（私房菜餐厅）/私家菜馆、ВЫСТАВОЧНЫЙ ЗАЛ（展览厅）/展览厅。不完全对应的有САЛОН СВЯЗИ（通讯沙龙）/宏盛通讯、заводской ХЛЕБ［工厂面包店（工厂+面包）］/玛萨面包店（人名+面包+店）、Дом обуви［鞋店（店+鞋）］/有间鞋店（名字+鞋+店），俄语中常见直接用名词 обувь 作店名的情况。

（二）提示性

根据《现代汉语词典》（第七版），"提示"指把对方没有想到或想不到的提出来，引起对方注意。提示性语言景观旨在提醒公众注意指示内容，对公众起提示或告知作用，不要求公众一定或必须采取行动，只具有指导意义，例如：Выставка уже закрылась（展览会已结束），ГУМ работает с восьми утра до десяти вечера（国营百货公司营业时间：早8点至晚10点），Магазин не работает（закрыт）（商店休业），Магазин закрыт на обеденный перерыв（商店午休，暂停营业）；"预留席位""已消毒""请继续使用毛巾""油漆未干""营业中""客满""今日特价""售完""限高""加收5%服务费""最低消费""不收手续费""3折销售""回收利用""易爆物品""距武汉30公里""闭路电视监控区"等。此外，汉语提示性语言景观还见单个动词，如进出的门口或门把上标有"推"和"拉"二字，相对应的俄语是前置词结构 ОТ СЕБЯ 和 К СЕБЕ/НА СЕБЯ。该类提示性语言景观没有任何特指意义，仅起提示作用，向公众提出一个事实或一种现象，对公众起到提示和帮助的作用。

有的提示性语言景观不仅提醒公众注意指示内容，而且要求公众预防某事发生，避免引起不良后果。这类语言景观大量使用祈使句，常附加一些表提示性的词语，加在重要内容之前，引起人们注意。例如，俄语常用模式为"Внимание!!!"（注意）、"Вниманию（第三格）+第二格名词+!"（……请注意！）、Осторожно（小心）、"Берегитесь（Остерегайтесь）+第二格名词"（当心、小心）、Опасно/Опасность（危险），汉语相对应的分别为"注意!""小心（当心、务必、谨防）""危险"等。汉语提示性语言景观一般为动宾结构，常构成动宾式祈使句；俄语虽用动宾结构，但主要用表提示的副词、名词，用逗号、句点、空格、感叹号等分隔，常构成复句或句群。例如，"Осторожно, окрашено!"/"小心 油漆未干！"，"Осторожно! Скользко!/Скользкий пол!"/"小心地滑！"，"Опасно. Ядовитые вещества."/"危险 有毒物质"，"Внимание. Электромагнитное поле."/"当心电磁场"。汉语第二例和最后一例构成动宾式祈使句，俄语第一例构成复句，后三例构成句群。在汉语第一例和第三例中，"小心"和"危险"作题标。又如"Пожароопасно. Легковоспламеняющиеся вещества"/"火灾危险 易燃物质"，"Опасность! Высокое напряжение."/"高压危险"，"Внимание. Ведётся видеонаблюдение."/"注意：有录像监控"，"Берегитесь воров/огня/поезда!"/"谨防小偷！/谨防烟火！/当心火车！"，"Остерегайтесь воров-карманников!/

собак！"/"谨防扒手！/当心犬只！"等。

俄语常用感叹号，有时叠用三个感叹号，感叹号叠用表示强烈要求、坚决命令，具有增强语气、强化感情的作用，如"<u>ВНИМАНИЕ!!! ВАЖНАЯ ИНФОРМАЦИЯ</u>"（请注意：重要信息！）。汉语则很少用标点，如"注意 当心烫伤"；但表示提示程度加强时，也用感叹号，如"注意！电焊前，请切断本机电源，焊机地线应尽量靠近焊接点，严禁电焊异地搭接"，"注意"之后加上感叹号，加强语气，提醒公众需要高度注意。

又如俄汉语言景观"Осторожно! Низкий потолок!"（当心天花板！）/"小心碰头"，"Осторожно, ступеньки!"（小心台阶）/"温馨提示 小心台阶"。前一例汉语"小心碰头"对应俄语"Осторожно, не ударяйтесь/ударьтесь головой!"，但俄语常用"Осторожно! Низкий потолок"（小心矮的天花板）；后一例，汉语在提示语"小心台阶"前加题标"温馨提示"，充满人文关怀。汉语"温馨提示"一般俄译为"Внимание!"或Осторожно，也见Напомните或Напоминание等，但丧失了汉语中的关切性，单纯起到提示作用。

在表示"看管好孩子"时，俄汉语均有从家长角度，以及司机角度提醒注意的语言景观。俄语用提示性标记词Внимание，例如，"Внимание! Не оставляйте детей без просмотра!"（请注意！请看管好您的孩子），"Внимание! Дети идут в школу"（请注意！孩子上学路段）；汉语无提示性标记语，表达形式多样，如"请看管好您的孩子""请家长照顾好自己的孩子""幼儿园路段 车辆慢行""前方校园 减速慢行"等。

此外，表提示时，俄语还用省略结构"Вниманию иностранных студентов!"（外国留学生请注意）、"Вниманию аспирантов!"（研究生请注意），其义为"Информация предоставлена вниманию+第二格名词词组"，此类一般是通知、告示等。

（三）限制性

限制性语言景观对相关公众的行为提出限制、约束和要求，语言直截了当，但不会使人感到强硬、粗暴和无理（北竹和单爱民，2002），其表达相对委婉，语气相对缓和。虽然相对于"禁止"句型而言，这类语言景观的语气强硬程度较弱，但同样可达到表达强制性的、不让做某事的目的。在不同语境下，这类语言景观既能表达一种善意的提醒，又不失严肃的劝诫或警告，还不会让人觉得说话人是以居高临下、盛气凌人的口吻说话，让受话人容易接受和合作。限制性语言景观分为如下四类。

1. 特定限制类

只对相关公众的某一行为提出限制，或只为某一特定人群提供便利。俄语多使用含 только 的句型"Только для кого-нибудь"，汉语可用"专用""仅限"等表达，主要用于实施告、请示和请求言语行为。例如 Только для клиентов магазина/банка（商店顾客专用/银行客户专用），Для служебных а/б университетов（学校公车专用），Запасной выход только（备用出口/紧急出口），"ВХОД ТОЛЬКО ПРИ НАЛИЧИИ БИЛЕТА!"（凭票入内！）等。这类语言景观中通常会有相应的图形，进一步明确某区域的功能（王晓娟，2015），例如 Только для клиентов（顾客专用）/员工专用、仅限员工通行、места только для инвалидов（残疾人专用）/残疾人专用车位等，常常是图文共现。

除用标记词"专用/仅限/Только для кого-нибудь"外，还用表限制之义的词语"限/ограничить（ограничение）"，常见于交通工具和电梯内，如"Просьба ехать со скоростью 50 километров в час!"/限速50公里/小时、限停20分钟、限载1000千克、限乘9人等。俄汉语对应的如"На территории... ограничения: 20 Скорость движения автотранспорта"（汽车限速20公里）/小车限速20 大车限速60，ЗОНА 30 Зона с ограничением максимальной скорости（限速30公里）/限速30公里/小时。俄语一般用文字和数字图形表示，汉语既用文字和数字图形表示，也直接用数字图形表示，区分小车、大车、货车、客车等。

除用标记词外，还有无标记词类，语义本身含有限制义，如 Очередь начинается здесь（在此排队）/站队等候、右侧行驶、残疾人通道、送客止步等。

2. "请"类

限制性语言景观常常带有明显的字眼，表达相对委婉，如"请不要""您可以不要"等。使用请求类动词的目的是让受话人做某事或同意做说话人要求的事情（赵国栋，2008）。"请"类结构表示礼貌，语气较为缓和，其目的是指引、提醒或阻止特定行为的发生。俄语常用模式为动词复数第二人称命令式、"просим+（Вас）+не+未完成体动词不定式"、"просьба+не+未完成体动词不定式"、"（пожалуйста,）будьте+形容词短尾复数形式"、"советуем+（не）+未完成体动词不定式"；若表示强烈请求，则常附加语气坚决的副词或形容词，如"убедительно просим Вас+未完成体动词不定式"、"убедительная（большая）просьба+не+未完成体动词不定式"。汉语用"请/请勿/敬请/请不要/务请……"。

俄语常用模式为动词复数第二人称命令式、"просим+（Вас）+не+未完成体动词不定式"和"советуем+（не）+未完成体动词不定式"（表示建议某人不去做某事），使用复数第一人称形式，从说话人的角度出发表达说话人的意愿，给出建议或提出要求，公众可视情况决定是否采取建议或满足要求，该类语言景观的表达方式为公众提供了适当的选择空间，易获得公众的理解和认可，从而实现语言景观的功能，例如 Бросьте курить（请戒烟），"Держитесь за ребёнком!"（请牵好小孩），Держите за перила（请抓好扶手），Держите влево（请向左走），"Держите кошельки!!! Работают карманники!!!"（请看紧钱包，有扒手），В туалет ничего не бросайте（不要往厕所里扔东西），"Пользуйтесь мусорным ведром!"（请把垃圾扔到垃圾桶里），Просим Вас не пить на детских площадках（请您不要在儿童乐园酗酒）、"Просьба не мусорить!"（请不要乱扔垃圾），等等。汉语该类语言景观也随处可见，如"请出示证件""请在黄线外等候""请站稳扶好""请携带好随身物品""请按号入座""请配合我们的工作"等。在表达警示或禁令时，有时使用"请"字，但警示的语气并未减弱或消失，如"请勿大声喧哗""请不要随地大小便""请勿翻越篱笆""请勿和司机攀谈""请勿用手碰触""请勿吸烟""请不要乱扔垃圾""请保持安静""请勿践踏草坪"等。

由于礼貌用语"请"字的使用，语气显得客气，委婉地表达了建议和要求，使得所限定或要求的内容易于被大众理解和接受，例如"ПРЕДЪЯВИТЕ ПРОПУСК..."（请出示通行证……）/"请出示身份证"和"Закрывайте дверь, пожалуйста"（请关门）/"请随手关门"。俄语分别用完成体和未完成体动词复数第二人称命令式表示。完成体动词复数第二人称命令式表示请求、建议、希望、要求某人进行某一行为，一般不用人称代词，若用，则语气更为温和；未完成体动词复数第二人称命令式表示敦促某人采取某行为。俄语表示强烈请求时常在表"请求"义的动词或名词前加形容词 убедительная 或 большая，或副词 убедительно，例如，"Убедительная просьба+не+вносить/выбрасывать…"（务请不要带入/扔……）；或用副词 убедительно+表请求义的动词，如"Убедительно просим Вас：" （务请您：），实例如 " УВАЖАЕМЫЕ ПОСЕТИТЕЛИ! Убедительно просим Вас: большие сумки, пакеты, зонты сдавать в камеру хранения" （尊敬的游客：务请您将大包、袋子、伞放到存储处）；或直接用 Просьба，后加一个或三个感叹号，加强语气，如"Просьба!!! Убирайте за собой посуду"（务请您随手收拾餐具！），汉语如"敬告 请您用餐后，将餐具放到收集处"。表示提醒告诫人们保管好自己的随身物品时，俄语还用表提请注意类的标记语"Будьте бдительны!!!"（请警惕！），如"Уважаемые учащиеся, просим Вас не оставлять свои вещи без присмотра, так как участились случаи краж личного имущества из-за Вашей невнимательности к своим вещам. Будьте бдительны!!!"（尊敬的学员们：请保管好您的随身物品，可能因您的疏忽大意物品被盗，请留心！）。汉语用"温馨提示"，如"温馨提示 尊敬的宾客：请保管好您的随身物品，谨防遗失、被盗！"。

3. "勿"类

"勿"类结构表示不要从事某种行为，较带"请"字的语言景观语气强烈，更具有约束力，所约束的一般为极力防止、杜绝发生的行为。俄语一般用 запретить 的形动词短尾形式或 запрещаться（禁止）或 не разрешаться 的第三人称形式，口语中可用"не+未完成体动词命令式"，如"НЕ КУРИТЕ ЗДЕСЬ, ПОЖАЛУЙСТА."（请不要在此吸烟）。汉语则为"勿/莫/不要……"，如"勿践踏草坪""未满18周岁勿进入""勿要攀爬""闲人莫入""勿靠近门口""施工重地，闲人勿入""危险 切勿靠近""不要乱扔果皮纸屑""不要在公共场所吸烟"等。"勿"类结构所约束的内容更为严肃，如若违反语言景观所警告的内容，将会产生负面影响，甚至遭受惩罚，例如，"СТОЯНКА МАШИН

У ВОРОТ ЗАПРЕЩЕНА! Аномальная зона! Самопроизвольно спускают колеса"（门口禁止泊车！非常地段！违者放气）"Парковка запрещена!"（禁止泊车）/"请勿泊车"，"НЕ КУРИТЬ!!! УПОТРЕБЛЕНИЕ АЛКОГОЛИЗМА И ТАБАКОКУРЕНИЯ ПРОИЗВОДИТ К ГИБЕЛИ ЧЕЛОВЕЧЕСКИХ ЖЕРТВ"（严禁吸烟！酗酒和吸烟将使人类受害）/"请不要吸烟"/"请勿吸烟"，НЕ ТРОГАТЬ（禁止触摸）/"请勿触摸"，等等。俄汉表达语气均不对应，俄语用了 запретить 的形动词短尾形式和"не+未完成体动词不定式"，语气强硬；汉语语气较俄语委婉，一般加"请"字，如"请勿泊车"。汉语还可以更委婉地表达请求，如表示"请勿触摸"之义时，可以有"温馨小提示 你可以喜欢我 但不要碰我"这样的表达。

4. "谢绝"类

"谢绝"即提醒相关公众不要做某事，较"禁止"语气缓和，利于公众接受。该类多见于汉语，如"谢绝自带酒水""谢绝讲价""谢绝推销""谢绝参观"等。该类语言景观委婉地提出要求，避免某些行为的发生。俄语无对应于"谢绝"的词汇，但可用"не+动词复数第二人称命令式"形式，常见的则是语气最为严厉的"не+未完成体动词不定式"，如"Уважаемые гости! Спиртные напитки с собой не приносить!"（尊敬的客人：禁止自带酒水！），俄语的"не+未完成体动词不定式"表达的语气坚决。

（四）强制性

强制性语言景观警示相关公众不得采取某种行动。其主要作用是对公众的行为加以约束和限制，"禁止"公众做某事，通常语气比较强硬、严厉，意思表达直截了当，往往运用"严禁""禁止""务必""不""勿"等词汇。这类语言景观不同于限制性语言景观，所警示的内容是严肃且不可冒犯的，提醒人们若违反约束内容，势必引起一定后果：或受到惩罚，或受到法律制裁。这会使人产生一种敬畏之情并自觉遵守规定，如"禁止乱扔垃圾，违者重罚""请勿乱贴传单，违者可被依照相关管理规定进行处理"。

俄汉语中该类语言景观相当多，俄语常用的句法模式为"не+未完成体动词不定式"、"（категорически）+запрещён（воспрещён, запрещается）+名词或未完成体动词不定式"或"не+разрешается（разрешён）+未完成体动词不定式"。"не+未完成体动词不定式"若表示警告，防止某一行为的发生，则是针对可能出现的、无意的或偶然的行为；若表示绝对的命令、指示等，语气较 запрещаться（禁止）强，相当于"严禁"。含 не 的语言景观主要用于禁止、告示、警示言语行为，表示不允许，语气较坚决，目的是吸引公众注意，以达到劝告、提醒、阻止等目的，如 Не сорить（严禁乱扔垃圾）、Не прислоняться（严禁倚靠）、Не беспокоить（不要打扰）、Не загромождать（严禁阻塞）、"МАШИНЫ НЕ СТАВИТЬ!"（禁止泊车）等。汉语常用"严禁（禁止）……"等句式，如"严禁拍照""严禁随地吐痰""严禁乱丢垃圾""严禁携带宠物""严禁酒后驾驶""严禁张贴""仓库重地，禁止吸烟""禁止触摸""未成年人禁止入内""禁止通行""禁止烟火""禁止超速""禁止鸣笛"等。强制性语言景观语言强硬、直白，无商量余地。虽然 запрещаться 的语气较 "не+未完成体动词不定式"弱，但它是禁止类语言景观中最常用的类型，如 Купаться запрещено（禁止游泳），Курение запрещено（禁止吸烟），Вход с собаками запрещён（禁止携犬入内），Вход с мобильными телефонами запрещён（禁止携带通信设备入内），Вход на роликах запрещён（禁止轮滑入内），Вход с напитками запрещён（禁止携带饮料入内），Посторонним вход воспрещён/Доступ посторонним запрещён（闲人免进），Запрещается прислоняться/прикасаться（禁止倚靠），Фото и видео съёмка в музее категорически запрещены（博物馆严禁拍摄，用副词 категорически<绝对地>，表示"禁止"程度强烈），等等。汉语如"禁止游泳""禁止吸烟""禁止使用照相或摄像设备""施工现场 闲人免进""此处不许戏水""不准大声喧哗""不许追打"等。

（五）宣传号召性

宣传号召性语言景观分为两类，一类是宣传号召性口号，另一类是商业性广告。宣传号召性口号指起公益宣传作用的标语、口号、招贴类语言景观。该类语言景观可能与所出现的公共场所有关（如安全类提示经常出现在交通路口，如高速公路入口处），也可能与特定的公共场所毫无关系。这类语言景观的内容大到基本国策宣传、小到个人财物安全提示，体现语言景观撰写方对公众的关怀、注意与教育。此类语言景观常常由各级政府的宣传部门撰写，是一种政治或文化宣传手段（王晓明和周之南，2011），其宣传功能主要是营造声势、渲染气氛，当然也不乏号召公众行动的意味，号召或提醒公众注意自己的行为或做出某种行为（牛新生，2008）。商业性广告是指以推广商品及营利活动为目的进行的广告宣传，以提供服务和消费信息为主，方便大众识别服务和消费类别及区域，促使人们采取行动，实现消费。因受时间和空间的限制，一般情况下商业性广告类语言景观以吸引注意力和传递广告信息为目的，语言简洁、夸张。

宣传号召性口号要求用词简洁，通俗易懂，具有宣传鼓动性。俄语大部分宣传号召性口号的一个特点是最大限度地节省语言材料，其句法形式比较灵活（纳吉科娃等，1980）。依表述目的，俄语宣传号召性口号可分为祈使句类和陈述句类。祈使句类宣传号召性口号表达的是非现实性的，即可能实现的、希望实现的、应该实现的或要求实现的各种情态意义，主要是号召、希望、要求人们去做某事，或禁止某行为，提醒人们不要去做某事；陈述句类宣传号召性口号表达的是正面信息，具有现实性意义，主要是向人们陈述某事实、现象、事件，说明某个道理，以便人们提高认识，认清事物的实质。陈述句类比较简单，有简单的完全句或简单的不完全句；祈使句类的情况相对复杂，既有简单完全句，也有省略句（陶七一，1984），省略句又可以分为单部句和双部句（纳吉科娃等，1980），并已形成一定的模式。例如"Мир ждёт вас!"（世界在召唤你们！）（祈使完全句），"Жить стало лучше, жить стало веселее"（生活越好越快乐）（完全句），俄罗斯的政治口号"Голосуй или проиграешь"（请投票，否则会失败）（祈使简单完全句），"Мир цветной, а не коричневый"（世界是多彩的，不是褐色的）（陈述不完全句），"План Путина – победа России!"（普京的计划是俄罗斯的胜利！）（祈使省略句），苏联时期的口号"Миру – мир"（给世界和平）（单部省略句，已形成句套"第三格名词—第四格名词"），"Трезвость – норма жизни!"（清醒——生活的准则！）（单部省略句），"Планы партии – планы народа"（党的计划，人民的计划）（单部省略句）等。

汉语宣传号召性口号的基本语言特色是简明扼要，通俗易懂，富有韵律。简明扼要主要体现为用词简洁，言简意赅，语义明晰，例如，我国社会主义核心价值观仅用 24 个字表示"富强、民主、文明、和谐、自由、平等、公正、法治、爱国、敬业、诚信、友善",高度凝练;句式上,常常使用一些成语、诗文、佳句之类等高度凝缩的表达形式。通俗易懂即使用简单明了的语言,避免用复杂的词汇和句式,让人一听即明白其意图,例如"垃圾分类,人人有责""创建文明城市 共建美好家园""节约用水 举手之劳"等。富有韵律主要指声调平仄相同,音节匀称整齐,韵脚和谐(屈志凌,2007),语境与意境很强,语言应用一般以短句居多,大量运用对偶、排比等修辞手法,使用押韵字或近音字,如"同一个世界 同一个梦想""百年奥运 中华圆梦""立即行动 保护自然""保护环境 造福人民""更高,更快,更强""点燃激情 传递梦想""我的城市我创建 我的家园我美化""时间就是金钱,效率就是生命"等。

汉语景观注重声调的抑扬顿挫以及尾字押韵,不仅读起来朗朗上口,便于记忆,而且能够更好地达到以声传情的目的,如城市交通语言景观"红灯要停 绿灯要行"中的"停"和"行"是押韵字,尾字用汉语拼音韵母 ing,押韵有修饰声音的功效,读起来和谐悦耳,可使语言具有更强的表现力,更易于流传。又如"文明城市大家创 文明成果人人享""珍爱生命 拒绝毒品!""反腐倡廉 警钟长鸣""互礼让 应弘扬""粮食很珍贵""光盘 不浪费"等。俄语也通过谐音创造独特的形象,但较汉语少,例如"Пей "Тонус" и получай бонус(реклама сока "Тонус")"(喝"Tonus"饮料 赢奖金)(Tonus 果汁广告),"Полезный перекус – отличный вкус(реклама сыра "KRAFT")"(健康零食——美味无限)(KRAFT 奶酪广告),"Будьте бдительны, водители, Почти все из вас родители (ГИБДД)"(司机,请小心,你们大多为人父母)(国家道路交通安全检查局)等。俄语句法较自由,汉语则注重结构对称。

二、其他分类

语言景观除了功能分类,还可从其他角度进行分类。根据主体性,语言景观可分为官方语言景观(即政府设立的具有官方性质的标牌,如路牌、街名、建筑名等)和私人语言景观(私人或企业所设立的用作商业宣传或信息介绍的标牌,如店名、广告牌、海报等)(Gorter,2006);根据属性,语言景观可分为通用（具有国际普遍使用意义的语言景观）与专用（政府部门、社会团体、企业商家等开展社会活动和业务活动所使用的语言景观）两种类型（朱晓华，2012）；根据信息状态的不同，语言景观可分为静态性语言景观和动态性语言景观（吕和发，2005）；根据表现形式，语言景观可分为标牌类、口号类（标语类）、标识类、告示类和说明类五类（卞正东，2005）；根据应用范围，语言景观可分为公共提示语、交通运输语言景观、商业语言景观、旅游语言景观和环保语言景观等，还可分为街名标识、提示标识、体育旅游标识、交通标识等几种类别（杨永林和李晋，2010），笔者认为，语言景观还可以分为导向标志、公共提示、景点解说、告示通知、行为举止、会展标语等类别；根据国际交往、旅游商务、体育休闲者对语言景观的需求和行为的特点，语言景观可分为通用、旅行、饮食、住宿、游览、娱乐、购物、讯息、职称职位、组织机构、行业行当等11类（吕和发和单丽平，2004）；周华北等（2013）将语言景观文本分为非文学性和文学性两类。

根据用途，语言景观可分为机构场所类（如政府、学校等各类办事机构）、交通类（如机场、火车站、轮船码头、地铁站、公共汽车站等）、购物类（如商场、超市、小摊等）、娱乐类（如游戏厅、影剧院、音乐厅等各种娱乐场所）、餐饮类（如餐厅、饭馆、小吃部、咖啡店等）、旅游类（各旅游景点），各个场所分别构成一个专类语言景观，合起来构成一个区域的语言景观；根据分布范围大小（所处背景环境、面积大小、人口密度等因素），语言景观可分为区域、乡村、城镇、城市、国家（地理概念）等类别；根据载体，语言景观可呈现于墙面、电线杆上、水泥柱上、门上、树上、地面、台阶、车身、电子屏幕等；根据语种数量，语言景观可分为单语、双语和多语类；根据制成材料，可分为木质、石质、金属、塑料、纸质、陶瓷、布质、数码等；根据设置的时间性，语言景观可分为永久性和临时性等（尚国文和赵守辉，2014）；按是否流动，可分为固定（如政府机构名称、旅游景点名称、路牌、店铺牌匾等）和流动（人群游行时高举的海报、工作人员派发的海报传单、公共汽车和出租车的车身广告、小摊小贩移动的推车上的标牌等）类别；根据语言表达手段，语言景观可分为口头类和书面类；根据内容呈现形式，语言景观可分为文字、图形、声音、视频、色彩、灯光等及其彼此间的组合，如"文字+图形""文字+图形+色彩""文字+声音/灯光/视频""文字+声音+动画/手势"等。

第三章

语言规范与语言偏离

　　语言规范是语言的一种规则，这一规则不仅是社会公认和遵守的，而且反映语言系统的规律，并确保语言表达中词汇的正确使用。规范概念反映在语言的各个层面，如语音、词汇、语法规则（构词、词法、句法）等，违反规范则会导致语言偏离，由于语言是在运用中存在的，在不同语体、不同语境中所发生的偏离不一定都是错误的，偏离有正向偏离和负向偏离之分。正向偏离指依据不同语体、不同使用场合及不同使用者而发生的偏离，这种偏离以语言规范为依据，根据语体、语境等作微小而灵活的变动；负向偏离指语言使用者既违背语言规范，又违背该语言使用场合、语体要求等而导致的偏离。语言在运用中得到发展，这一发展过程由规范到偏离，再由偏离到规范，循环往复。因此，语言偏离是不可避免的，但应力避负向偏离。分析翻译中的语言错误，首先要厘清语言规范、语言错误及翻译错误的定义与类型，本章由此展开。

第一节　语　言　规　范

　　孟子曰："不以规矩，不能成方圆。"即做任何事都要遵循一定的规矩、规则，否则难以成功。语言的运用也是如此。每种语言均有一套使用规范如语音、词汇、语法等，这些规范共同构成了语言系统，保障了语言交流的顺畅进行。本节将梳理语言规范的定义，明晰语言规范的类型。

一、定义爬梳

规范是约定或规定的标准。规范的英文单词为 norm，源于拉丁文 norma 和希腊文 γνω′μων，原意为工匠所用的矩尺，引申为实践或行为的标准、模式、戒律。在古汉语中，"规"与"范"原本也是指工匠使用的尺规和模具（郭贵春和赵晓聃，2014）。哲学家认为，规范即范式，指共同体成员共有的一整套规定，它决定着共同体成员的共有信念和价值标准，即他们的世界观、自然观及价值观（托马斯·库恩，2012）。

"语言规范"这一概念与言语正确性的概念密切相关。语言规范反映了语言系统不断发展和完善的内在规律，并被名家的创作认可（Антонова，2020）。语言规范通常指某社会某时段所公认的说与写，即某社会某时段选择和运用语言手段的一套规则（Крысин，2021），是在社会交际过程中选择并巩固下来的，语言系统最稳定、最传统的一套规则。作为社会有意识地固定推广的、稳固的、统一的语言手段及其使用规则的集合，规范具有某民族特定时期标准语的典型特征，广言之，规范是语言各个发展阶段不可或缺的固有属性（Ярцева，1998）。戴昭铭（1999）认为，语言规范是其他语言形式中语言实践赖以参照的一种标准语言形式或语言实践，它是一定语言社团的成员在交际中都乐于遵守和使用的一套声望较高的代码系统。

二、类型细究

戴昭铭（1999）将语言规范分为自发的规范和自觉的（或规定的）规范两种。自发的规范体现在语言声望较高的社会方言、地域方言和一些可仿效的个人的言谈、著作中，往往含有一些未经提纯的成分。自觉的（或规定的）规范是语言权威机构和语言学家从事语言规范化（语言规划）工作的结果，是对自发的规范所形成的言语材料（包括文字资料）进行记录、描写、评价、抉择后形成的一套标准的语言形式和文字形式。它体现在规范性词典、标准语语法教科书、正字法以及各种关于语言文字使用标准的文件中（戴昭铭，1999）。根据各个层面的关系和特点，语言规范还可分为如下几类：词汇规范（确保词汇选择的正确性）、重音规范（规定标出重音的正确性）、正音规范(描写词的正确发音)、正字法规范(保障言语书写表达的一致性)、句法规范(规定语法结构构造)。

作为语言与社会范畴的规范具有二重性,即从广义上来理解规范,它包括所有与语言交际有关的现象。Нериус 将规范分为系统规范和语言使用规范或交际规范,这一分类为制定语言交际基本规范作出了重要贡献;Хартунг 将语法-语义规范(类似于系统规范)纳入基本规范中;Барнет 将规范分为语言层面规范(相当于语法-语义规范)、语言与非语言行为规范(相当于交际或情景规范)。交际规范的一个重要特点就是以情景为条件,较之系统规范和语言规范,非言语行为成分是交际规范的决定特征(转引自 Едличка,1987)。Едличка(1987)将语言交际规范分为构造规范、交际规范和修辞规范。构造规范(又称系统规范)只限于语言成分,与系统联系紧密。它与交际的关系是:构造规范的规则要得到该语言交际社团的认可和执行,构造规范的制定源于其被用于具体语言表述中。交际规范(又称情景规范)与交际过程的联系是确定的,它不仅由语言成分表示,而且由非语言成分表示,它首先由情景因素和状况决定。它与构造规范的关系由所表现的交际规范决定,这一交际规范是情景交际范围内语言结构的分布方式。交际规范与标准的构造规范不同,它不是编纂的法典。修辞规范不仅体现在语言成分中,还体现在如话题、文本本身和文献学等成分中,还包括法典编纂,它与表述语篇具有一定的相关性,其内部分类可根据语篇类型进行划分,起重要作用的是功能修辞分类。

第二节　语　言　偏　离

Ейгер(1990)认为,应在正言学框架内研究偏离规范现象,正言学是研究语言规范和偏离这些规范的语言学分支学科。由于语言是一种动态系统和惯例,它不可避免地处于不断变化中,这种情况理所应当成为正言法识别语言事实规范的首要研究问题,即将其鉴定为"规范"和"不规范"(Виноградов,1996),不规范即偏离规则,偏离指和预定的方向或轨迹有一定的偏差。错误就属于偏离。下面主要讨论偏离规范的语言错误、翻译错误和语言景观翻译错误。

一、语言错误

偏离语言规范的重要区分性特征是"无意"违反和"有意"破坏。"无意"违反分为错误（语误 error）和失误（差错 mistake）两类。俄罗斯学者Ладыженская（1991）也将所有错误的语言材料分为错误和失误两类。错误指违反言语的正确性以及标准语的规范；失误有悖于言语的正确性，破坏了优美（即丰富的、准确的、富有表现力的）言语的相关规定。学习的过程就是不断犯错并改正的过程。错误几乎成了人们在学习技能或获取信息时的一个重要组成成分。这种在语言发展过程中所产生的错误通常被称为语误。出错往往是因为说话人语言能力欠缺，即"未掌握规范"，通常发生在他们的知识体系尚不完善或根本不具备相关知识却试图使用的情况下。还有一类错误并非源于学习者的知识不全面或无知，相反，学习者已掌握了标准语和相关规范，但受到语言和超语言因素的影响，在语言产出过程中产生了随意猜测或口笔误等错误。这两类错误均是本书前面所谈到的负向偏离。

语言学将错误分为表层错误和深层错误两大类。首先是表层错误。表层错误是从错误的表面结构来划分的。最普遍的划分法是 Brown（1994）所说的数学模型，划分出加法（即添词）或减法（即漏词），以及替换、颠倒等错误类型。其次是深层错误。深层错误是从错误产生的根源来划分的。根据错误产生的根源，可将错误分为语际错误、语内错误、交际错误和环境错误。语际错误是二语/外语学习中的一种主要错误。在二语/外语学习早期，学习者尚不具备全面的目的语知识，当碰到用目的语无法表达的概念时，常会在母语里寻找替代对象，偶尔能找到正确的替代，但大多情况下，由于文化差异和学习者语言知识的欠缺，其寻找到的往往是错误的替代。此外，当学习者在目的语里碰到一个复杂概念时，常会将其与母语里的相应概念进行对比。当目的语与母语表现出相似性时，迁移或许会顺利进行；但差异往往大于相似性，而学习者往往发现不了这种差异，在此情况下，学习者所进行的对比必将出错（郝兴跃，2003）。

学者们对"错误"这一概念的界定各不相同。Corder（1981）将错误分为显性错误和隐性错误。显性错误是句子层面的无可置疑的不符合语言规则的错误；隐性错误则相反，其句子完全符合语法规则，但却达不到交际目的。

隐性错误并不是完全隐蔽无法发现，只要符合语境，结合上下文分析便不难发现。Brown（1994）认为，将错误划分为"句子层错误"和"语篇层错误"更为恰当。从交际角度出发，Burt 和 Kiparsky 将错误划分为总体错误（global error）和局部错误（local error）。总体错误妨碍交际的正常进行，它使受话人无从判断说话人的真实意图和所要表达的确切含义；局部错误是指句子的某个部位有轻微的错误，但并不妨碍交际，受话人或读者往往能猜出说话人或作者的真实意图（转引自 Brown，1994）。Lennon 从"范围"和"程度"两个角度来讨论错误。"范围"指语言单位，Lennon 认为要把音素和语篇两个语言学因素结合起来才能正确辨认错误；"程度"错误指被遗漏、替换、添加或重新排序的句子部分（转引自郝兴跃，2003）。

　　Голованова（2004）总结了现代俄罗斯学界对错误的分类方法，并归为四类：传统层次分类法的"依形式"分类法、语体形成因素视角分类法、交际适宜性视角和交际参与者视角分类法、基于功能-活动的基础分类法（取决于言语思维活动类型或意义评价类型）。

　　Цейтлин（1982）将错误划分为系统错误、结构错误和俗语错误。她认为系统错误是死守语言系统、违反语言规范所致，此类错误一般只有儿童才犯；结构错误是句子成分的指代重复（通常是主语重复）。Ладыженская（1991）明确区分了语言单位系统和言语的语言手段。她提出了两类错误：语言单位结构或形式错误（语法错误）和语言手段错误（言语错误）。Черемисин（1973）将言语错误分为五类：①标点符号错误；②拼写错误；③语法错误；④词汇错误；⑤修辞错误。Сиротинина（1983）将言语错误分为口语词序错误和文本构建的联想原则错误。她认为，后者包括代词使用不当、书面语中句子不完整以及用口语结构代替书面语结构等类型。Соловейчик（1979）将言语错误分为语法失误和言语失误两类，后者由不善于使用语言手段所致。Львов（1975）将修辞错误分为言语和非言语错误。前者分为词汇修辞错误、词法修辞错误和句法修辞错误，后者包括逻辑错误、结构错误、与歪曲事实相关的错误。Епихина（2014）将交际错误分为：①违反语言规范的系统/语体错误（重音、语法、拼写、词汇、正言和副语言错误）；②发话人和受话人违反交际规范的错误（言语思维形成或阐释错误）；③相关和不相关的错误（引起或不引起交际障碍）；④违反交际规范的文化因素/情景性错误（非母语者和母语者彼此忽视对方的错误）；⑤话语体裁/逻辑错误（不了解体裁，不善于逻辑性地组织言语）；⑥由言语思维过程病理引起或不是由其引起的错误；⑦真错误和假错误（相应集体共享的交际习语或任意确立的解释性手段）。

此外，Corder还按学习者语言系统的形成进程，将错误划分为前系统性错误（学习者并不知道目的语中存在相应的规则）、系统性错误（学习者发现了这个规则，只不过它是一个错误的规则）和后系统性错误（学习者知道正确的译语规则，但不能总是正确使用）（转引自郝兴跃，2003）；Dulay等（1982）按语言错误对语言交际产生的影响，把错误划分为全局性错误（影响整个句子结构，影响交际）和局部性错误（影响句子中单个成分，基本不影响交际）；牟金江（2004）按照语言错误的人为因素，将错误分为输入错误（教材、教师等人为的输入错误）和交际错误（学习者自身性格、学习习惯和缺乏交际策略导致的输出错误）。

二、翻译错误

翻译实践中，偏离原文内容、文化等多种因素均可能导致翻译错误。翻译错误也分为误译和错译。大多数学者认为，翻译错误是无理由地偏离规范等值要求。Швейцер（2009）将翻译错误看作是偏离原文内容，Миньяр-Белоручев（1996：207）将其看作是"与原文的非对应程度"，Комиссаров（1980：167）则将其看作是"误导读者行动的程度"。Берди和Ланчиков[①]建议将文学作品翻译错误视为"无意错误"，即该类错误不是作者有意的，而是自发的。Княжева（2010）指出，翻译错误的特点是，译者犯错是"无意识的"，主要是由他们的专业能力差而导致的。《牛津英语大词典（简编本）》（特朗博和史蒂文森，2004：1798）将误译（error）定义为"不正确的翻译"。将"误译"和"差译"都归在mistranslation的范畴内。为了规范国内翻译市场，我国于2005年3月24日发布《翻译服务译文质量要求》国家标准，提出了"译文综合差错率"概念，并规定差错率不得超过1.5‰。然而，鉴于翻译理论体系及翻译标准的复杂性，很难用"正确/错误"的二元论来界定译

---

① https://thinkaloud.ru/lanchikov-uspekh.

文的质量，简单地将违反某种翻译标准的翻译划归为误译则失之偏颇。谢葆辉和蔡芳（2008）认为，人们通常所说的"误译"主要指，由于译者未能解决跨语言的关联语境矛盾，采用不恰当的语境关联，使原语与译语语言逻辑属性差异性放大，释意相似性变小，妨碍译语读者对原文的理解。译者也有可能基于其翻译主体地位，根据自身的价值取向，有意扩大这种差异性，以实现译文针对译语读者的某种特定功能。从这个意义上说，主动性的误译并不具有贬义。

Nord（1997）提出应从两个方面来界定翻译错误。从译者的角度来看，翻译错误是译文偏离所选择的翻译活动模式；从受众角度来看，是与预期译文不对应。Магрис 建议将翻译错误确定为"对受众的交际效果的破坏以及对原文内容的破坏"，Моссоп 和 Честерман 认为翻译错误是"违反规范"。这两个学派代表均认为翻译错误的主要特点是违反规范、偏离原文内容、译文与原文的交际效果不符、"无意识"犯错（转引自 Федюченко，2012）。

Nord 指出，为了确定翻译质量，仅分析和阐明翻译错误是不够的（转引自 Федюченко，2012），还需将错误进行分类。Федюченко（2012）以 Гарбовский 基于释义学的方法为基本的分类标准，以国外学者（Nord, Ladmiral, Schiaffi & Ziaro）的研究为基础对翻译错误进行了概括性的分类：①文本理解阶段的错误，包括符号-概念层面的错误、符号-复杂概念层面的错误和符号-内容层面的错误；②文本再现阶段的错误，包括事实层面的错误、词汇错误、语法错误、美学错误、风格错误、任意仿拟错误、形式错误、标点错误、拼写错误、成分错误。最典型的错误是语法、美学和形式上的错误。Федюченко（2012）还制定了规范译文的几种规则：①译文的等值规则；②翻译体裁-修辞规则；③翻译言语规则；④翻译语用规则；⑤约定俗成的翻译规则。如果违反了以上任一规则，翻译将会出现错误。违反译文等值规则表现在文本理解阶段，包括事实错误和任意错误，这些错误与文本内容直接相关；违反翻译体裁-修辞规则表现在文本再现阶段，包括美学错误和风格错误；违反翻译言语规则表现为词汇和语法错误以及仿拟错误，因为这些错误包括违反译语规范和习惯用法。实质上，语法错误在所划分的所有错误类型中均有体现，因为语法转换程度取决于遵守或不遵守任一翻译规则（Федюченко，2012）。在文本再现阶段，错误就是偏离语言单位和语言形式的正确使用，是学习者错误行为的结果。

笔者认为，翻译错误包括微观错误与宏观错误，微观错误涉及整个语言层面，包括语音错误、语法错误、词汇错误、篇章错误等；宏观错误系超语言错误，主要指语用错误（包括语境外因素，如个人背景知识、译者是否考虑译语受众等）、文化错误等。在翻译活动中，翻译客户会提出翻译要求及目的。但大多职业翻译认为，那些客户（通常未受过语言教育，也未掌握翻译技术）自己建立的译文质量及译文错误的评估标准往往违背译语规范。因此，翻译市场临时"涌入"大量的劣质译文，缺乏评估翻译质量的统一标准。

三、语言景观翻译错误

由于语言景观语体具有特殊性，其书写、语法、用词、语篇结构等大多异于通常行文，故其翻译也难于通常行文。在实际调查中，无论是汉英译写还是汉俄译写，语言景观翻译均存在大量的低级错误，严重影响信息传递和交际的顺利进行，甚至有损国家形象，因此，有必要对语言景观翻译进行整治。国家及各省市均出台了规范语言景观汉英译写的标准与文件，有关语言景观汉英译写有很多资料可借鉴。尽管国家也出台了语言景观汉俄译写，但其只是一个宏观的指导性文件，无法解决在实践中遇到的所有问题，因此，有必要总结语言景观汉俄译写错误，制定一套切实可行的翻译规范，用以指导语言景观翻译实践。

语言景观规范指语言景观必须遵循公众，或至少是一类群体所共同认可的语法、语义及语用上的一般规律（杭海，1991）。俄语景观是现代俄语在社会交际中的具体运用，无论语言景观以何种形式出现，终究不能违背现代俄语的基本语法及词汇使用规范。

目前，语言景观汉外译写错误泛滥成灾，汉英译写、汉俄译写、汉日译写、汉韩译写均如此。学者们分析并总结了语言景观汉英译写中的一些错误，如拼写错误、大小写错误、标点问题、语法错误、用词错误、中英文不符、译名不统一等语言错误，死译、硬译、译文累赘、交际信息失真、中式英语、译文刻板、忽视文化差异、语义模糊、语气生硬、施为用意错位、语言礼貌蜕变等语用错误。王晓明和周之南（2011）将语言景观汉英译写错误归纳为完全误译和部分误译两大类。完全误译是指英文翻译与汉语原文传达的意思完全不对等，完全达不到原文的公示目的，即使是精通英语的人也读不懂该译文；而部分误译又可进一步划分为语言误译、功能误译、风格误译和文化误译四类。吕和发（2005）认为，国内双语语言景观建设方面普遍存在的问题包括以下几点：①指示不明，形同虚设；②表述不当，语用失范；③信息不全，误导普遍；④外语错误，比比皆是；⑤中外信息，互不一致；⑥形式驳杂，缺少规范；⑦缺乏标准，各自为政。

  目前国内对语言景观翻译错误的分类标准不统一，有的分类逻辑混乱，有的分类类型相互交叉、相互包含。例如有的将语言景观汉英译写错误分为翻译不规范、拼写错误、用词不当、语法错误、词性误用、不善借鉴。其实，这些错误都可以归结为翻译不规范，词性误用属于语法错误。在我国语言景观汉俄译写调查中，上述错误均有体现，涉及语言与非语言各个层面，且常常是多个错误并存，大多情况下要明确地判断某一错误是属于语音错误、词汇错误，还是语法错误，尚费周章。语音错误中，因读音与书写的关系，可能会产生正字法错误；因读音与文化的关系，可能会产生语用错误。本书将语言景观汉俄译写错误分为语言错误和语用失误两类。语言错误分为排版错误、语音错误、语法错误、词汇错误；语用失误分为语用语言失误和社交语用失误。在论及某个错误时，只着重分析该类错误。

第四章

语言景观汉俄译写语相错误剖析

语相学是语言学的一个分支，它是研究书写、排版符号和书写系统的科学，其内容包括字母的拼写、大小写、标点符号、段落排列等。语相学是视觉符号的意义编码，是符号学意义上的副语言表达方式，是寄生在自然语言符号上的副语言符号系统，是自然语言符号的外在展现。语相包含多个子系统，如语篇的形状、印刷类型、语法单位嵌入语言单位之方法。印刷类型包括标点符号、字母大小写、括号、连字符、斜体字、单词之间插入的空格、首行缩格等（于学勇，2008）。语相与文体关系密切，语言景观常常通过语相的特殊效果来表达通常行文书写中无法实现的语用意义。下面将分析我国语言景观汉俄译写正字法和排版错误。

第一节 俄语景观正字法规范

语言景观的语体不同于通常行文，故其书写既要遵守标准语的书写规范，又要遵守其在特定语境与实践中形成的一套规范。不同功能的语言景观，其书写各具特点。下面将阐述俄语正字法规范及俄语景观书写特点。

一、俄语正字法规范

俄语正字法是现代俄语书写的规则，包括词语的正确拼写和标点符号的正确使用两部分。俄语是字母文字，其书写本身具有一定的规范。俄语单词书写规则是每个单词之间空一格，一个单词各字母之间无间隔；逗号及句号后空一格，使用连字符"-"连接两个单词时，连字符前后不空格；字体使用Times New Roman。缩略语全部大写，句子开头首字母大写，但在下列情况中则以小写字母起首：①在带有同等成分的疑问句或感叹句中，各同等成分小写开头；②如果省略号不表示句子的完结，而表示话语的中断，则省略号后小写开头；③如果带感叹号的感叹词位于句子中间，则其后第一个词小写。

  移行通常按音节进行，在上行末尾加上移行符号"-"。其规则为：①单音节词不能移行；②单个字母不能留在原行或下一行；③两个相同的辅音并列时，要分开；④字母 й、ь、ъ 应与其前面的字母在一起，不能分开。

  标点符号的用法：①陈述句句末用句号，语气词 да、нет 之后用逗号，语气词 пожалуйста 与其他词用逗号隔开；②疑问句句末用问号"？"，感叹句句末用感叹号"！"；③语句成分之间用逗号隔开；④记述对话时，每个人的话单独成为一段，用破折号开头；⑤句子的主语和谓语都用第一格名词表示时，主谓语之间常用破折号连接；⑥报纸、杂志、书籍、剧院等名称均放在引号«»或" "里，放在引号内表示事物名称的词不与被说明的名词保持一致关系，用第一格形式。

  分条（即分成若干条、款、项）叙述时的书写规则为：①如果列举的各条句末都用句号，则每条均以大写开头；②如果列举的各条句末用分号或逗号，则每条均以小写开头。

二、俄语景观书写特点[①]

  以上阐述了通常行文中俄语的书写规则。作为以不同载体呈现的语言景观，如商品简介、旅游景点简介等，其书写通常遵循标准书写规则，其他如路标、街名、机构名、景点名、商业店铺名等指示性语言景观，以及提示性、禁止性、宣传号召性语言景观，其书写除以俄语标准语的书写规则为基础外，

---

① 说明：此部分所谈的俄语景观书写特点主要指指示、提示、禁止以及宣传号召性的小型文本的书写，不包括如商品简介、旅游景点简介、张贴的通知、通告等。

还具有独特的书写规范。

语言景观是一个交际单位，哪怕只由一个字母或一个图像构成，也具有交际意义。作为交际单位，其第一个单词首字母或所有单词全部大写。专名首字母或所有字母大写，可以放在引号内，也可以不用引号，但以异于其他单词的书写形式突显出来。指示性语言景观如路标、街名、机构名、景点名、商业店铺名等第一个单词首字母大写或所有单词大写；提示性语言景观中，若文本由提示语和提示内容构成，其书写比较复杂，取决于提示语，若提示语作题标，则提示语与提示内容分行，提示语首字母大写或所有字母大写，提示内容首字母大写。提示性语言景观具体书写规则详见"（二）提示性语言景观"。禁止性语言景观，为了起强调作用，常将某个词或词组全部大写加粗。宣传号召性语言景观若由两个或两个以上句子构成，则每个句子的第一个单词的首字母大写或所有单词全部大写，有时可不用标点，用空格区分，若用标点，则标点符号与通常行文相同，但常用感叹号。关于单词大小写问题，俄罗斯学者持两种截然不同的观点。"错误"派认为，城市客体命名中的"书写形式脱离标准"，"无规律可言，更难以总结出规律"（Филинкова，2009：266），甚至是"错误的"（Зюзина，2018：68），建议"用颜色、字体等其他非语言手段代替大小写进行区分"（Тихоненко，2014：94）；"规范"派认为，"大众传媒尤其是商业店铺名、广告牌、海报、招贴中大写字母的不规则使用具有重大作用"（Харлушина，2018：51），实际上，言语实践中的书写变体也是规范的一部分，语篇的书写规则取决于言语文化，也受制于交际者的不同语用意图（Тесленко，2014）。

俄语景观中，路标、街名、机构名、景点名、商业店铺名等指示性语言景观书写一般不用标点符号，若为景点介绍，标点同通常行文；提示性、禁止性语言景观可用标点，标点一般为感叹号，随着语气程度的加深，感叹号也增加，最多3个，但在俄语景观中也发现用4个感叹号的情况。

通过考察大量的俄语景观发现，仅有少量的俄语景观基本符合2007年版《俄语正字法规则》，大多违规。俄语景观依功能不同而具有不同的书写规则，其书写特点总结如下。

（一）指示性语言景观

根据不同功能，俄语景观有不同的书写规范。指示性语言景观，如城市、机构、企业、厂矿、学校、景点等的名称，一般全部大写，但也可以第一个单词首字母大写，不用标点；但店铺名称书写比较自由，也比较有创意，店铺创设者常常通过招牌及图案设计想方设法吸引受众来消费，尤其是餐饮店、商店等个人服务型店铺，其名称书写形式多种多样。指示性语言景观依不同场所、不同领域及不同主题而具有不同的书写特点。

首先，国家机关、社会组织机构、教育医疗机构名称全部大写，例如：ЖИЛИЩНОЕ АГЕНТСТВО ЦЕНТРАЛЬНОГО РАЙОНА САНКТ-ПЕТЕРБУРГА（圣彼得堡中心区房管所）、АДМИНИСТРАЦИЯ города ЕКАТЕРИНБУРГ（叶卡捷琳堡市政府）；ОБЩЕРОССИЙСКАЯ ОРГАНИЗАЦИЯ РОССИЙСКИЙ КРАСНЫЙ КРЕСТ（全俄机构 俄罗斯红十字会）、ПОЧТА РОССИИ（俄罗斯邮政）；МОСКОВСКИЙ ГОСУДАРСТВЕННЫЙ УНИВЕРСИТЕТ（莫斯科国立大学）、ГОСУДАРСТВЕННОЕ БЮДЖЕТНОЕ ОБЩЕОБРАЗОВАТЕЛЬНОЕ УЧРЕЖДЕНИЕ ШКОЛА №509 КРАСНОСЕЛЬСКОГО РАЙОНА САНКТ-ПЕТЕРБУРГА（圣彼得堡红村区第 509 国立普通中学）、ГОРОДСКАЯ КЛИНИЧЕСКАЯ БОЛЬНИЦА имени А. К. ЕРАМИШАНЦЕВА（叶拉米尚采夫市立医院）。所有字母均大写，但通名字号有时小于专名。大写字母醒目，同时强调被命名客体的正规性和严肃性。

关于以上机构各部门职务名称，不同单位的标识各自为政，无统一标准，既有全部大写的情况，如 КАБИНЕТ ФИЗИКИ（物理系办公室）、НАЧАЛЬНИК СУЖБЫ ПРИЁМА И РАЗМЕЩЕНИЯ（来访接待处处长）、РАСЧЕТНЫЙ ОТДЕЛ（结算处），也有仅首字母大写的情形，如 Центр тестирования по русскому языку как иностранному（对外俄语测试中心）、Заведующая терапевтическим отделением Петрова Мария Ивановна врач высшей категории（内科主任 玛丽亚·彼得罗娃·伊凡诺夫娜 高级医师）。

其次，店铺类标牌中，一部分遵循《俄罗斯城乡居民点及道路户外广告国家标准 52044-2003》①附件 1 中列出的各服务领域招牌书写规范，所有单

---

① https://navcrussia.ru/upload/iblock/023/gost_r_52044_2003.pdf.

词大写，如 САЛОН КРАСОТЫ（美容院）、ЭЛЕКТРОМАТЕРИАЛЫ（电工材料<店>）、ПРОДУКТЫ（食品店）、АПТЕКА（药店）等。大写字母显眼突出，能让受众在众多标识中迅速锁定目标、获取所需信息，从而发挥指示性语言景观应有的功能。连接词、前置词等虚词经常小写或省略，如 ЦВЕТЫ ОПТ РОЗНИЦА（花店 批发与零售）（其中，опт 和 розница 置于 цветы 之下，字号比 цветы 小，批发 опт 是对副词 оптом 的截短，零售 розница 省略了前置词 в，应为 в розницу，此种书写形式比较常见，尽管不符合标准语书写，但节省了受众的阅读时间）、и РЫБА и МЯСО（鱼肉）等，以弱化语法联系，突出主要信息。此外，还有以下三种书写形式。

第一，第一个单词首字母大写。如 Цветы（鲜花）、Мясная карта（按图索肉）、Маникюр на островах（岛上美甲），仅第一个单词首字母大写，体现店名作为一个语篇的交际功能。

第二，全部小写。该类极少，如 магазин（商店）、доброго дня аптека（日安药店）、модная обувь（时尚鞋店）。全部小写也有优势，一是便于认读，二是能营造一种轻松友好的氛围。吕和发等（2011）认为，商家一反常态地以小写形式书写所有信息，尽显其时尚与品位、亲和与低姿态，拉近了与潜在客户的距离，发挥了其呼唤性作用。

第三，词内字母大写。该类又可分为三小类：①截短合成词。将组成店名的单词全部截取或部分截取，构成合成词，两词结合处通过书写（字母大写、连字符、空格等）来区分，如 ЦентрОбувь（鞋靴中心）、АвтоСтройМир（建材世界）、Евро Тур（欧洲旅游公司）、Профи-лайн（专业美发用品店）等，这样既节省版面，又能聚焦受众目光，使其快速解码。②词内个别字母大写。此种书写可以使语义增殖，附加吸引和劝说功能，如 космитикА и парфюмериЯ（化妆品和香水店），字母 А、Я 代表从开始到结尾，表示应有尽有；又如 стоматологИя 既指称牙科诊所，又用连接词 и 将"牙科医生"（стоматолог）和"我"（я）巧妙地联系起来，拉近了医生与患者之间的距离；再如 МОбильная одежДА（магазин МОДА）大写的四个字母刚好构成一个俄文单词 МОДА（时尚）。③所有单词首字母大写。此种情况可能受英美书写规则的影响，如 Хорошая Аптека（好药房）、Долина Цветов（花谷）、Альфа Банк（阿尔法银行）等。语言景观文本中某个字母或整个单词大写是为了强调、凸显其核心内容。

再次，街道名称、公共交通站牌及路牌的书写也有不同形式，用来称名某一街道、广场、胡同、林荫道、地铁站等的语言景观，绝大部分专名全部大写，通名小写或大写（字号小于专名），如 проспект БОЛЬШЕВИКОВ（布尔什维克街）、улица АРБАТ（阿尔巴特街）、станция ФРУНЗЕНСКАЯ（伏龙芝站）、ПЕТРОВСКИЙ бульвар（彼得罗夫林荫道）、переулок СОВЕТСКИЙ（苏维埃胡同）等。此种书写突出主要信息，弱化次要信息，便于匆忙行走的受众在短时间内获取主要信息。但也有专名仅首字母大写、通名小写的标牌，此类不多，如 улица Дыбенко（德边科街）、улица Васи Алексеева（瓦夏·阿列克谢耶夫街）等。此类书写遵循一般书写规则，有时配有箭头指示。在为司机设置的悬挂位置较高的路牌中，地名和街道专名全部大写（通名小写），如 проспект ЛУНАЧАРСКОГО（鲁纳查尔斯基大道）、УРАЛЬСКАЯ улица（乌拉尔大街）、МОСКВА（莫斯科站）等，便于司机远距离识别。大部分地铁线路图上的站点名称全部大写，如圣彼得堡 2 号线地铁站内和地铁车厢内的线路图：ПАРК ПОБЕДЫ（胜利公园）-ЭЛЕКТРОСИЛА（电力厂）-МОСКОВСКИЕ ВОРОТА（莫斯科门）-ФРУНЗЕНСКАЯ（伏龙芝）-ТЕХНОЛОГИЧЕСКИЙ ИНСТИТУТ（工业学院）-СЕННАЯ ПЛОЩАДЬ（干草广场）-НЕВСКИЙ ПРОСПЕКТ（涅瓦大街）-ГОРЬКОВСКАЯ（高尔基）-ПЕТРОГРАДСКАЯ（彼得格勒）-ЧЁРНАЯ РЕЧКА（黑溪）-ПИОНЕРСКАЯ（少先队）-УДЕЛЬНАЯ（领地）-ОЗЕРКИ（湖区）-ПРОСПЕКТ ПРОСВЕЩЕНИЯ（教育大街）-ПАРНАС（帕尔纳斯）。

最后，在公共设施信息中，有全部大写和首字母大写两类。但大多是全部大写，如（ЭВАКУАЦИОННЫЙ/АВАРИЙНЫЙ） ВЫХОД（紧急出口）、ИНФОРМАЦИЯ（问讯处）、ОСНОВНАЯ ЛЕСТНИЦА（主楼梯）等，也见首字母大写的情况，如 Выход（出口）、Вход（入口）、Информация（问讯处），还见前置词小写的情况，如 ВЫХОД к ЛИФТУ（通往电梯出口）。

（二）提示性语言景观

提示性语言景观经常使用 внимание、осторожно、"просьба+动词不定式"、просить 等标记词，以动词第二人称命令式来提示或提醒公众注意某种与自己生活、生命相关的信息。该类语言景观书写比较多样，但有规律可循，主要有以下几种书写形式：全部大写；遵循一般书写规范；标记词和/或部分提示内容大写等。

首先，全部大写。此类语言景观已模式化，能引起受众相应的反应，全部大写能增强语势，提升语用效果，如"ВНИМАНИЕ! ЗЛАЯ СОБАКА!"（小心恶犬！），"ОСТОРЖНО! КРУТЫЕ СТУПЕНЬКИ!"（小心：台阶陡峭！），"БЕРЕГИСЬ АВТОМОБИЛЯ!"（当心汽车！），"СОБЛЮДАЙТЕ ДИСТАНЦИЮ!"（请保持距离！），"ВНИМАНИЕ!!! НОВОЕ ПОСТУПЛЕНИЕ НОВИНКИ!!!"（注意！上新品了），等等。

其次，常规书写。语言景观作为一个交际单位，其书写有时同通常行文，第一个单词首字母大写，如"Осторожно, скользко"（小心地滑），"Осторожно, окрашено"（小心 油漆未干），"Осторожно. Сосульки!"（小心冰溜子！），"Закрывайте дверь, пожалуйста."（请关门）。但更常见的是，使用常规书写时，也采用非常规手段，如加粗标记词、加大字号、多用感叹号、添加颜色等，加强语用效果，如"**Внимание!**（!!!） Во дворе злая собака!"（请注意！院子里有恶犬！），"Держитесь правой стороны!"（请靠右行驶/请走右边！）。前一例中 внимание 加粗，并使用了感叹号，为了加强语气，还可使用三个感叹号；后一例将单词 правой 用红色突出（笔者注：原标牌如此，本书为黑白印刷，未体现，余同），红色代表禁止、停止、危险等信号，或用于提示类消防设备、设施等信息，此处起强调作用。

最后，标记词和/或部分提示内容大写。大写突出限制或提醒受众实施的行为，小写说明原因、目的、方式等。大写强调主要信息，视觉冲击力强，直接作用于受众心理，引起注意；小写所占空间少，便于受众识别，视觉上显得流畅、简洁与轻盈，给人一种亲切、柔和与舒适的感觉。大小写的结合既实现提醒功能，又节省版面空间，方便受众获取信息，符合语言景观的语境要求，如"ОСТОРОЖНО! Возможен сход снега"（小心落雪！），"Если с Вами дети, ПОМНИТЕ: в лифт первым входит взрослый, потом ребёнок; при выходе из лифта первыми выходят дети."（与儿童同乘电梯，请记住：成人先入，儿童后入；出电梯时，儿童先出）。以上两例为标记词全部大写，前一例用表提醒的标记词 осторожно，且全部大写，旨在引起受众的高度注意；后一例单词 вами 首字母大写，表示对受众的尊敬，单词 помните 全部大写旨在提醒乘坐电梯的受众仔细观看并记住提示内容，确保儿童的安全。除突出标记词外，还常见突出部分提示内容的语言景观，如"БЕСПЛАТНЫЙ беспроводной WI-FI интернет у нас в автобусе"（本车 WiFi 免费），"В целях избежания повреждения или порчи ручной клади и багажа просим Вас пользоваться КОНТЕЙНЕРАМИ для вещей！"（为了避免您的手提行李损坏，请您使用货柜箱存放物品！），"для безопасности СОБЛЮДАЙТЕ ДИСТАНЦИЮ ожидайте здесь."（为了安全，请保持距离！在此等候）。前一例单词 бесплатный（免费的）和 WiFi 全部大写，突出主要信息，利于有所需求的受众快速解码，真正达到方便受众的目的；中一例单词 контейнер（货柜箱）所有字母大写，告知受众有货柜箱且要求受众使用货柜箱；后一例中，соблюдайте дистанцию 大写，提醒受众保持距离，阻止受众的行为，当受众思考"为何要保持距离"时，视线移至小写的 для безопасности，获知是为了保障他们的安全，受众也许又会产生疑问"保持多远距离"，该语言景观又告诉受众 ожидайте здесь，给受众提供了站立的位置。此则语言景观违反了标准语的书写规范，照规则，для 的首字母须大写，соблюдайте дистанцию 须小写，且其后要加上句号，ожидайте 首字母应该大写，但语言景观是一种特殊的语体，受版面空间、受众的限制，其书写比较灵活。还有一类是表提示的标记词和部分提示内容均大写，例如"ПОЖАЛУЙСТА！Не кладите кредитные и дисконтные карты РАЗМАГНИЧИВАЮТСЯ！"（请勿将信用卡和折扣卡同放，以免消磁！），该例将置于命令式之后且应用逗号与其前后单词隔开的语气词 пожалуйста 置于句首，且全部大写，加强了提醒语气。пожалуйста 本不是表提醒的标记词，但在该语境中临时充当表建议或提醒的标记词，提醒或建议受众不要将信用卡和折扣卡放在一起，否则会 размагничиваются（消磁）。消磁是不听建议导致的结果，因此该词所有字母大写。句中单词大写突出了重要信息。此类书写中还有一种情况，即标记词 осторожно 与提示内容第一个单词首字母均大写，例如"Осторожно Возможность падения с высоты"（小心高空坠物）。以大写形式突出核心内容、小写形式标出附属解释也具有一定优势，关键词、核心词大写有助于突出信息重点、要点，也更容易引起公众对信息主体的关注（吕和发等，2011）。

（三）禁止性语言景观

禁止性语言景观"所警示的内容严肃不可冒犯"（刘丽芬，2016a：88），语气强硬，命令坚决，毫无商量余地，遣词造句上表现为使用 запретить 的被动短尾形式、запрещаться（禁止）的现在时第三人称形式和"не+未完成体动词不定式"。此类语言景观有三种书写形式：整句大写、常规书写、仅标记词或被强制内容大写。

首先，整句大写。整句大写使语言景观更加"正式、严肃、重要"（吕和发和蒋璐，2011：238），禁止的语气更加强烈，态度更加坚定，如"КУРИТЬ В ПОДЪЕЗДЕ ЗАПРЕЩЕНО!"（楼道里禁止吸烟！），"СОБАК НЕ ВЫГУЛИВАТЬ!"（严禁遛狗！），所有单词大写，句末加上感叹号，加强语气。

其次，常规书写。常规书写尽管易于受众接受，但也会因为缺乏"陌生感"而语力不足，如"Проход по газону запрещён!"（禁止穿越草坪！），"Не приклоняться!"（禁止倚靠！）。常规书写的语言景观，其禁止程度体现在语言与标点中，前一例用表禁止的动词短尾形式 запрещён 加上感叹号，禁止语气加强；后一例用"не+未完成体动词不定式"加上感叹号，表示绝对禁止，不可违背。

最后，仅标记词或被强制内容大写。该书写手段将语言景观语相"陌生化"，与提示性语言景观的个别单词大写作用相似，让受众重点关注"禁止"等标记词，使其从心理上受到震慑，而后重视禁止内容，从而达到警告、禁止的语用目的，如"Машины у ворот НЕ СТАВИТЬ!"（门口严禁泊车！），"Вход в лифты с тележками ЗАПРЕЩЁН!"（禁止购物车进电梯！），"НЕ ВЛЕЗАЙ убьёт!"（禁止攀爬，小心触电！）。前一例 не ставить 大写阻止受众停车这种行为的发生，加强禁止语气；中一例标记词 запрещён 大写引起受众注意，促使他们去了解，究竟禁止什么，从而使他们遵守标牌上的规定；后一例用大写的 не влезай 阻止受众的行为，当受众疑惑"为何禁止攀爬"时，定睛一看，注意到有"被电死"的危险，所以不仅会停止攀爬的行动,还会心悦诚服地遵守这一禁止要求,当然,влезай 也可小写,убьёт 可大写,即"Не влезай УБЬЁТ",以给受众更大的威慑力。

(四)宣传号召性语言景观

宣传号召性语言景观中的标语、口号以陈述、感叹语气针砭时弊,提倡和推广某种新的生产生活方式,希望、要求和号召民众行动起来。和上述几类语言景观一样,仅有少量符合书面语标准书写规则的句子,如"Люди вместе – мусор раздельно!"(人类聚集,垃圾分类!),"Мы учимся в любимом политехническом!"(我们在喜欢的工学院读书!);更多的是整句大写和关键词大写。

首先,整句大写。整句大写业已成为宣传号召性语言景观的主要书写方式,如"РАЗДЕЛЯТЬ ОТХОДЫ – ЭТО МОДНО!"(垃圾分类很流行!),"МЫЛИ ГЛОБАЛЬНО, ДЕЙСТВУЙ ЛОКАЛЬНО!"(全面清洁,本地行动吧!),"СКАЗАНО – СДЕЛАНО!"(说到做到!),"КАК ЖИТЬ? РЕШАЙТЕ! САМИ!"(如何活?您自己决定吧!),"КТО УБИРАЕТ ЗА СОБОЙ – ТОТ НАШ ЛЮБИМЕЦ И ГЕРОЙ!"(谁随手收拾垃圾,谁就是英雄,就是可爱之人!)。整句大写体现意义重大,表达情感强烈,表明标语的重要性和严肃性,增强感召语气,等同于有声呼唤(吕和发等,2011),能快速吸引受众注意,加深受众印象,促进行动。

其次,关键词大写。语言景观拟制者用大写突出要强调的核心信息,区分焦点语义或关键词。例如在选举标语中,候选人的姓经常全部大写,而名则正常书写,如"СКАЗАНО – СДЕЛАНО! Алексей КРАНОШТАНОВ"(言而有信!阿列克谢·克拉诺什坦诺夫);大写突出施政纲领,迎合民众心意,如"Выберем ДУШИНА – будет ПОРЯДОК!"(推选杜申,将会有序!)。又如环保标语"ВЫ могли ПРОСТО собрать мусор РАЗДЕЛЬНО!"(垃圾分类,举手之劳!),以对话的方式称谓对方(主体),大写单词面向全体民众,告诉民众如何处理日常垃圾,此做法简单易行,突出了重点内容,达到了应有的语用效果。

第二节　语言景观汉俄译写排版析弊①

林戊荪（1991：7）指出：在涉外出版物和其他对外宣传中，各地旅游景点的介绍以及商品广告、商店招牌、街道名称等译为外文时，存在两类错误：一是翻译界的"外伤"，也可称之为"硬伤"，包括单词拼写、大小写、标点符号以及排版上的错误；二是"内伤"，表面过得去，但由于用词不当，使人费解、误解甚至反感。语言景观汉俄译写排版及正字法错误属于"外伤"，即违背语言的书写规范，破坏单词的词形，扰乱其原本合理的排列组合，影响语言意义单位的正确表达，是阻碍交际顺畅进行的"硬伤"。文字体系包含内形和外形两个层面。内形指文字体系的内在属性，即视觉符号与言语单位的对应规则（文字的表征规则）；外形指文字体系的视觉属性，即文字所采用的视觉符号的形状及其排列成文的规则（文字的视觉呈现规则）（胡永祥，2011）。较之拼音文字，汉字是一种"正字法为高深度的文字"，汉字由笔画、部件组成，不同笔画或部件只有按一定规则组合起来，才能构成汉字。这表明各个笔画与部件只有在合法的位置上才可能组合成一个合法的汉字，汉字正字法的意识就是对汉字组合规则的意识（鹿士义，2002），而俄语是以语音形式的词为单位进行书写，是一种浅度正字法的文字。汉字与拼音文字的书写规则迥异，人们在书写俄语景观单词、词组等时常出错。调查发现，语言景观汉俄译写排版错误主要有：单词字母分开、字母间距稀疏、单词之间无间隔、空间位置摆放不正确等。此类错误主要归咎于标牌制作者以及安装者的粗心或对俄语知识的缺乏，但译者也有不可推卸的责任，其任务不是译完就了事，还需继续跟进，直至安装完成。

语言景观汉俄译写排版错误十分常见，如在满洲里市拍摄的几则语言景观，"美发沙龙"的译文为парикма херская，парикмахерская被分成了парикма和херская两部分，且各个字母间距稀疏；"口腔科诊所"的译文为стома толог ическая клинка，其中单词стоматологическая被切分成стома、толог和

---

① 本节部分内容参见刘 Лифэнь，皮 Юаньчжо．2022．Анализ графических и орфографических ошибок в русскоязычных компонентах китайских общественных знаков．*Международный аспирантский вестник*，(4)：74-79．

ическая 三部分。又如在三亚市拍摄的语言景观，"冷水浴"的译文是 Ванна х олодной водой，其中单词 холодной 被书写为 х 和 олодной。以上是一个单词被切分的错误，在语言景观汉俄译写中，单词的字母间距稀疏是由于输入俄文时未使用 Times New Roman 字体，而使用了中文字符输入法。还有该分开却未分开的错误，如"苗族文化中心"的译文 Культурныйцентр народности мяо 中，单词 культурный 与 центр 之间无间隔；"一见钟情"的译文 Любовьспервоговзгляда 中，单词 любовь、с、первого、взгляда 彼此之间均无间隔；"请勿抛物"的译文是 Немусорить，不管其翻译是否正确，仅分析其书写错误，否定语气词 не 与动词 мусорить 应分开，却连写了。单词之间无间隔受汉语文字书写的影响（词语、短语、单句中汉字之间无间隔），但俄语是字母文字，每个单词由一个或几个字母组成，每个单词之间应有间隔，以便区分。

正确的书写是阅读过程中词汇被有效、快速识别的保障。单词字母分开、所有单词字母间距稀疏，使各单词缺乏整体感，可读性差；词与词之间无间隔，不仅使单词缺乏辨识度，造成一定阅读障碍，还会使人误解相关材料仅为字母的堆砌。以上几类错误对俄语母语者来说，尽管不影响他们理解以及获取相关信息，但书写不规范，会让他们对我国产生不良印象，有损国家形象。

第三节 语言景观汉俄译写正字法析误[①]

正字法是指文字的书写或拼写规则，是使文字的书写或拼写合于标准的方法。它与语言和文字系统的性质紧密相关。文字是记录口语的工具，但在不同文化中，用来表征口语的文字体系却不尽相同。文字体系所采用的文字符号必然指向一个言语单位，包括语音和语义，据此，可将文字符号划分为词符和音符。词符用来表征词义或语素，而音符则用来表征音节或音素。因此，文字体系可分为表征语音的表音文字和表征语义的标示文字（胡永祥，

[①] 本节部分内容参见 Лю Лифэнь, Пи Юаньчжо. 2022. Анализ графических и орфографических ошибок в русскоязычных компонентах китайских общественных знаков. *Международный аспирантский вестник*, (4): 74-79.

2011）。在拼音文字体系中，正字法规则主要是指字母的线性组合和排列方式。在拼音文字中，符合正字法的词往往是可以音读的，所以正字法规则与语音规则常在一起发生作用（鹿士义，2002）。自 1708 年彼得大帝下令进行文字改革以来，作为拼音文字的俄语的正字法问题便成为俄语标准语发展中的重要问题。作为文字的一个子系统，正字法的功能是确保文字能够记录言语，它担负着协调整个系统尽可能实现功能的使命。任一文字体系均有一套书写规范与依据，即不同的文字体系拥有自己独特的正字法。实践中，若未掌握书写规则，则会在书写中出现错误，从而导致词义表达错误。由调查可知，语言景观汉俄译写正字法错误主要有以下四点：①字母大小写混用；②字母增、漏、顺序颠倒；③标点符号使用不当；④单词拼写错误。

一、字母大小写混用

语言景观是一种特殊的语体，其书写有一定的规约性，根据俄罗斯国家标准委员会出台的《俄罗斯城乡居民点及道路户外广告国家标准 52044-2003》规定，词组和句子第一个单词首字母均须大写，如 Вход、Женский туалет、Не бросать мусор в данном месте 等[①]。公共场所的俄语景观书写可全部字母大写（为了起醒目、警示或提示等作用）或者第一个单词首字母大写（专有名词、词组或句子首字母须大写），如"ОСТОРОЖНО, БЕЛКИ!"（当心，有松鼠！），"Осторожно, крот!"（小心鼹鼠！）等。字母全部大写视觉上更加醒目，具有加强告知语气的修辞色彩。有时用"&"连接的两个单词首字母均可大写，也是为了醒目与突出前后两部分，如俄语标牌"Красное & Белое"（红白葡萄酒店，красное 用淡红色书写，белое 周边有深红色衬线，中心是白色镂空）。笔者在圣彼得堡拍摄的一家眼镜店颇有创意，店名为"ЕврO‿Оптика"，巧合的是中间正好是两个字母 o，将这两个字母大写，并用类似于眼镜架的线条连起来，宛如一副眼镜，直观形象。

但我国语言景观汉俄译写却常见大小写混用错误，表现为该大写的未大写，不该大写的却大写。例如，在汉语标牌"80 后 欧日韩服装"的译文 оДежДа

---

① https://navcrussia.ru/upload/iblock/023/gost_r_52044_2003.pdf.

европейского японского и южнокорейского произвоДства 中，оДежДа 中首字母 о 该大写却小写了，字母 д 该小写却大写了，单词 произвоДства 中需要小写的字母 д 也被大写，大写字母组合后无任何含义，也产生不了任何语用效果；又如，汉语标牌"女"（卫生间）的译文 жЕНСкий 中第二、三、四个字母大写。尽管俄罗斯标牌中也有大小写混用现象，如在圣彼得堡拍摄的ПарикмахерСкая（理发店）和 универмаг ПапаМамаЯ（爸爸妈妈我百货店），但俄罗斯标牌字母大写是有含义的，而很多汉语标牌俄语译写却是标牌译写者、制作者的无理由乱造。

俄罗斯店名 ПарикмахерСкая 中，字母 с 大写，切分出具有实义的单词 парикмахер（理发师），字母 с 犹如理发师的剃头刀，с 后面的 кая 读音似剪头发的声音，一个大写的 с 赋予店名多重含义，调动受众的多种感官，由视觉转向听觉，活跃受众的思绪，即使暂无理发需求的过路人也会驻足片刻。店名 универмаг ПапаМамаЯ 中的 ПапаМамаЯ 由三个单词构成，单词本应分开，却连写了，但用大写字母做了区分，使俄语受众易于识解，三个大写的字母遥相呼应，不仅吸引眼球，从美学角度看表现为对称美，更为重要的是内涵丰富，三个单词连写，意即三人连成一家，主要指店铺销售一家三口（папа、мама 和 я）所需的用品。此类写法一般出现在商业店铺名称中，主要起吸引作用。俄罗斯学者对此褒贬不一，大多学者认为，这种书写方式不正确、不规范。笔者认为，这是由商业标牌这一特殊语体决定的，商业标牌创设的最终目的是吸引受众进店消费，为达此目的，店铺创设者会不遗余力地采用各种可用手段，如字体、字号、大小写、颜色、图画文字等来精心设计和制作新颖别致的标牌，此类标牌用得多了，渐渐会被大众接受，此种书写形式便成了语言景观专用的语相手段。又如圣彼得堡一家儿童玩具连锁店店名 БЕГЕМОТиК сеть магазина игрушек，该店名利用俄语构词法，在动物名词 БЕГЕМОТ（河马）之后加上指小表爱形式，书写时将表基本意义的单词大写以及最后一个字母 к 大写，и 在整个单词中小写反而更显眼，突出其连接作用。笔者在俄罗斯还拍摄到店名 МОбильная одежДА，四个字母大写，可独立构成单词 мода（时尚），凸显店名的双重含义。又如店名 косметикА и парфюмериЯ 将字母 а 与 я 大写突出，表示从最开始的字母 а 到最后一个字母 я，言外之意店里的商品应有尽有；还有自行车停车处的标牌书写为

ВелопаРковка，将中间的字母 p 大写，不仅与第一个字母 b 遥相呼应，而且字母 p 和英语泊车字母标识 p 书写相同，受众无须看其他字母，便知是停车之地；还有更巧合的店名 СТОМАТОЛОГиЯ（牙科诊所），将стоматолог 和я 以大写形式突出，其义为"牙科医生"和（и）"我"，具有丰富的语用含义。此类书写尽管不符合通常行文的书写规则，但却是标牌中一种极为有效的语用手段。

调查中所发现的很多汉语标牌俄译书写既不符合通常行文的书写规则，也不具有语言景观书写特点，其书写毫无根据，据此将其归为书写错误。例如，在国内拍摄的标牌 Уткапо-Пекински，只有俄语，无汉语，字母 п 无缘由大写（утка 与后面 по-пекински 应分开）；标牌"游览线路"的译文 Маршрут Экскурсии 中，第二个单词首字母应小写。该类错误虽在一定程度上不会影响俄语受众对语言景观的理解，但大小写的混用使语言景观看起来杂乱且缺乏美感，很容易使人产生不良印象，进而影响城市形象。若是缩略语的大小写混用，则会影响俄语受众对语言景观的理解，例如"好运河通讯有限责任公司"的译文 Тоо связь "Хао Юнь"，将缩略语 ТОО（товарищество с ограниченной ответственностью，有限责任公司）写为 Тоо，俄语受众看后会不知所云，因为俄语中无此单词，若看作英语单词，此处意义则不明。又如在黑河市拍摄的一则语言景观，标牌最上方是"央视上榜品牌"，最下方是"大红鹰服饰"，中间是三行俄语，上行是 Китаиская известная марка，中间是 Одежда "Да Хун Ин"，下行是 генеральный агент в хэйхэ。该店名的俄译，除书写错误（китаиская 中 й 写成了 и）外，还有大小写错误，генеральный агент в хэйхэ 中第一个单词首字母和地名 хэйхэ 首字母应大写；品牌除用марка 外，还可以用比较时尚的词语 бренд，若受版面限制，还可采取另一种译法，分为两行：上行是 Одежда китайской известной марки "Да Хун Ин"，下行为 Генеральный агент в Хэйхэ，或将其中的 Китайская известная марка 改为 Китайский известный бренд。

二、字母增、漏、顺序颠倒

语言景观汉俄译写过程中，由于译者、制作者、安装者等的粗心及对俄语知识的缺乏，俄语字母增写、漏写以及字母顺序颠倒的错误比比皆是。例如，"100°空间"的译文 Байдуразвлекательный центнр 中，单词 центнр 多了字母 н；上文"口腔科诊所"的译文 стома толог ическая клинка 中，单词 клинка 漏写了字母 и。又如另一块标牌中，汉语仅有"俄罗斯商品"，书写在标牌右下方，俄语则在左边，上下排列，依次为"Магазин Вино ХУННЕССИ БЭЙЛИС КОНЬЯК РУСКИИ СИГАРЕТЫ ВОДКА СПАРТ ПИВО ВИСКИ ДУХИ ЗЕРКАЛО БРИТВО СУМКИ"，暂且勿论译文正确与否，俄译 рускии（复数错误）少了字母 с。字母多或少是译者、制作者或安装者的疏忽马虎导致的。再如店名"吴源小吃"的译文 РЕСТОРНА，暂撇开店名"小吃"的翻译错误，单词 ресторна 中字母 н 和 а 的顺序颠倒，字母顺序颠倒归咎于安装者不懂俄语。

三、标点符号使用不当

标点符号是一种表达意义关系的重要语相手段，正常语篇中不可或缺，但语言景观中，经常省略标点符号，省略标点符号可以成为一种语相突出手段。语言景观作为交际单位，其标点使用规则因具体情境而异。若是旅游景点介绍通知、公告，其标点使用规则同通常行文，倘若是单个词、词组或简单句等一般不用标点，如标牌 Вход посторонним воспрещен（闲人免进）就未用标点。有时句末用感叹号加强语气，表示强调、提醒或号召，阅读时语调上升。例如"Можно курить！"（可以吸烟！），"Остерегайтесь затягивания одежды!"（小心衣物被卷！）均使用了感叹号，表示提醒、告知，有时甚至使用三个感叹号，表示提醒、警告的程度加深。这类语言景观一般由图形与文字构成，如一标牌，图形为一个等边三角形，三边为红色，边上的字均为黑色，中间是犬头图形，张大了嘴，似要咬人，左侧上方写了"ОСТОРОЖНО!!!"（当心！！！），右侧上方写了 ЗА РУЛЕМ（驾车），底边下写了"ЗЛАЯ СОБАКА!!!"（小心恶犬！！！）。又如口号"Грамотное управление – путь к благополучию"（文明驾驶，一路平安），既可用感叹号，也可不用。尽管不用感叹号不会正面影响受众，但其号召性、情感程度稍弱，只表示对该口号所反映事实的确信及其表达语气的平和；用感叹号则增强鼓舞性与情感性,因为感叹号本身就携带一种特殊的情感效应,可以说,是一种表达特殊效应的标记。感叹号的标记性一般是常规性的,并且只是一种伴随句法结构的追加标记。感叹号亦可出现在陈述句末尾,成为一种突出的手段,如果陈述句带有很强的感叹情感,而这种情感无法用句法结构来表示,那么就只能用感叹号来表示,由此,感叹号被前景化(张德禄,1995)。

在所拍的语料中,标点符号错误主要表现为将汉语标点符号用于俄语,例如一则告示,无汉语,只有俄语,全文由标题、正文和落款构成,内容如下:

Информационное сообщение

Во обеспечение безопасной перевозки пассажиров, на основе пунктов №20 《правила перевозки пассажиров на водном транспорте》 минимтерства коммуникации КНР определить, что пассажирам на въезд в выезд запрещается носить при себе легковоспламеняющиеся и взрывапасноые вещества, после обнаружения, согласно соответственным правилам полагается штраф и производится изъятие

Хэйхэская администрация по морской безопасности

ООО 《порт большой остров хэйхэ》

12 декабря 2008г

以上告示错误颇多,撇开译写错误,仅分析其中的标点符号错误,其中俄语的逗号和引号写成了汉语的逗号和书名号,正文末尾漏了句点,落款年代 года 的缩写 г 后也漏了句点,应写为 г.。又如店铺名"海天地下小商品市场"的译文 МЕЛКИХТОВАРОВбазаподземнаярынка«небо·море»中,небо 与 море 间用了汉语间隔符,俄语中连接两个并列的名词时一般用连接词 и。除标点错误外,该店名还有其他错误:词与词之间无间隔;前两个单词全部大写,其他单词小写,引号内的第一个单词 небо 的首字母须大写;语法错误,подземная 作 рынок 的一致定语,主语 рынок 是阳性,却用了第二格,也许是译者将 рынка 误作为 рынок 的原形,подземная 作 рынок 的一致定语,应用阳性形式,而此处却用了阴性形式;词序错误,мелкихтоваров 作 рынок 的定语,应置于其后;词汇错误,译文中有 подземная(地下)一词,多了一个名词 база(基地、基础),因此,建议改为 Подземный рынок мелких товаров "Небо и море"。

标牌"亿鑫电脑服务中心"译为 Центр обслуживания компьютерной техники И Синь，"亿鑫"是专名，若不用字体、字号或其他书写形式突出，则应加上引号。又如提示标牌"小心地滑"译为"Внимание – скользкая дорога"，译文无错，但标点使用不当，俄语提示性语言景观中常用提示语 осторожно、внимание 等，осторожно 后可用空格、逗号、句点，但更常用感叹号，внимание 常作题标，其后也可用空格或感叹号，而此处 внимание 之后却用了破折号，尽管破折号未违反俄语书写规则，但不符合语言景观书写规范，因此应改为"Осторожно! Скользкая дорога"或"Внимание! Скользкая дорога"。

在"福兰印刷厂"的译文 ТИПОГРАФИЯ "ФУ-ЛАНЬ" 中，ФУ-ЛАНЬ 错用了连字符。连字符多用于一个合成词的两部分之间或用于一个单词书写移行时，也常见于同位语中，当同位语表示事物的用途、专业、活动类型等方面的特点以及表示事物的性质特征时，被说明词居前，同位语居后，用连字符连接（刘丽芬，2014）。ФУ-ЛАНЬ 不符合以上任何一种情况，故应去掉连字符。又如按摩店名"养生堂"的译文为 МАССАЖНЫЙ-САЛОН МАГАЗИН，权且不论译文对否，形容词和名词之间不能用连字符。然而，该用连字符的却未用，如"网吧"译为 интернет салон，照规则，同位语 интернет 和 салон 之间一定要加连字符；又如"浪琴大堂吧"的译文 Лоббибар，暂且不论译文是否正确，其书写就不正确，лобби 和 бар 是合成词的两个部分，应用连字符。这类错误大多是由标牌制作者造成的，也有部分是译者的失误导致的。

四、单词拼写错误[①]

单词拼写错误是最常见的正字法错误，正如我们中国人看到把"白菜"写为"白芽"，把"豆腐"写成"豆付"一样，虽然这通常不至于引起误解，但却让人感到"没有文化"和"马虎草率"（段连城，1990：2）。由调查可

---

① 此部分内容参见刘丽芬，刘秀娟，鲍雪. 2018. 中国境内语言景观俄译考察. 中国俄语教学，(1)：20-30.

知，书写常出错的字母有 и、й、н、е、ё、ш、щ、ь、ъ、б、л、п、з、э、т、м、ц、ч，其原因可能是 и-й、и-н、е-ё、ш-щ、ь-ъ、ь-б、л-п、з-э、т-м、ц-ч 等书写相似，ё 在俄文文献中也常写成 е，通常不被视为错误（如"床上用品商店"译文 ПОСТЕЛЬНОЕ БЕЛЬЕ ШТОРЫ 中的 белье）。这些错误在语言景观汉俄译写中俯拾皆是，例如，在"鲜肉果菜店"的译文 ОВОЩНОИ МАГАЗИН 中，单词 овощнои 中的 й 与 и 混淆；在一家商场的"鞋包区"的译文 обувъ сумка 中，单词 обувъ 中的 ь 与 ъ 混淆；在"花鸟鱼商行"的译文 МАГАЗИН ЦВЕТОВ ПТИЦ РЫЬ 中，单词 рыь 中的 б 与 ь 混淆；在"静波舞蹈学校"的译文 ШКОПА ТАНЦЕВ "ЦЗИН БО" 中，单词 шкопа 中的 л 和 п 混淆；在"红星服务社"的译文 МАГАЗИН ВОЕННЫХ БЫТОВЫХ ПРМНАДПЕЖНОСТИ 中，单词 прмнадпежности 中的 и 和 м 混淆、л 和 п 混淆；在"时尚文具"的译文 Сувенирный магаэNн 中，单词 магаэNн 中的 з 和 э 混淆，且将俄语字母 и 误写为英文字母 N。又如在黑河市拍摄的语言景观"蚕丝坊大庆地毯"译为 Тчтовых шелко прядов N ковров，其中的连接词 и 误写为英文字母 N，当然，该译文存在多处错误，建议改译为 Шёлковые ткани и ковры "Дацин"。

一家景点礼品店的"营业时间"译为 Рабчее время，单词 рабочее 错写成 рабчее，其原因可能是标牌制作者漏写了字母 о，多写了字母 ц，其正确译文为 Режим работы。在店名 Магазни "XLEC" Элекмроприборы（无汉语）中，элекмроприборы 中的字母 т 写成了 м。一个车站的"候车室"，其译文为 Эал Ожидания，错误有二：一是将单词 зал 中的字母 з 误写为 э，误因也可能是字母 з 与 э 书写相似；二是将第二个单词 ожидания 的首字母大写。"卫生间"的译文 гулет 除漏写字母 а 外，还将字母 т 写成 г，正确译文为 Туалет。还有将字母 т 写成 з 的情况，如语言景观"夜总会，迪厅，KTV"的俄译为 Дискозека，暂不论该译文是否地道，单词 дискотека 被错写成了 дискозека。此外，还有毫无理据的错误，如将 ц 写成了 г（"姐妹鸡蛋汉堡"的译文 Гамбургер с яйгами）、将 д 写成 б（"智达自行车、三轮车专卖商场"的译文 магазин велосипеба Чжида）。

还有的错误完全是标牌制作者与安装者不懂俄语所致，例如同一标牌上，上面是"回味汤包小吃部"，译为 рестоаи，下面是"老徐面馆"，译

为 ЕРСТОРАН，一个简单的 ресторан 竟然出现字母遗漏、错写、颠倒，足见标牌制作者和安装者极不负责任的态度。这些标牌的俄译除书写错误外，译文也不正确，有关餐饮类店名的翻译见第六章第二节中的"二、表类属义词语的理解错误"。

单词拼写错误中，还有一类是由读音相同或近似引起的。俄语文字体系的基本文字符号是字母，字母不仅表征名称，还可表征语音。由字母组成的字框称为单词，单词通过内部的字母或字母组合（形素）来表征音素，并通过音素的整合完成对口语语音的表征。简言之，俄语单词通过字形结构对语音结构的描述实现对言语单位的表征。拼读是表音文字表征言语单位的方式，而书写则是表音文字（所有文字）的视觉呈现方式。正字法是从表征规则合法性和视觉呈现规则合法性两个维度对表音文字进行合法性界定的依据（胡永祥，2011）。相似的拼写表示相同的词素但却表征不同的音位：在不同语境里，同一字母（或字母串）表征不同的音素，同一音素也可以由不同的字母（或字母串）来表征。

正字法错误可分为口语形式和书面语形式。如同其他言语错误，它可以通过比较语言系统和规范来进行阐释。口语错误的鉴定方法可能是：如果口头上无错误，即拼读正确，则是书写错误。掌握书面语时，首先了解的是书写，借助字母掌握语音传达的各种方法，其次是了解语言规范现象的正字法。一组语音有不同的书写表达形式，从语言规范角度看只有一种是被认可的，如 разжег 一词，根据其读音，可能会出现以下几种错误的书写形式：рашжок、росжег、рошжек 等。

由调查可知，由语音引起的书写错误主要有两种：一是发音正确，但书写错误；二是由发音不正确引起的单词拼写错误，主要体现为清浊辅音混淆、非重读音节中 о 与 а 混淆、读音文化误用等。前两者均与发音不标准或未掌握浊音清化、清音浊化、元音弱化等的书写有关；后一错误是不了解译语国家的文化所致。例如，"洗手间"的译文 дуалет 和"砂锅 油饼 饺子馆"的译文 БЕЛЬМЕНИ 中，译者将清辅音 т 和 п 分别写成浊辅音 д 和 б，系译者混淆清浊辅音，由发音不正确而致误。又如一指示牌"二环绿道"的译文 велодорожка фторая 中，译者将单词 фторая 中的浊辅音 в 写成清辅音 ф，译者发音正确，掌握了浊辅音清化的读音规则，但未掌握与之相对应的拼写形式，这说明译者基本功不牢。此外，该译文还有词序错误，正确译文应为 Вторая велосипедная дорожка 或 Вторая велодорожка。一店铺名称"食品店"的译文 прадавальственный магазин 中，单词 прадавальственный 中的三个 о 均写成了 а，前两个 о 是非重读音，第三个 о 是重读音，竟然也出错，显见，译者的俄语水平之低下。该店名翻译可直接借用俄语店名 ПРОДУКТЫ。

还有一种发音错误是中国人将俄语字母 м 读成 му，故在书写中出错，例如在"西姆西点"的译文 сладкоежка "Симу"中，名字 Симу（西姆）多了个字母 у，与中国人发 м 音时常带 у 有关，其正确译文为 Сладкое "Сим"。类似的错误可能还有将字母 щ 读作 с、б 读作 п、р 读作 л、п 读作 пу、ю 读作 ию 等，以及忽略发音除阻现象，如将 стно 读为 сно 等。这些错误均是学生平时学习过程中应注意的。又如"街头牛仔"译文 отдел джинсы "детхоу"的错误有二：一是 отдел 冗余；二是将汉语"街头"音译成俄语时出错，"街"应音译为 цзе，不是 де，尽管 де 较之 цзе 在发音上更接近汉语"街"，"头"应音译为 тоу，不是 тхоу，正确的译法应为 Цзетоу，但因"街头"是普通名词，对应于俄语 уличные，故可译为 Уличные джинсы，若作专名，也可译为 Джинсы "Цзетоу"。类似错误如将汉语"齐、琪、奇"等译成 чи，正确译文为 ци。

排版及正字法错误与人的文化素养高低及社会责任感的强弱有关，也与政府是否干预及干预的程度有关。正字法是书面语的准则，是大众文字交际的社会规范。无论是汉字的写法还是拼音文字的拼写法，使用者必须共同遵守，个人不能改变。从实践和实用角度来看，掌握了正字法有利于使用者理解词义，养成正确的阅读习惯，提高口语和语法能力，掌握正确的读音及语言结构。文字与语言一样是交际工具。保障文字写法的固定性及稳定性是追求共同利益的需要，反之，就会给社会交际带来各方面的困难。正字法要求文字准确、明白地传达语言的内容，表达思想感情，文字形象不仅能唤起语音，也能直接表达概念（拓牧，1982）。

第五章

语言景观汉俄译写语形错误剖析

　　语言学的语形是指自然语句中词的排列以及词与词之间关系的表现形式，亦即各种构成成分的语法形式，如语序、时态的一致性等（陈宗明，1986）。金健人（2020）在《论汉语语形的美学功能》一文中将语形定义为包括文字、排列、版式、图形、颜色等在内的页面加诸视觉的全部因素。他所说的语形实指上一章讨论的语相。语形学是研究复杂符号系统内部符号与符号之间的组合关系。从语源看，语形学是 syntax 的译名。这一术语在汉语中有多种译法：结构学、句法学、语形学、语句学、语法学。不同学派所用 syntax 的所指不同（王维贤，1989）。本章采用其广义，即语法学，既包括研究符号同符号组成句子的规律的句法，也包括词法。

第一节　语言景观语法概说

　　如果说词是珍珠，语法就是串起珍珠的线。语法作为语言的法律，作家们总想挣脱它，想获得语言夺取的自由；可是又不敢钻出它的网眼，怕失去语言给予的自由（彭泽润和李葆嘉，2007）。那么，什么是语法？它为何具有如此大的魔力？

一、俄汉语法特点

　　语法是语言的结构系统，是制约句子中词与词的关系的规则。一种语言的语法是该语言里制约规则的总和,它使词在规则的制约下组成语言社团所接受的句子。它包括形态学(或称词法)和句法两部分,形态学又分为词汇形态学和屈折形态学。屈折形态学研究词的屈折形态变化,涉及名词的性、数、格,动词的时、体、态、式,形容词和副词的级等相关的语法范畴。

　　语法具有递归性、民族性。每个民族的语法都有其独特性,同时,任一语句均是一定的词汇成分以某种语法形式组织起来的。由于俄汉语属于不同的语言类型,它们具有不同的语法特点,俄语重"形合",即注重运用各种有形的变化与连接手段,达到语言的连贯与形式的完整,其表现形式严格地受逻辑形式支配;汉语重"意合",词与词的巧妙组合、句子与句子的自然衔接,常依靠意念的方式,从而达到辩证思维的目的。句法功能呈隐含状态,有时显得松散,但内在逻辑又非常清晰。因此,翻译语言景观时需考虑俄汉两种语言的差异,不拘于原语的表达方式,采用符合译语的习惯表达。

二、语言景观语法特点

　　语言是一个音义结合的符号系统,要成为一个体系,其本身就不可能是杂乱无章的,各要素都有自己的规范。社会需要语言具有规范性,语言在发挥其传递信息、交流思想及承载文化的作用时也不能没有自身的规范;破坏了语言的语法构造,就会严重影响语言的生态(张先亮和谢枝文,2010)。然而,语言规范不能脱离语言应用的实际,也不能脱离语言发展的实际。从应用中来,到应用中去,这是语言规范必须遵循的原则;源自语言实践,服务语言实践,这是语言规范既定的方针(詹伯慧,2001)。语言景观是一种特殊语体,除遵守标准语语法规范外,还具有其自身的特点,其受时空、功能、受众等因素的影响,已形成了一套语言景观语法。其最主要的特点是言简意赅,字数少,甚至只有一个词。依据不同功能,语言景观在语法上具有不同的特点,指示性语言景观常用名词、名词词组,一般不用或少用连接词、前置词等虚词;提示性、禁止性、警告性语言景观常用动词、动词词组,使用现在时态、祈使句或省略句,俄语常用被动语态等;宣传号召性语言景观常使用祈使句。由调查可知,语言景观汉俄译写中不遵守构词规则及词汇之间的句法联系规则的现象随处可见。

第二节　语言景观汉俄译写词法释弊[①]

别林斯基说过"语法是语言的灵魂"（转引自张会森，2010：4），它是一种语言词的构成、变化及其规则和用词造句的总汇。语法是语言的构造规则，词法是词的构造规则，研究词的语法意义、表达语法意义的语法形式和手段、语法范畴、词的语法类别和词汇-语义类别等。俄语词的变化及形态结构体系的总和构成俄语词法（王超尘等，1963）。俄语具有丰富的形态变化，词的形态变化往往承载着特定的语义信息。在翻译中，严格遵循译语的词法规则，能够让译文契合译语的表达习惯，准确传达原文语义，从而有效实现交际目的。但在语言景观译写中，由于译者语言基本功欠缺以及责任心的缺乏常常出现一些词法错误。在所调查的语料中，我国语言景观汉俄译写存在大量不符合俄语语法构造的译文，如违反俄语词的构成、变化以及用词造句规则等。其词法错误主要有词类错误，名词单复数错误，词形变化及格使用错误，动词错误，前置词遗漏、冗余、错用，等等。这些错误正是译者在使用语言的过程中违反词法规则，随心所欲胡译乱译的结果。

一、词类错误

词类即词的功能分类，在不同语言中其分类标准不一，词类数目不同。现代俄语有十大词类，词类不同，语法功能、形态和意义不同。名词表示事物；动词表示动作，广义上，也表示特征，这一特征具有过程性；形容词表示事物的非过程性特征；副词表示动作、状态和非过程性特征（性质或特征）的特征；等等。表指示功能的语言景观多用名词或名词词组，表限制和禁止功能的语言景观多用动词或动词词组（刘丽芬，2016a）。语言景观中的词类错误主要是将名词误作动词，将副词误作形容词等，如一家打印店的俄语标牌为 Печать лазерную цифровую фотографию，译者将名词误作动词，可能

[①] 本节部分内容参见 Лю Лифэнь, Ли Жуйжу, Ли Минь, Хуан Чжунлянь. 2023. Анализ морфологических ошибок в русских переводах информационных знаков в Китае. Вопросы истории, 11(2): 256-267.

是受名词 печать 词尾-ть 的误导，将名词 печать 当成了动词 печатать，故后用第四格，同时译者不了解店名（称名）的语言使用特点。店名一般用名词或名词词组，因为店名主要具有信息功能和指示功能，而动词标示过程，具有述谓性，称名性差（刘丽芬，2012）。故该店名应译为 Лазерная печать фотографий с цифровых устройств。

同理，店铺招牌"美发沙龙"的译文用了动词 стричься（剪），实际上应用名词，可直接借用俄语该类店名的表述 Парикмахерская；"专业减肥"译为动词 Худеть，应为名词，可改为 Центр похудения。"玻璃店"只出现形容词 стекольный（暂不论复数构成错误），缺少主导词，可改为 Стекольный магазин 或 Стекломатериалы；"春园"译为 Весной сад，весной 是副词，译者误将副词 весной 当成了形容词 весенний；在"卫生间 男性 女性"的译文 Туалет Мужчина Женщина 中，туалет 是主导词，"男性"和"女性"作 туалет 的一致定语，因此，мужчина/женщина 须改为形容词 мужской/женский。

由上可知，词类误用有两个原因：一是将具有某一词类特征的词当作同类（如 печать 中的-ть 具有动词词类特征，故误当成 печатать；весной 中的-ой 具有形容词词类特征，故误当作形容词 весенний）；二是不了解语言景观语体特点。不同功能的语言景观体现不同的语言特点，由不同词类构成的语言景观分别执行不同的功能，如名词或名词词组构成的语言景观一般具有信息功能及指示功能，动词构成的语言景观一般具有提示、提醒、警告、祈使等功能。

二、名词单复数错误

单复数变化是屈折语的语言特点之一。俄语有单复数之分，名词单数表示同类事物中的一件事物，复数表示同类事物中多于一的事物。有的名词只有单数形式，有的只有复数形式，而有的名词不变格，其单复数均为同一个形式。俄语名词根据其词汇意义及语法特征，可划分为专有名词和普通名词、集合名词、物质名词、具体名词和抽象名词，以及动物名词、非动物名词。其中，专有名词一般没有数的变化，集合名词的语法特征是不能构成复数形式，物质名词一般只有单数（如 мука、мёд、чай、молоко、олово）或只有复数（如 консервы、сливки、дрожжи、духи），普通名词和具体名词有单复数之分，抽象名词表示各种抽象概念，没有数的变化，一般只有单数形式，不能和数词连用（王超尘等，1963）。若不熟知俄语名词分类特点，在运用中则易出错。由调查可知，我国语言景观汉俄译写中名词数的错误主要表现为：只能用单数的却用了复数，该用复数的却用了单数。

第一，错用单数。该类错误常常是将具体名词、普通名词等的数用错。例如在店名"桑岛海参"的译文 Трепанг "Сан Дао"中，трепанг 是具体名词，指可计算数量的名词，有单复数之分，俄译却用了单数，建议改为 Трепанги "Сан Дао"或 Магазин трепангов "Сан Дао"。同理，"粮油批发市场"的译文 Зерно и масло оптовой 中 зерно（粮食）也应用复数；该俄译还有其他错误，如书写错误，масло 中的 л 写成了 п，以及词类错误，"批发"应用副词作状语，即 оптом，因此建议改译为 Зёрна и масло оптом。又如笔者在绥芬河市见到一则语言景观"橱柜 衣柜"，其俄译为 кухни шкаф купе，既有词汇错误，也有名词数的错误，其中 кухни 为复数形式，意为"厨房"，купе 意为"包厢、包间"，шкаф（柜）与店名意义吻合，是具体名词，应用复数，因销售的不只是一个柜子，故可译为 Шкафы；还可用柜子的上位概念"家具"（мебель），мебель 是集合名词，表示同类事物的整体，因此，该店名还可译为 Мебель。依此，店名"利澳·克鲁尼 橱柜 衣柜"的俄译 Рио Клуни Гардероб Шкаф 中，гардероб 和 шкаф 均是具体名词，гардероб 指衣柜，шкаф 指柜子，如书柜、衣柜、橱柜等，该店主要销售橱柜、衣柜等，"利澳·克鲁尼"为专名，其俄译应置于引号内，因此该店名可改译为 Шкафы "Рио-Клуни"，也可取柜子的上位概念 мебель，译为 Мебель "Рио-Клуни"。又如在三亚市所拍的语言景观"海边多礁石请勿下海"的译文"В берегу много рифа, не купаться"，除前置词错误（应为 на берегу）外，还存在名词数的错误，不定量数词 много 后要用复数第二格，名词 риф 为具体名词，其复数第二格为 рифов（刘丽芬和潘盈汕，2020）。在满洲里市所拍的语言景观，无汉语，只有俄语 Мир обуви Прямая поставка из Пекина，其中，Прямая поставка из Пекина 指直接从北京供货，强调销售，若该店名为此义，则应用复数形式 Прямые поставки из Пекина；若强调运输，即从北京运来，则可

译为 Доставка прямо из Пекина，但更有可能是前者。

第二，错用复数。只有俄语的两家店名 Обуви Сумка 和 Мужские обуви 正是典型错例。该用单数的却用了复数 обуви，обувь 属集合名词，集合名词一般只有单数形式，既表单数意义也表复数意义；该用复数的却用了单数 сумка，сумка 为具体名词，有单复数之分，此处应用复数。又如三亚市一景点"古村"译为 Древние деревни，尽管 деревня 是普通名词，有单复数之分，但此处是旅游景点，保留的是一个古村的样貌，故只能用单数，应改为 Древняя деревня；"第三卫生间"译为 Семейных туалетах，туалет 是具体名词，可用单数，也可用复数，但此处卫生间只有一个，不知何故用了复数第六格，应用单数第一格，此标牌可改为 Семейный туалет；"野生蓝莓专卖行"的俄译 дикои черники 系形容词复数错误，单词 дикий 的复数应该是 дикие，此外，还有中心词错误，将蓝莓 голубика 译成了野樱莓 черника。

三、词形变化及格使用错误

俄语是词形变化丰富的语言，名词有性、数、格的变化，动词有人称、数、时、体、态、式的变化。语言景观汉俄译写常见名词和动词的变化错误，主要是名词、动名词、动词支配格的错误，如笔者在绥芬河市拍摄的语言景观 РЕСТОРАН У ЛЁШЫ，无汉语名，俄文中存在人名变格错误，ЛЁША 的第二格应是 ЛЁШИ。又如店名 Детской одежды 不知为何用第二格，店名具有称名功能，功能通过一定的句法手段实现，应用第一格名词或以第一格名词为中心的词组来表示，出错的原因可能是译者不了解 одежда 的名词性质，以为 одежды 是 одежда 的复数形式，须知，одежда 是指物的集合名词，既表单，也表多，故此例的正确形式应为 Детская одежда。该用第二格的却未用，如店名 ОПТОВЫЙ МАГАЗИН СОТОВЫЙ ТЕЛЕФОН НАРУССКОМ ЯЗИКЕ 中有词类、格、书写等方面的错误。сотовый телефон 作 магазин 的定语，应为第二格；нарусском 中 на 应与 русском 分开，язике 中 И 应为 ы，此处用 нарусском язике 不知何意；"批发"更多使用 оптом，建议改为 ОПТОВЫЙ МАГАЗИН СОТОВЫХ ТЕЛЕФОНОВ 或 МАГАЗИН СОТОВЫХ ТЕЛЕФОНОВ ОПТОМ。俄罗斯销售手机店铺的名称一般有 ХОРОШАЯ

СВЯЗЬ、ЦЕНТР СВЯЗИ，有的直接用 МОБИЛЬНЫЕ ТЕЛЕФОНЫ，此类店名还有如 ТЕЛЕФОН РУ、СВЯЗНОЙ、ЕВРОСЕТЬ、Мобила、МОБИКО、Bindli、ТехноСити、М. видео、НОУ-ХАУ 等。

  在海南省拍摄的一张标牌"生姜浴"的俄译为 Ванна с имбирью，其中，имбирь 是阳性名词，第五格应为 имбирем，但译者却用了阴性名词第五格形式，可见译者未掌握以软音符号-ь 结尾的名词的性。"乡村动物园"的俄译 сельских зоопарк 中，不知何故形容词 сельский 用了复数第二格或第六格，应用单数第一格形式，改为 Сельский зоопарк 或 Зоопарк в селе。同样，店名"康旺达家电"的译文 Бытовой техники 不知为何用了第二格形式，应用第一格，正确译文为 Бытовая техника。在"禁止车辆入园"的译文 въезд транспорта в парке запрещён 中，въезд 是 въезжать 的动名词，表方向应用带前置词的第四格形式，其接格形式与动词相同，故应将 в парке 改为 в парк。"广信电脑科技"译为 ремонт компьютер，严格来说此译与原文信息不符，但无论如何，译文还是显示出该店的一个服务项目"修电脑"，但存在"格"的运用错误，компьютер 由名词 ремонт 支配，ремонт 系及物动词 ремонтировать 的动名词，由及物动词 ремонтировать 构成的动名词 ремонт 后接名词，应用第二格，应改为 Ремонт компьютеров。类似语言景观的翻译可参照译语国家的表达，例如俄罗斯修手机店铺的标牌 КОПИ-ЦЕНТР（上行） РЕМОНТ ТЕЛЕФОНОВ（下行）和 ноутбуков РЕМОНТ телефонов，均用"РЕМОНТ+第二格（ТЕЛЕФОНОВ）"，汉语类似语言景观俄译时可直接借用，更符合译语表达习惯，更易被译语受众接受。

四、动词错误

  俄语动词有时、体、态的区分。体有完成体与未完成体之分，未完成体动词表示经常重复发生的行为，强调动作过程；完成体动词表示说话前已经完成并达到某种结果的动作或说话后将要完成的动作。动词按是否带直接补语分为及物动词和不及物动词。语言景观汉俄译写中常见动词时、体、态、及物与不及物等的错误，例如三亚市大小洞天旅游区的标牌"禁止攀爬"的译文 не влезть 和"请勿停留"的译文 неостановить，存在动词体、及物和不及物错误，这两个标牌均是俄语禁止类语言景观。该类语言景观最常用的结构之一是"не+未完成体动词不定式"，表示不允许，语气坚决，目的是吸引公众注意，以达到劝告、提醒、阻止等目的（刘丽芬，2016a）。因此，前一例中完成体动词 влезть 应改为其对应的未完成体 влезать。后一例除动词体错误外，还混淆了及物和不及物动词，остановить 是及物动词，后接不带前置词的第四格补语，表示"使……停住"；而加尾缀-ся 构成一般反身意义的不及物动词，表示主体本身的行为或状态，因此，此处应为 Не останавливаться。动词错误中还有一类，即形动词短尾形式用错，例如"严禁冲浪"的译文 Серфинг запрещено 存在形动词短尾性的错误，серфинг 为阳性，应使用被动形动词短尾阳性形式 запрещён。

五、前置词遗漏、冗余、错用

前置词是虚词的一种，用以表示客观世界中事物与事物、事物与行为之间的关系，主要体现语法意义，表达词与词之间的各种语法关系。俄语前置词包括原始前置词和非原始前置词，苏联科学院 1980 年语法书详尽列举了现代俄语的前置词，共有 204 个。但据笔者初步统计，原始前置词约 22 个，非原始前置词约 177 个，总共约 199 个（刘丽芬，2013）。前置词与格形式的结合，构成了一个新的、特殊的、整体的意义单位。语言景观汉俄译写中常见前置词遗漏、冗余、错用。

前置词遗漏。语言景观是一种特殊的语体，受版面限制，虚词如连接词、前置词等可省略，省略前置词后不仅不影响理解，还会减少受众的阅读负荷，例如"华富商城五楼 新亚家居展示中心"的译文 Салон мебели "Син Я" Адрес: на 5 этаж "Хуа Фу"中的前置词可省，直接用第一格形式即可（使用前置词时，应为第六格，即 на 5 этаже）。但有的前置词不可省略，省略后译文无法理解，例如"中药浴"的译文 ванна китайского лекарства 中缺少前置词 с，"中药浴"意为"有/放入中药的温泉池"，表"具有"意义的前置词为 с，因此，此处应改为 Ванна с китайским лекарством（刘丽芬和潘盈汕，2020）。又如"皮具批发店"译为 кожа товары оптом，商品是由皮做成的，故缺少前置词 из，而原译意为"皮 商品 批发"。若细究，则可发现多处错误：кожа 与 товары 并列，既语义冗余，又与原文语义不符。原文是皮具，而译文则是皮与商品，建议改译为 Товары из кожи。

前置词冗余。语言景观汉俄译写中多用了前置词，这种情况分为两类：一类系违反语言规范；另一类系符合语言规范，但未考虑语言景观受空间限制的特殊性，标示地点的前置词可用可不用，不用更符合语言景观的语体要求。例如上文 Салон мебели "Син Я" Адрес: на 5 этаж "Хуа Фу"中的前置词可省略。又如将"停车场"译为 Напарковке（在停车场），除前置词 на 与名词 парковка 连写错误外，最主要的错误是多了一个前置词 на，"停车场"作为指示性语言景观，直接用第一格名词表示。俄语中表示停车场之义的有 парковка 和 стоянка，парковка 是借自英语的外来词，стоянка 系俄语固有词，парковка 一开始表示（街边）计时收费停车处，但后来常和 стоянка 互换使用，且目前该词比 стоянка 使用频繁，似乎有取代后者之趋势，如在俄罗斯拍摄的两张标牌均用 парковка，分别为 Парковка для клиентов（顾客专用停车位）、Вы въезжаете в зону платной парковки（您已进入付费停车区）。现在也常用 паркинг 指地下停车场，如 ПОДЗЕМНЫЙ ПАРКИНГ（地下车库）。因此，可将"停车场"改译为 Паркинг、Парковка 或 Стоянка。

"辽南箱包店"的俄译 Магазин по чемодану и сумке 中多用了前置词，销售某物的商店直接在"商店"（магазин）之后用第二格名词，俄语无"箱包"这一总括词，表示"箱包"之类的词有 сумка、рюкзак、чемодан、портфель 等，受版面限制，无法全部列举，可以只列举几项，根据汉语店名，可改译为 Магазин чемоданов и сумок。俄语用作店名的常为所销售物品的名称，该类店名常将表示所销售物品的第一格形式的名称并列，"辽南箱包店"可借用俄语店名表达，直接译为并列的 ЧЕМОДАНЫ СУМКИ，现在一些俄语店名也直接用 СУМКИ 表示"箱包"之义，因此，也可直接用 СУМКИ 一词。"卫生间"译为 В туалет，添加了前置词 в，画蛇添足。卫生间只是起指示作用，起指引指示作用的语言景观一般只提供信息，用称名结构，因此，此处应用第一格名词。

前置词错用。从词的语法功能看，前置词属虚词。虽然它不能单独使用，也不能充当句子成分，但在实际的语言表达中，其使用频率很高。例如表起止、方向、处所时，常用 с、от、из、на、в、к、до、по、у、над、под、из-под、за、между、поверх、вокруг、возле、около、мимо、сквозь、через、против、 навстречу 等前置词；表时间时，常用 в、на、с、от、до、по、после、к、за、перед、под、через、спустя 等前置词；表方式、手段、依据时，常用 по、при、на、с、согласно、путём 等前置词；表原因、目的时，常用 по、от、из、из-за、благодаря、для、за、ради、во имя、в поисках 等前置词；表范围、对象时，常用 о、про、насчёт、к、для、за、с 等前置词；表比较、排除时，常用 по сравнению с、подобно、кроме 等前置词；表离损关系时，常用 без、против、вопреки、вместо 等前置词（刘丽芬，2013）。俄语前置词使用比较复杂，尤其是同义前置词，有时很难区分其细微差别。

  语言景观汉俄译写出现的前置词错误，既有比较低级的错误，如表处所、方位的前置词错误；也有难度较大的同义前置词错误。例如，在海南省万宁市东山岭拍摄的语言景观"海南第一山"译为 первая гора в Хайнани，除大小写错误（第一个单词的首字母要大写）外，最主要的错误是前置词错误，"在海南"应为 на Хайнане。店名"地毯地革专营"的俄译为 Ковер в коже，错用前置词，商店销售的是用动物皮、皮革制成的地毯，故应将前置词 в 改为 из，同时 ковёр 有单复数变化，此处应用复数 ковры，此店名可改为 Ковры из кожи。又如"大峰自行车专卖"译为 Запчасти на велосипеды "Дафэн"（大峰自行车零配件），暂且不论信息是否与原文相符，此处亦存在前置词错误，запчасти 是指用于自行车的零配件，表用途，故应用前置词 для，改为 Запчасти для велосипедов "Дафэн"。该例俄译与中文名不符，若照中文名"大峰自行车专卖"翻译，可直接译为 ВЕЛОСИПЕДЫ 或 ПРОДАЖА ВЕЛОСИПЕДОВ 或 МАГАЗИН ПРОДАЖИ ВЕЛОСИПЕДОВ。

  俄语学习者在使用表用途的前置词 к、на、для 时常会犯错，这是个难点。для 表目的或用途时，搭配范围广，如 книга для детей（儿童读物）、тетрадь для сочинений（作文本）；на 表目的或用途时，其意为"用来做……，为……"，如 отрез на пальто（做大衣用的料子）、пуговицы на пальто（大衣纽扣）、мясо на суп（做汤用的肉）、лес на стройку（建筑用的木材）；к 通常表示"……的附加物"，其意为"供……用的、用途、配合……用的"，如 ключ к замку（开锁的钥匙）、наушники к магнитофону（用于录音机的耳机），或指出某一事物与另外事物的限定关系，有时兼有用途意义，如 предисловие к книге（书的序言）、ключ к заводной игрушке（玩具上发条的钥匙）等。

第三节　语言景观汉俄译写句法释误

句法学研究组词造句的规则，主要包括识别各种可能的组合（包括从词类到短语、小句、句型）的种类，并且确定各组合之间的关系。句法结构表达语法关系的方式有形态、语序、虚词三种。俄汉两种不同体系的语言具有不同的表达方式，不同的文化背景及思维习惯决定句子构造格局的不同。汉语主要采用语序和虚词作为语法手段来表达语法意义，属于一种隐形语法；俄语则更多地采用词形变化，即形态来表达语法意义，属于一种显性语法（张晓东，2015）。

人们在交际过程中所犯的错误类型有语言类（语音、词汇、语法、修辞）和言语活动类（对外语的理解、说、读、写），错误可能是语篇构建本身，如不会构建语篇，不会组织语篇。公共场所外文译写既有别于口语，又有别于一般书面语。作为一种独特的应用文体，它对城市地点、环境的介绍、宣传的重点在于突出要点、特色和服务，在句式结构上以译语为依归（袁晓宁，2010）。语言景观功能不同，其句法结构也就不同，例如，具有指示信息的地名、机构名、店铺名等功能的语言景观一般为名词或名词词组；具有提示、禁止、警告、宣传等功能的语言景观一般为动词或动词词组或祈使句，甚至语篇等。由调查可知，我国语言景观汉俄译写句法错误有词序错误、词组类型错误和句类错误。

一、俄汉词序概说[①]

词序是句子结构成分的线性排列规则，它体现词语（符号）之间的关系，是言内意义在句法层的突出表现。俄语是典型的屈折语，尽管其词序比较灵活，词语间、句中诸词间的语法关系主要通过词的形态变化来表示，但词序作为一种重要的结构-语义手段，不可随意颠倒，有时颠倒会引起词语、句子

[①] 此部分内容参见 Лю Лифэнь, Ли Минь. 2023. Анализ ошибок в порядке слов при переводе знаков для общественных мест в Китае на русский язык. *Политическая лингвистика*, (4): 208-216.

意思的改变，同时也会改变词在句中的语法作用。在具体语境中，词序受一系列要素的制约，诸如语体特征、句子结构、感情色彩、逻辑重音等。

（一）俄语词序特点

词语的排列方式基本上可分为常序和变序两种。常序是指词语的通常排列方式，即句子中的每一个成分占有一个固定的位置，有一定的排列规律。常序可以是顺序，也可以是逆序。变序是指词语的变通排列方式，即常序的变通序列，指句子成分的顺序、位置发生变化，它是非规则的、变化多端的。顺序改为逆序或逆序改为顺序均是变序。变序的方式有以下三种：①通常置于句首的成分变序时应移至句末；②强调主语时的变序方式；③强调时间、地点、原因、目的等状语时的变序方式。从类型学上看，俄语属 SVO 型语言，正词序为标准语序，倒词序在不同语体中词的排列方式不尽相同。在科学语体中，作者的注意力集中于内容，表达力求精确，合乎逻辑顺序，系统地就某一问题作透彻的说明，因此，该语体中最常见的是正词序。但谈话语体不一定能保持上述比较严格的逻辑层次，口语中词语的排列顺序非常灵活（童宪刚，1964）。

（二）俄汉词组词序特点

俄语词组是建立在主从关系基础上的由实词组成的句法组合，有三种基本类型：一致关系、支配关系和依附关系。汉语词组根据词与词之间的结构关系，分为五种基本类型：主谓短语（陈述关系）、动宾短语（支配关系）、偏正短语（修饰关系，又可分为定中短语和状中短语）、中补短语（补充关系）、联合短语（并列、选择、递进等关系）（黄伯荣和廖序东，2017）。俄汉语的词组分类标准不一，汉语中的动宾短语可纳入俄语支配关系的范畴，定中短语可纳入俄语一致关系的范畴，状中短语、中补短语可纳入俄语依附关系的范畴。下面以俄语分类系统为依据对词组词序进行分析。

在一致关系中，若限定词为代词，则其语序为限定—指示—物主，但限定代词 сам 应位于指示代词之后；若限定词为形容词，则语序相对复杂。俄汉语既有共性，也有个性，首先需要弄清俄汉形容词的划分依据。俄汉语关于形容词的划分标准不同，俄语是语法型语言，根据语法形式进行划分；汉语是语义型语言，根据语义兼顾语法进行划分。俄语形容词一般划分为性质形容词、关系形容词和物主形容词，汉语形容词一般划分为性质形容词、状态形容词和定质形容词，顺序数词和物主代词不属于形容词。俄语的性质形容词对应于汉语的性质和状态两类形容词，俄语的关系形容词大致相当于汉语的名词定语。汉语无物主形容词这一概念，俄语的物主形容词相当于汉语表人或动物的名词定语，汉语的定质形容词中，有一部分在俄语中是形容词。俄语用作形容词的限定词有不同的排序，若属于同一范畴的形容词同时修饰、限定某一名词，如两个性质形容词同时修饰一个名词，则需要从语义特征程度上加以区分，一般是表示较固定意义的形容词与被限定词较近。若不属于同一范畴的形容词同时修饰、限定某一名词，形容词排序为"领属、基数词、序数词、评价、大小、形状、颜色、民族"（Cinque，1994）；Толдова 和 Муханова（2017）基于俄语国家语料库的统计，得出的顺序为"序数词、基数词、大小、评价、形状、颜色、具体所指、民族、种属"。若限定词为形容词、代词，其语序一般为代词、形容词。

在支配关系中，支配词（动词、形容词、形动词、名词）在前，受支配词（名词）在后。动词有两种支配意义时，一般来说，直接补语离支配词较近，间接补语离支配词较远，若间接补语表示的是人，直接补语表示的是物，则通常可以将表示人的名词前置（紧跟动词）；若用代词表示人，则要将其前置（紧跟动词）。在此情况下要考虑两个原则：一是词的搭配和一致关系应遵循的原则（形容词和名词搭配，形容词在前，名词在后）；二是支配关系中的词序原则（支配词在前，受支配词在后）。这两种原则并存时，要优先考虑遵循支配关系中的词序。

在依附关系中，正常词序为附加意义词在前（如副词、副动词等），主导词（如动词）在后，词序的变化会改变句子的逻辑语义重点。当副词或谓语副词与动词连用时，通常是副词或谓语副词在前，动词在后，但在具体语境中，要根据上下文，甚至根据实义切分的原理来确定具体的词序。俄语语序的改变受语法规则、语用意义以及修辞功能的共同影响。

（三）语言景观汉俄译写词序错误

我国语言景观汉俄译写中，名词词组占主导地位，主导词带两个或两个以上定语的情况不多见，一般只有一个定语。因此，俄译时要考虑不同民族的不同思维习惯和文化背景、不同语言不同的表达方式和搭配规律，翻译过程中常常需要颠倒译文词序。由调查可知，语言景观汉俄译写词序错误相当多，这类错误大多源于译者受汉语词序的影响，未考虑俄语一致定语与非一致定语语序的不同，直接对译成俄语。根据汉语词序将词序错误分为以下几类。

1. 专名+通名

汉语词序为"专名（人名）+通名"，而俄语则为"通名+专名（人名）"，且人名置于引号内。例如"梅子美甲美足会馆"译为"МЭЙ ЦЗЫГ" МАНИКЮР САЛОН，店名中的"梅子"可能为人名，属于专名，应置于中心词之后，且要用引号。此译还有其他错误，如将"子"译成 ЦЗЫГ，等等，建议将原译改为 Маникюрный салон "Мэй Цзы"。"宏利文化用品商店"的俄译 хун ли магазин культтовары 有多个错误，除词汇错误（"文化用品"应为 канцтовары）、正字法错误（"宏利"为人名，首字母应大写）外，最主要的错误是逐字对译导致的语序错误。根据汉语"专名+通名"词序转换为俄语"通名+专名"词序的规则，"宏利文化用品商店"的正确译文是 Магазин канцтоваров "Хун Ли"。同理，在"渔具大世界"的译文 Магазин "ЮнФа" Рыболовные снасти 中，专名 ЮнФа（若 Юн 与 Фа 连写，则 ф 应小写；若 ф 大写，则 Юн 与 Фа 之间应有空格）应位于 рыболовные снасти 之后，后者作 магазин 的非一致定语，应用第二格。商店名"阳光童鞋店"译为 ИАН ГУАН магазин детской обуви，其中 ИАН ГУАН 若为专名，可直译（书写错误，应为 Ян Гуан），也可意译（Солнце），无论直译还是意译，均应置于中心词 магазин 之后，又因中心词带非一致定语 детской обуви，故专名置于该词组之后。但此译不符合俄语景观表达，俄语景观标牌不常以 магазин 命名，而是直接用所售物品命名，因此，建议将此译文改为 Детская обувь "Солнце" 或 Детская обувь "Ян Гуан"。

又如海南省海口市冯塘绿园的标牌"橄榄树餐厅"译为 Оливковое дерево ресторан，该译文依照汉语词序对译，违背了俄语词序规则。该店名可直接译为 Ресторан，若冯塘绿园里有多个餐厅，为了便于识别，可以将"橄榄树"

译出来，既可意译，也可音译，该店名可译为 Ресторан "Оливковое дерево" 或 Ресторан "Ганьланьшу"。再如一家店铺的名称只有俄语 Андрей магазин，该译文也存在词序错误，应改为 Магазин "Андрей"。同理，"友谊书店"的译文 Дружба Книжный магазин 应改为 Книжный магазин "Дружба"，"亨得利钟表店"的译文 Хэн дэ ли магазин часов 应改为 Магазин часов "Хэндэли"。此类语言景观的翻译遵循"（形）+通名（如店、馆、沙龙）+专名（人名）"规则，其中人名必须大写，须置于引号内，如俄罗斯圣彼得堡的两家餐厅名 Клуб-ресторан "Петрович" 和 Кафе "Ботик Петра"。俄罗斯餐饮类店铺也有直接用人名命名的，如 у дяди Гены、Татьяна 等。

2. 通名1+通名2

汉语词序为"通名1+通名2"，其中通名2为中心词。俄语词序则分为两类：若通名1为名词，则要用第二格且置于通名2之后，即"通名2（中心词）+通名1（第二格）"；若通名1为形容词，则要置于通名2之前，且与通名2的性、数、格保持一致，即"通名1（形容词）+通名2（中心词）"。在所调查的语言景观汉俄译写中，"通名2（中心词）+通名1（第二格）"类词序颠倒最多，如"麻纺馆"逐字译为"Лен музей"（麻+馆）。首先，此译文完全不考虑俄语语序规则，在俄语中，若中心词和限定词均为名词，则限定词用第二格且置于中心词之后，лен 作 музей 的定语，应用第二格或用其形容词形式；其次，译者未理解"麻纺馆"之义，即"麻纺织品馆"。因此，正确的译文为 Музей льняных изделий 或 Музей льнопрядильных изделий。又如"传统文化长廊"译为 Ли Народная культуры коридор，暂不谈词汇错误（民族为 народность），中心词是 коридор，Народная культуры 须后置，作非一致定语，正确的表述为 Коридор культуры народности Ли（刘丽芬和潘盈汕，2020）。另外，俄译与汉语原文不符，若照汉语原文，则可译为 Коридор традиционной культуры。同理，海南景点"幽兰深谷"的译文 Орхидеи ущелье 须改为 Ущелье орхидей。

海南景点"龙栖谷"译为 Дракондлина，暂不谈译文本身及正字法错误（Дракон 和 длина 两个单词应分开书写，山谷对应俄语 долина），两个名词组合，不考虑俄语语法，仅按汉语顺序（龙+谷）拼凑在一起。照字面意义，

"龙栖谷"可译为 Ущелье дракона 或 Долина дракона 或 Логово дракона，但该景点有个传说，若照上述译法，则失去了其文化内涵。龙栖谷系海口市冯塘绿园的一个景观，位于橄榄园。橄榄园左侧由龙栖河、探幽路、龙栈道以及遮天蔽日的火山雨林组成，龙栖谷是这片区域的总称，是整个园区的亮点，生态资源丰富，神秘色彩浓厚。传说在远古时期，冼太夫人见当地百姓饱受缺水之苦，便将一条在南海兴风作浪的青龙降服于此。青龙被降服后，化作从未断流的河流，被人们称为龙栖河。火山断裂形成峡谷，龙栖谷由此得名。倘若译出传说，则译文过长，权且采用上述译法。

同理，"益生源茶行"（Чай+магазин）、"苗苗鞋店"（Обувь+магазин）、"游泳每人每次 20 元"（плавание, каждый человек, один раз по 20 юаней），也完全是逐字、逐词的死译，正确译文分别为 Чай/Чайный магазин、Обувь/Дом обуви/Обувной магазин（салон）、Один человек за один раз может поплавать за 20 юаней。语言景观汉俄译写中，该类简单错误屡见不鲜，类似的还有"食杂店"（Продукты магазинов）、"五金商店"（Оборудование магазинов）等，误将商店作为"食杂"和"五金"的非一致定语。

不同民族因看待事物的方式、思维模式不同，对同一事物的语言表达顺序也不同。俄汉语分属两个不同的语系，根据语法结构中形态变化的特征对语言进行分类，俄语属于有丰富形态变化的屈折语，汉语缺乏形态变化，属于以语序和虚词为语法手段来表示语法关系的孤立语。汉语语序一般是修饰语在中心语之前，定前中后、状前中后，偏正式复句中的偏句也大都置于正句之前。俄语的修饰语相对较灵活，既可前置，也可后置，当修饰语为形容词、形动词、代词时，须前置；当修饰语为名词、前置词结构、动词不定式等时，须后置。当俄汉语中名词限定名词时，语序刚好相反，如果译者未掌握俄汉语之间的差异，套用汉语语序，字对字地译成俄语，就会导致错误，从而给受众带来不便。

在所拍摄的语言景观中，"通名 $_1$+通名 $_2$"中还有一类词序错误，即通名 $_1$ 在俄语中用形容词（俄汉形容词划分标准不一）表示，理应置于中心词通名 $_2$ 之前，却置于其后。在所调查的语言景观汉俄译写中，该类错误不多，如黑河市的一则语言景观"清真饺子馆"译为 Пельмени мусульманские，先抛开词汇错误（"饺子馆"应译为 пельменная，"清真"应译为 халяль），根据俄语词序规则，在一致关系中，被限定的名词应放在限定形容词之后。名称的翻译需要考虑多重因素，若该饺子馆除清真饺子外，不售卖其他食品（这种可能性较小，但莫斯科市的小档口常常只售卖单一食品，如大学站旁的两家小店，其店名分别为 САМСА ХАЛЯЛЬ、Шаурма Халял），则该店名可改译为 Мусульманская пельменная 或 Пельмени Халял。采用后者可能更贴切，因为食品标上 халял（清真），指严格按照伊斯兰教的饮食禁忌所制作的食品，原译用 мусульманские（穆斯林的），但禁食猪肉并非仅限于穆斯林，我国维吾尔族、回族、哈萨克族、乌孜别克族、塔吉克族、东乡族、保安族、塔塔尔族等民族也禁食猪肉。这表明，所有穆斯林都食清真食品，但不是所有食清真食品的人都是穆斯林。халял 一词不仅恰当地表达出清真食品这一语义，而且相较于 мусульманский 一词，字符、音节更少，符合语言学经济原则和语言景观翻译简洁原则，在寸土寸金的莫斯科市中心、地铁口、医院旁，档口较小，减少几个字母可加大单词字号，使语言景观更加醒目，符合大众传播学的可及性原则。若译为 Пельмени мусульманские，语义范围过窄，而且俄罗斯也有清真快餐店，店名为 Халял РЕСТОРАН БЫСТРОГО ПИТАНИЯ；若只是饺子馆可直接译为 ПЕЛЬМЕННАЯ，俄罗斯圣彼得堡市的一家饺子馆名叫 ПЕРВАЯ ПЕЛЬМЕННАЯ НА НЕВСКОМ。因此，此处最好译为 Пельмени халял。依此，可将"发齐清真鲜肉店"（Мусульманский мясной магазин ФаЧи）改译为 Магазин халяльного мяса "Фаци" 或 Халяльный мясной магазин "Фаци"。若店铺不大，可将 мясной магазин 替换为 мясная лавка。

  上文讨论了名词词组语言景观的翻译，语言景观汉俄译写错误中还有一类支配关系词序错误。汉语原文为倒装句，并用标点分隔，常序为动宾结构，如果将汉语动宾结构对译成俄语，可能不会出现词序错误，但若原文倒装，并用标点分隔，俄译时很容易出错，因为汉语动宾结构相当于俄语动补结构，动词和支配的名词在一定的语法槽里，作为词组动词和单个补语不能分隔，否则，会出现语义不全等错误。例如"多刺植物，请勿触碰"译为"колючее растение, не трогать"，既有书写错误，也有数的错误，最主要的错误是表支配关系的词序错误。这是完全照中文顺序字对字地机械直译，原语属语序倒装，正常语序应为"请勿触碰多刺植物"，将宾语（汉语宾语相当于俄补语）"多刺植物"置前，以示提醒、强调等，乃语言景观语体常用词序，如商场某物品旁的标牌"贵重商品，请勿触摸""打折商品，已经售出，概不退换"等。将"多刺植物，请勿触碰"译成俄语则为动补短语，动词 трогать 属及物动词，其后需要接直接补语，原译前部分为补语，应作后部分动词 трогать 的直接补语，因此，两部分不能分开。此外，原译补语应用复数，将原译改换顺序，去掉逗号，可有两种表述："Не трогать колючие растения!"或加上表禁止类动词的"Запрещено трогать колючие растения!"。同样，"石滑请勿攀爬"的俄译"Скользкий камень, не влезть"也是照搬汉语词序，前部分与后部分用逗号分隔，有语义不全、动词体错误、动词用错等多处错误：动词 влезть 只有与 на что 搭配才表示"爬上、攀登"，原译语义不全；缺少补语，влезть 是完成体，若表示建议别人不要干什么，应用"не+未完成体动词命令式"。原译可改为 Не влезайте на скользкий камень，但俄罗斯人习惯用"Не взбирайтесь на скользкий камень!"，因此，后者为最佳译文。

在动补词组或单句中，为了突显、强调补语（汉语称为宾语）所指内容，补语应前置。俄语由于有形态标志，词与词之间可以相互隔离，甚至相距很远，但一般不能用标点分隔。只有当其中有两个或两个以上补语时，为了强调另一个补语，才将其分割，俄语称其为分割结构，分割的一般是同等成分，补语的分割是对主干部分的谓语或其他成分的补充，使主干部分的补语具体化，且根据意义和语调划分，着重强调某个细节，是主干部分思想的继续，使之确切并得到发展。分割结构一般分为两部分，前部分语法和意义独立，后部分为词组或简单的扩展句，后部分语法和意义从属于前部分，说明、补充、确切前部分，前后两部分一般用句号连接，语调独立，句法和意义关联（刘丽芬，2013）。"石滑请勿攀爬"的俄译"Скользкий камень, не влезть"中的补语与谓语动词分割，不属于此类。尽管俄语补语语序灵活，但在语用层面，汉语词序也可以发生变化，如"他连我都不给"，将间接宾语"我"移至谓语动词"不给"之前。汉语还可以将补语与谓语动词用分隔符、逗号、感叹号或空格（在标牌中）分开，而不影响其间的联系。这是一种独立现象，语调上要有停顿，独立是强调和凸显某种成分的一种手段，独立成分带有半述谓性。

二、词组类型错误

词与词之间以一定的方式组合成词组或句子，俄语词组分类不同于汉语，一般按主导词的语法意义分类，分为名词词组、动词词组、形容词词组、副词词组、代词词组和数词词组。汉语也可按整体功能进行分类，一般分为名词词组、动词词组和形容词词组；但常见的是按内部结构分类，可分为主谓词组、动宾词组、偏正词组、同位词组、联合词组等。在语言景观汉俄译写中，常见将具有称名意义的店铺名译为动态的动词词组，如店铺名"订制羽绒服"被逐字逐词对译成动词词组 Произведено духовики，即使是订制羽绒服，也不能用动词 произвести。若是预订，可用 заказ（заказать）；若是"缝制"，可用 пошив/шитьё（шить）。此处应是定做羽绒服的店，建议改为 ПОШИВ ПУХОВИКОВ 或 АТЕЛЬЕ ПО ПОШИВУ ПУХОВИКОВ，但作为店名，为了简洁，最好用第一种译法。同理，可将"皮装加工中心"的译文 заказать кожанную одежду 改为 ПОШИВ КОЖАНОЙ ОДЕЖДЫ。

三亚市一个旅游景点的标牌"诗词文化长廊"译为动补词组 укрепить культурные коридор。"长廊"指"长的走廊"，而译文指排成长队的一块块展板。此处的"长廊"相当于"路"，可译为 путь 或 дорога。"诗词"对应的俄语词语有 стихи、стихотворение、поэзия，前两个词指具体诗歌，后一个词为概括性表达，用后者最好。标牌中的"诗词"指中国诗词，即 китайская поэзия，中国诗词本身是一种文化，因此"文化"二字不译。标牌可直接译为 Путь поэзии 或 Поэтический путь，也可译成 Путь стихов/стихотворений，再次之可用 дорога 替换 путь，但用 путь 更好。"共享采摘超市"是海口市冯塘绿园的景点项目标牌，俄译为动补结构 совместное использовать остатки супермаркет。作为具有指示作用的标牌，只能用名词词组，该译文不仅句法结构用错，对原文的理解也不正确。实际上，此处并不是超市，而是供游客或市民租用的农田。"共享"是近年来用得较多的一个词语，据调查分析，一般有 совместное использование/потребление、общее пользование、общественное пользование/потребление 等几种译法，此外，还可借用英译词 шеринг，该词在俄媒使用频率较高（刘丽芬和邝洁莹，2022）。据此，该标牌可译为 Поле общего пользования，尽管也可以借用英译词，译为 Поле шеринга，但不是所有的俄语母语者都知道 шеринг 一词。

三、句类错误[①]

根据内部结构的不同，句子可分为单句和复句。单句可依据不同标准划分句型和句类。句型是句子的结构类，即根据句法成分的配置格局分出来的类。句类是句子的语气类，即根据全句的语气语调分出来的类（黄伯荣和廖序东，2017）。汉语按语气类型分为陈述句、感叹句、疑问句、祈使句。俄语按说话目的进行分类，分为陈述句、疑问句、祈使句。俄语中提示、警告类语言景观一般用祈使句。该类语言景观无论在汉语还是俄语中均形成了一定的表达模式。该类语言景观俄译时，最好直接借用俄语类似表达。例如三亚槟榔谷的一则提示语"小心地滑"的译文为 Осторожно скользкие，除正字法错误（скользкие 的首字母应大写，осторожно 作为提示语，与其后内容构成两个语义段，其后可用空格，也可用标点，如逗号、句号或感叹号）外，还有词类错误和缺中心词错误，应将 скользкие 改为副词或在其后加名词 пол，俄译可直接借用俄语类似表达"Осторожно, +副词/名词词组"或"Внимание!+名词词组"，可改译为"Осторожно, скользко"或"Внимание! Скользкий пол"。

在海口市一个公园拍摄的一则语言景观中，汉语为"让心灵和公园同美"，俄语译文为 чтобы красота у парка выражается одно и тоже в душе，该语言景观是用委婉的方式提醒人们在公园里不要乱扔垃圾。原译除正字法错误（将 то же 合写为 тоже）外，还有句法错误，如用带 чтобы 的目的从句，缺主句，在这一目的从句中，哪个词是 выражается 的主语？是 красота 还是 одно и то же？不明确。原译还缺中心词，одно и то же 的中心词是什么？也不明确。最严重的是语用错误，该译文使俄语受众无法理解，不知道想要表达什么意思，建议改为"Чистота в парке отражает чистоту души. Пожалуйста, не бросайте

[①] 此部分内容参见 Лю Лифэнь, Ван Хайцзяо. 2023. Анализ синтаксических ошибок в русском переводе общественных знаков в Китае. *Вестник МГУ. Теория перевода*, 22(4): 74-91.

мусор"。再如在乌鲁木齐市拍摄的一则语言景观，将"请勿乱丢垃圾"译为"здесь работает мусорный ящик!"。译文委婉，将"垃圾箱"拟人化，但该译文一者与原文不符，二者俄语中也未见此种表述，笔者询问了三位俄罗斯教授，他们均将译文改为"НЕ МУСОРИТЬ!"或"МУСОР НЕ ВЫБРАСЫВАТЬ!"或"ВЫБРАСЫВАТЬ МУСОР ЗАПРЕЩЕНО!"。

对于请勿乱扔垃圾一类的语言景观，俄汉表达大致相同，其核心词汇均涉及环境、卫生、城市、家园、后代等，语气以祈使为主，或请求、或要求、或禁止。保护环境、请勿乱扔垃圾是一种世界性要求，很多表述可以直接借用。从语气方面看，俄汉表达有同有异，既有比较温和委婉的表达，如"Просьба Не сорите!"（请不要乱扔垃圾！），"Спасибо, что бросаете мусор в урну"（请将垃圾丢进垃圾箱内，谢谢），"БЕРЕГИТЕ ПРИРОДУ! НЕ МУСОРИТЕ!"（爱护自然，不乱扔垃圾！），"Сортируем мусор – бережём природу"（垃圾分类，爱护自然！），"ЧИСТЫЙ ГОРОД НАЧИНАЕТСЯ С МЕНЯ!"（清洁城市 从我做起！），"МАЛЕНЬКАЯ ПОБЕДА ДЛЯ ТЕБЯ! БОЛЬШАЯ ПОБЕДА ДЛЯ ЧЕЛОВЕЧЕСТВА!"（对你是一小步，对人类是一大步！）等。又如"УБЕРИ МУСОР! ВЫБЕРИ БУДУЩЕЕ!"（带走垃圾，选择未来！），"ХОРОШИЕ ДЕЛА начинаются с простых вещей."（善事从小事做起），"СПАСИБО за то, что Вы НЕ БРОСАЕТЕ МУСОР!"（谢谢您不乱扔垃圾！），"БУДЬТЕ, ГРАЖДАНЕ, КУЛЬТУРНЫ – НЕ БРОСАЙТЕ МИМО УРНЫ!"（垃圾入筐，做文明公民！），"Не дай мусору победить"（不要让垃圾赢了我们），"ВНИМАНИЕ ГОЛОДНЫЙ МУСОРНЫЙ БАК"（注意，垃圾箱饿了），"НЕ БРОСАЙ МЕНЯ ГДЕ ПОПАЛО"（不要乱扔我），"У мусора есть место! Сделаем вместе наш город чистым!"（垃圾也有家！共建卫生城市！），"爱护环境 垃圾分类""爱护环境 请勿乱扔垃圾""垃圾不落地 文明更美丽""保护环境 举手之劳""分类一小步 文明一大步""万水千山都是情 不要乱扔行不行""一举一动 尽显文明""讲文明 树新风 请勿乱扔垃圾！""垃圾分类 从我做起""请勿乱扔垃圾 保持环境卫生从你我做起"。

也有比较直接的表达，如"НЕ СОРИТЕ ПОЖАЛУЙСТА!"（请不要乱扔垃圾/请勿乱扔垃圾！），又如"ВЫБРАСЫВАЙТЕ МУСОР В УРНЫ!"（垃

圾请入篓！），"СВАЛКА МУСОРА ЗАПРЕЩЕНА!"（禁止堆放垃圾！），"СТОП! Не кидай МУСОР ГДЕ ПОПАЛО!"（禁止随地乱扔垃圾！），"БРОШЕННЫЙ МУСОР ВЕРНЁТСЯ В ТВОЙ ДОМ"（丢掉的垃圾会回到你家），"КОНТЕЙНЕР СОВСЕМ РЯДОМ"（垃圾桶就在旁边），"垃圾请入桶"，"请把垃圾扔进垃圾桶"，"禁止乱扔垃圾"，"乱扔垃圾只会让你变丑"，"请不要乱扔垃圾 垃圾也有家"等。还有比较严厉的表达，如"ТЫ БРОСИЛ МУСОР? ХОЧЕШЬ ПРОБЛЕМ？БУДУТ!"（乱扔垃圾？想找麻烦吗？你会如愿的！）；有时比较粗暴，将乱扔垃圾者和猪联系在一起，如"Бросая мусор, не забудьте хрюкнуть"（乱扔垃圾者，别忘了哼哼）。俄语此类表述多于汉语，有时言辞过于激烈，会用"道德堕落""同性恋""没脑子"等词语，以及"会被铁锹拍死"等过激表述。例如"НЕ БУДЬ СВИНЬЕЙ! БЕРЕГИ ПРИРОДУ!"（爱护环境，不要当猪！），"МУСОР ВЫВАЛИВАЮТ ТОЛЬКО СВИНЬИ"（只有猪才乱扔垃圾），"Даже свиньи уже не мусорят!"（猪都不乱扔垃圾啦！）等，都表达了对乱扔垃圾行为的极度不满，此类表达不建议借用。

针对乱扔垃圾的行为，中俄两国均在语言景观中加入了惩罚措施，如规定了具体的罚款数额。例如"禁止乱扔垃圾 违者罚款50元/次"，"有监控 此处禁止倒垃圾 违者罚款200元"，"!ВИДЕОНАБЛЮДЕНИЕ! СВАЛКА МУСОРА ЗАПРЕЩЕНА штраф 5000р."（有监控 禁止乱扔垃圾 违者罚款5000卢布），"ОСТАВЛЕНИЕ МУСОРА ЗАПРЕЩЕНО Штраф от 2000 до 5000руб."（禁止乱扔垃圾 违者罚款2000~5000卢布）。中国和俄罗斯语言景观针对乱扔垃圾行为的罚款数额不等，是因为两国有不同的规定。中国《城市生活垃圾管理办法》第四十二条规定个人随意倾倒、抛洒、堆放城市生活垃圾，会被处以200元以下的罚款，所以中国相关语言景观的罚款数额以50元、100元、200元为主。2022年7月，俄罗斯联邦对垃圾处理相关行政处罚条例的8.2条（8.2 КоАП РФ）进行了调整，对于乱扔垃圾的个人，处罚金额由原来的1000~2000卢布，增至2000~3000卢布，因此，俄罗斯相关语言景观的罚款数额一般为2000卢布或者3000卢布。但竟有5000卢布的罚款，远超法律规定。

是否借用俄语现存语言景观表达，要根据实际情况，依不同语境来决定。

例如在黑河市拍摄的一则语言景观"争做文明市民 共建美好家园"译为"Стремиться стать культурным городским жителем, вместе создавая атмосферу домашнего уюта в городе",属字对字翻译。该语言景观为公益广告,具有号召作用,在俄语中要用祈使句。"争做"即 быть 的命令式形式 будьте 或 давайте,"共建美好家园"中的"家园"在此指城市,故可译为 город,若将"家园"译出,也可译为 дворы,原译可改为"Будьте культурным жителем города, строим прекрасный город"或"Давайте стремиться быть культурными жителями нашего города и вместе создать прекрасные дворы"。

在海南拍摄的语言景观"游览车道 注意安全"译为"Проезжая часть дороги для экскурсии, быть осторожным!",其中"注意安全"有固有俄译模式"Осторожно, ...","游览车道"指"旅游车专道",可译为 проход。建议直接仿用俄语模式,改译为"Осторожно, проход экскурсионного автобуса"。又如"注意车辆 请走林荫小路"译为"Внимание вагонов, Пожалуйста, пошли вон тропа",译文全错。原文是提示性语言景观,一般采用祈使句,原译固然出现了表祈使的标记词 пожалуйста,但动词 пойти 却用了原形,应为命令式形式 пойдите。原译的表述不符合俄语该类语言景观的表达习惯,类似的俄语景观有"Берегись автомобиля!"(当心车辆),因此,原译可改为"Берегись автомобиля! Идите по тротуару"或"Осторожно, проезжая часть! Идите по тротуару"。还有的将"请注意车辆""当心车辆"译为 ОСТОРОЖНО С МАШИНАМИ 和 Осторожно Автомобиль,应改为"Берегись автомобиля!"或"Остерегайтесь автомобиля!"。笔者在圣彼得堡市还拍到一张移动标牌,其表述为"ОСТОРОЖНО! АВТОМОБИЛИ"。

语言景观"您好:购物请索要'信誉卡' 注意!保管好随身携带的物品。"的俄译为 ЗДРАВСТВУЙТЕ ПРИ ПОКУПКЕ ТРЕБУЙТЕ ГАРАНТИЮ ВНИМАНИЕ СОХРАНЯЙТЕ ВАШИ ВЕЩИ НОСИТЕ ИХ С СОБОЙ,该语言景观为语篇型结构。原译既有词汇错误,也有句式表达错误。词汇错误如"信誉卡"不是 гарантия(担保、保障),而是 сертификат качества。句式表达方面的错误有以下几点:①命令式后一般加 пожалуйста;②问候语 здравствуйте 以及用于提醒的 внимание,其后要加感叹号,以引起注意;③汉语"保管好随身携带的物品"指自己的物品,原译过于繁琐,可直接借用俄

语表述 Следите за своими вещами。原译建议改为"（Здравствуйте!） При покупке товара, пожалуйста, требуйте сертификат качества. ВНИМАНИЕ! Следите за своими вещами"，其中 Здравствуйте 可省。

  语言景观外译须语法正确，用词准确，语言表达尽可能简洁且明确，语言单位尽可能小且达意，文体风格尽可能委婉且体现关怀，无须华丽之辞。语言景观译写应遵循合法性、规范性、准确性、通俗性等原则，做到短小精干、言简意赅、直截了当、规范统一，对实体、实物的介绍侧重指示性、提示性、告示性和实用性，善意地要求国外人员按照中国的规章制度行事，委婉地提醒人们在某方面引起注意（崔学新，2010）。指令性、禁止性语言景观表述尽可能直接，但不要过激，语气保持中性，以达到既尊重受众、又起到禁止作用的目的。

第六章

语言景观汉俄译写语义错误解析

语义学研究符号能指与所指之间的关系。词汇语义学以词义为研究对象，主要研究词与客观世界的关系、词与词的相互关系以及进行词义分析等。在词与客观世界的关系方面，词汇语义学主要研究词的所指意义、内涵意义或联想意义。所指意义表现为词与语言外部的物质实体或抽象概念（统称为所指对象）之间的联系，反映了语言使用者对语言外部世界的认识，它是词汇意义的核心内容，是对客观事物、现象、性质、行为等的概括反映，表明语音单位所指称的对象及其与相关事物的联系。内涵意义或联想意义指人们对客观对象概括反映过程中伴随的主观评价（喻云根，1994）。Bloomfield认为，在科学未发展到一定阶段时，词义是无法定义和研究的（转引自陆俭明，2012）。意义在语言学家眼里，犹如流沙，犹如泥潭，犹如黑洞（陆俭明，2012）。Leech（1979）认为，词义可能包含以下七个方面：概念义、内涵义、风格义、情感义、联想义、搭配义、主题义。苏联语言学家 Новиков（1983）将词的词汇意义分为四种语义类型：理性意义、结构意义、语用意义和语境意义。理性意义指词典里所标出的最一般的意义，结构意义包括组合结构意义和聚合结构意义，语用意义是指说话人在用词上表现出的情感意义，语境意义是词在具体的语境中表现出的意义。

本章主要从语言景观词义理解（即概念义或指称意义）、语义组合（词汇搭配）、语义聚合、语义冗余（词汇冗余）等方面分析语言景观汉俄译写词汇错误，给出参考译文，并对其错误原因进行解释。

第一节　俄语词汇-语义特点概说

语言是一个由多个系统组成的多平面、多层级的独立的体系。从语言的微观层次来看，语言本身是一个系统，语音、词汇、语法等是这个系统中的分系统，语言系统中的各个分系统都会在一定的语言生态环境中形成自身的特点，也会因为语言生态环境的变化而发生变化，如语言系统中的语音、词汇、语法等在历时状态下的变化和在共时状态下的变化，都跟语言生态环境有关（冯广艺，2011）。语言系统中的词汇与语言生态环境的联系更紧密，相对于语音、语法来说，其稳定性差一些，会随着政治、经济、社会的变化而发生变化。

一、词汇-语义类型

英国语言学家Winlkins（1972：111）认为"无语法，几乎无法传达信息，倘若无词汇，那就无法传达任何信息"。可见，在语言运用中，词汇起着传达信息的相当重要的作用（徐宜良，2000）。离开了词汇，语言便不能被称为语言，人们在言语活动中，无法用孤立的词汇来进行交际，词汇在语义上互相联系、互相依存，词汇尽管不像语音、语法那样具有较为严整的规律性与结构特征，但在使用中也具有一些约束性的规则。社会生活中使用的语言是具体的、生动的、变化多样的，但发展到一定阶段，一旦对信息的传递和交流产生阻碍，部分变体必然会被淘汰，而存留的表达会进入词典，成为语言的词或词的一个义项，从而成为规范的一部分，即语言的约定俗成（黄德先和杜小军，2007）。

词汇，又称语汇，是一种语言里所有的（或特定范围的）词和固定短语的总和。作为语言建筑材料的词汇，具有形式和意义两方面，依靠形式和意义特征可以形成词汇的基本系统：同形词、同音词、多义词、同义词、反义词、易混词、上下位词与义类词。词语的意义不是孤零零地存在于词汇系统中，而是在相互依存的关系中得以显现和确定。俄语景观词汇是词汇学研究的内容，它既具有词汇学中一般场域词汇使用的特点，也具有其特定场域使用的特点。

二、聚合关系与组合关系

词语之间有直接或间接、近或远的关系。正如索绪尔（1980：170）所说："在语言状态中，一切都是以关系为基础的。"其核心是句段关系与联想关系，即组合关系与聚合关系，语言系统中这两大基本关系体现在语言的语音、词汇、语法、语义等各个层面（吴振国，2000）。语义场体现词语的两种关系：聚合关系（纵向关系）和组合关系（横向关系）。纵向关系表现的是语言系统内部词语的层级关系，横向关系更多地体现语言在使用过程中词语的组合关系，其基础是词语在线性组合排列中的邻接关系和序列关系。

随着语义研究的深入，当前对语义场理论的研究表现出系统功能化趋势：语义场被置于聚合关系与组合关系的相互作用中进行研究；语义场被认为不仅是语言系统中有共同特点的义位构成的聚合体，而且是与言语中经常组合的词语相关联的义位构成的集合（郭聿楷和何英玉，2002）。俄罗斯著名语言学家 Кузнецов（1990：380）认为，语义场是"表达概念的、物体的或功能的共同点，并由其内容本质联合起来的语言单位（主要是词汇单位）的总和"。语义场是一个双重单位，Кузнецов在这种双重的统一里强调词汇的首要性。语义场具备以下特征：①各个词语之间具有同一个区分特征或者整合特征；②词语之间的语义关系具有系统性；③词语之间相互依存，并能相互解释；④语义场同语义场之间既相互关联，又相互独立（Кобозева，2000）。

聚合关系语义场包括同义关系语义场、反义关系语义场、部分整体关系语义场、上下义关系语义场；词语的组合关系首先是词与词之间的搭配关系。搭配意义是一个特殊的范畴，它不像其他类型的意义具有普遍性，而是体现各个词具有的特异性。正如苏联著名语言学家维诺格拉多夫所言，"现代标准俄语的体系中，大部分词都不是任意地或偶然地组合和连接在一起的个别的言语成分，而是各自在习用的格式（формула）中占据着固定的位置"（维诺格拉多夫，1960：146）。因此，在翻译由词与词搭配习惯构成的联想意义时，必须注意语言习惯差异导致的同一词与不同词搭配产生的不同联想。根据不同语境，选择不同译法，切莫望文生义（王秉钦，1998）。在进行语言景观翻译时，要了解每个词的基本义及引申义等，区分同义、近义、反义、上下义等，了解哪些词能搭配，哪些词不能搭配，根据语言景观语体特点，选择最恰当的词语。语言景观受众是普通大众或特定人群，其表述应简洁明了、通俗易懂，一般选用中性词，使用常用词、缩略语，避免使用生僻词语、古语、俚语和术语等。由调查可知，在语言景观汉俄译写中，词汇错误最多，主要包括语义理解错误、搭配错误、词汇冗余等。下面从词汇概念义、语义聚合、语义组合和语义重复几方面展开分析。

第二节　语言景观汉俄译写词汇概念义析误[①]

词汇运用正确与否决定信息传递正确与否，但词汇作为语言系统中现成的、可不断重复使用的语言单位，我们无从去评价它本身是对还是错。对于进入语言词典中的词汇，只有当它为了表示现实中某一事物或现象而组成句子时，我们才能说它在具体语境中的使用是否正确（杜桂枝，2015）。判断词汇使用正确与否，要看其是否符合现代俄语中约定俗成的词义和句义规律要求。Dentler（1998）认为，所有译语里不存在，或不符合译语规则的、不符合篇章语境的惯用语和特定的句法搭配都属于词汇错误。学者们对词汇错误进行了不同分类，例如 Dentler 等（1998）将词汇错误分为借用、混淆、语义延伸以及仿造四类，Cavallini（2010）将词汇错误分为选词、语义和习语三大类，Сулименко（1986）将词汇错误分为非标准词义（语义错误）、词的非规范（标准）组合、同语反复错误和重复。非标准词义（语义错误）是语言景观中出现较多的错误，这类错误较难辨出，因为它改变的不是词的外部、语音外壳，而是内容（意义）。在实际词汇工作（如编词典）中，为了阐明词义，通常将词汇放在一定的语篇中，这样就能非常准确地判断语言表达者将何内容纳入词汇的语音外壳中。语言景观汉俄译写中，词汇语义理

[①] 本小节部分内容参见刘丽芬，张莉. 2024. 符号景观词汇指称义外译失范类型及溯因. 上海翻译，(6): 24-29.

解错误最多。由调查可知，语言景观中词汇概念义错误主要表现为一般词语的理解错误和表类属义词语的理解错误。

一、一般词语的理解错误

　　词义（狭义指概念义），从构成上说，是词的语音形式所联系的概念内容；从概念内容的本性上讲，是对客观事物的反映。语义指语言的各种语表形式所承载的内容，是客观世界在人脑中的反映或人们对客观世界的认识。理解错误是译者对原语词语理解不当所致。这是译者常犯的错误，也是语言景观翻译中最常见的错误。俄汉语词义各有其特点，有的词语看起来本义对等，但派生义可能不对应；有的概念义对应，但内涵义、风格义、感情义、联想义、搭配义、主题义等不一定对应。因此，词义理解常常是翻译难点。翻译是一种转换过程，由原语转换为译语前，要经过一个理解原语的过程，若对原语理解不清，则不可能译成正确的目的语。检验译文是否正确，通常做法是译成外语后，再回译，这样很容易发现翻译错误。

　　一般词语的理解错误指对原文本身理解不正确或对译语表面对应词汇意义理解不正确而导致译文出错。例如"男人城"的俄译为 Самый центр мужчшн，除单词拼写错误（мужчина 的复数第二格为мужчин，原译将и写成了ш）外，主要的错误是理解错误，"男人城"被译成"男人的最中心"，让人难以理解，汉语"男人城"一般为销售男装的商店，正确表达为 Мужская одежда。"老平价裤城"译为 Мир-брюки низкой цены，除正字法错误和语法错误（词语 мир 和 брюки 之间的连字符纯属多余）外，主要的错误是理解错误，将"平价"理解为"低价"。受空间、受众的阅读时间等因素的影响，店名应以简洁醒目为主。店名的撰写与排版可分为几部分，具有称名功能、标示店铺的名称排版居中，字号大，其他如具体商品以及具有广告功能等的信息可居下或居左或居右，字号小于店名。因此，该店名可分为名称 Мир брюк 和补充信息 по доступным ценам 两部分，名称居中，补充信息置于名称下方或右侧，其中前置词 по 可省，直接写为 доступные цены。又如"亚力达眼镜平价超市"的原译为 Опециализированый магазин олтика "Ялида"，原译有多个错误，建议改为 Оптика по умеренным ценам 或 Оптика доступные цены，其在标牌上的书写形式同前。"平价"还可译为 беспошлинные цены，但此译一般指不加关税的商品。语言景观俄语译写应多参考俄语原文标牌，遵循林克难（2007）提出的"看易写"三原则，多看多借用。例如笔者在圣彼得市拍摄的一则语言景观中，"低价销售"是 по низким ценам。

还有将 этаж（楼层）译为 уровень（水平、层、级）的错误，例如俄文店名 ДЕТСКИЙ МИР "ОЛЯ" ФИРМЕННАЯ ВЫСОКО КАЧЕСТВЕННАЯ ДЕСКАЯ ОДЕЖДА 3-го УРОВНЯ 中，译者将汉语"楼层"（этаж）理解成了"水平、层、级"（уровень），混淆了 этаж 和 уровень 的概念义。汉语"层"尽管对应多个俄语单词，如 этаж、пласт、слой、ярус、горизонт、уровень 等，但"楼层"对应俄语的概念义即是其指称义，语义单一，只要看到或听到"楼层"二字，译者大脑中应自动涌现俄语唯一的对应词 этаж，具有俄语基本知识的人一般不会译错，足见译者俄语基本功之薄弱。此外，还有书写错误（单词 деская 少了一个字母 т，应为 детская）、表述错误、语序错误、语法错误等，建议改为 Модная высококачественная детская одежда "Оля" 3-й этаж；俄语店名很少用形容词，若用，一般作为附加信息，因此，也可改为 Модная детская одежда "Оля" 3-й этаж，最简洁的译法是 Детская одежда "Оля" 3-й этаж。

又如在"明德辅导学校（консульты школа）"和"科甲辅导学校（Школа консультирования "Кэ Цзя"）"这两则语言景观中，译者将"辅导"分别译为复合词的前部分 консульты（质疑的、咨询的、辅导的）和动名词 консультирование（咨询、辅导），译者未理解汉俄语"辅导"之实质内涵，也未顾及与其组配的词语"学校"，仅将词典中"辅导"的概念义直接复制进译文。实际上，此处的"辅导"不是咨询，而是学校教学之外的一种课外补习，"补习"对应俄语 репетиторство。据此，"辅导学校"可译为 школа репетиторства。经实地考察，俄罗斯类似的辅导学校常命名为 Репетиторский центр（辅导中心），还见 Репетиторское агентство（培训机构），偶见 Репетиторская школа（辅导学校）。据此，以上两例可分别改为 Репетиторский центр "Мин Дэ" 和 Репетиторский центр "Кэ Цзя"，还可将 Репетиторский центр 替换为 Репетиторское агентство 或 Репетиторская школа。又如"吉祥石象"的译文为 Каменный слон счастливый，译者将"石象"分割开来，逐字对译为 Каменный слон，并未理解"石象"作为一个整体词的实质义。只有当商店里售卖小石象纪念品时，才可能采用此译。原文是指三亚市旅游景点的石象雕塑，"石象"指由石头做成的象的雕像，"雕像"对应俄语 статуя 和 скульптура。据此，"石象"可译为 скульптура/статуя слона 或 скульптурное изображение слона。"吉祥"一词对应俄语 счастье（счастливый），原译选用形容词，用词固然无误，但语序有误。因此，此例应译为 Каменное скульптурное изображение слона счастья，也可译为 Каменная скульптура/статуя слона счастья。

词汇系统中，每个词均有概念义和义项系统。当词与词按一定的语法规则构成一个语义序列时，处于备用状态下的词汇概念义被激活，词义彼此参照，词义受一定语境制约变得更为具体（章彩云，2015）。笔者在满洲里市和三亚市天涯海角所拍的语言景观"无障碍通道"分别译为 Доступного канал 和 канал без препятствий，两种译文均将"通道"译成 канал（渠道、管道、通路等），此译系译者混淆了"通道"静态的概念义与使用的指称义。虽然处于备用状态下的汉语"通道"有多个俄语对应词，但一旦进入具体语境，在语境制约下，其指称义必然被激活、被凸显、被选出。此处"通道"实指通行的过道 проход。此外，前一例译文中还有语法错误，后一例译文中译者只理解了字面意义，认为"通道"是没有设置障碍的渠道，未理解其实质意义。"无障碍通道"指在有台阶的地方修建的有扶手栏杆的斜坡通道，以方便轮椅使用者和腿力不好的人通行。标牌上除文字外，还有图形（一位坐轮椅者），与文字表意相同，对原文及译语词汇语义起筛选、过滤、锚定作用。因此，此处可改译为 Проход для инвалидов-колясочников 或 Проход для людей с ограниченными возможностями，还可将 проход 替换为 коридор。

又如第四章第二节中"口腔科诊所"的译文 стома толог ическая клинка，暂且不谈书写错误（一个单词 стоматологическая 被分成了三个部分，后面一个单词 клинка 漏了字母 и），клиника 指（教学研究的）医院、（医学院的）附属医院，而原文是指私人开的牙科诊所，依照俄罗斯该类标牌名称，一般译为 Стомотология，也可译为 стоматологический кабинет，据笔者在圣彼得堡所见，大多为前一种写法。"橄榄树包厢"译为 Оливковое дерево в ложу

（到包厢里的橄榄树），译者脱离标牌设置的场所语境，未理解原文"包厢"之义，见"包厢"二字便译为剧院里或火车上的ложа（厢座），不知何故还用了带前置词в的第四格形式。此处的"包厢"实指餐厅里一个单间отдельная комната，因此可译为отдельная комната，通过在俄语网站yandex.ru查询并咨询俄语母语者，此处还可译为приватная комната。若要与其他包间相区分，可音译或意译"橄榄树"，该标牌可译为Отдельная комната "Ганьланьшу" 或 Отдельная комната "Оливковое дерево"，或将 Отдельная комната 改为 Приватная комната。

"观景台"译为Павильон，павильон指"陈列馆或售货亭"，与原文相悖，"观景台"应译为Смотровая площадка。"小月湾精品酒店"的译文Отобранные гостиницы Малого лунного залива有多处错误，除名词数的错误（"酒店"只一家，应为单数 гостиница）外，最主要的错误是词语理解错误，酒店名称"小月湾"本可音译Сяо Юе Вань，译者却逐字死译。"精品酒店"意即一种独特且注重提供高品质服务和个性化体验的酒店类型，其中"精品"与俄语 бутик 大致对应，而原译却照字面意思译为 отобранные（已挑出的），建议改译为 Бутик-отель "Сяо Юе Вань"。

"行本记录仪旗舰店"译为ФЛАГМАНСКИЙ КОРАБЛЬ ВИДЕОРЕГИСТРАТОР ДЛЯ АВТОМОБИЛЯ，译者将"旗舰店"中"旗舰"按字面意义逐字译为"旗"和"舰"，即 флагманский（旗的）корабль（舰），未理解"旗舰店"之义。在汉译俄中，若两个词能指与所指相对应，则可直接对译；若不对应，则需理解汉语意思后再找出最接近的俄语对应词。翻译该店名须先了解"旗舰店"的汉语意思。旗舰店是指某一品牌在某城市中规模最大且品类最为丰富齐全的营业店，或具备新品上市速度最快等特点的专卖店或专营店。旗舰店一词源于欧美大城市的品牌中心店，实际上是指城市中心店或地区中心店。汉语"旗舰的"对应的俄语为 флагманский，二者意义对等，因此，原文可译为 ФЛАГМАНСКИЙ МАГАЗИН。"瑞帆蓄电池销售部"译为 отделс быта аккумуляторов "Жуй-фань"，除排版错误（将单词 сбыт 中的 с 分开了）外，主要的错误是词汇错误，将汉语的"部"译成 отдел，отдел 固然有"部门"之义，但此处不是指某个部门，而是"销售点""销售处""销售中心"，故 отдел 在此不合适，可改为 центр，正确译文为 Центр продажи аккумуляторов "Жуй-фань", 或将 продажи 替换为 сбыта。

  一家美的牌电器专卖店，汉语名称为"美的"，后附这一品牌的商标，而俄译名为 эксклюзивная продажа "MIDEA"，比原文多出了 эксклюзивная（独有的、独享的、特有的）和 продажа（销售、卖）这两个词，不仅指出品牌，还突出"专卖"这一特点。其中，эксклюзивная 是外来词，译者可以直接借用英译 exclusive，"专卖店"的英译为 exclusive shop。专卖店指专门经营或获得授权经营制造商品牌，适应消费者对品牌选择需求的中间商品牌的零售业态，其特征如下：选址在繁华商业区、商店街或百货店、购物中心内；营业面积根据经营商品的特点而定；商品结构以著名品牌、大众品牌为主；销售体现量小、质优、高毛利；商店的陈列、照明、包装、广告讲究；采取定价销售和开架面售；注重品牌名声，从业人员必须具备丰富的专业知识，并提供专业知识性服务（国家国内贸易局，1998：45）。"专卖店"在俄语中无对应词，与之相近的有 специализированный 和 фирменный，但前者强调"专门化"，后者指"品牌"，因此，翻译此类店名时可根据店铺实际内涵决定采用哪个词，若店铺专门销售某一或某些产品，可用 специализированный，若专门销售某一品牌，则用 фирменный，这一译法可从实地考察中得到验证。由调查可知，俄罗斯也有类似店铺，如笔者在圣彼得堡拍摄的一则语言景观 ГРАДЪ МЄДОВ специализированный магазин пчеловодства 和在伊尔库茨克拍摄的一则语言景观 ХМЕЛЬНОЙ сеть специализированных алкогольных магазинов，这两家店铺专门销售某些产品，故用 специализированный；笔者在伊尔库茨克还拍摄了另一则语言景观 БЕЛОРЕЧЬЕ фирменный магазин，БЕЛОРЕЧЬЕ 是著名的俄罗斯别洛列琴斯基（Белореченское）农业股份公司的品牌，故采用 фирменный。因此，"美的牌电器专卖店"中的"专卖店"可译为 фирменный магазин。翻译此类店名时，一般只需指出其销售物品即可，如果想强调品牌，也可指出品牌名。翻译此店名，还需要了解电器的译法。电器一般译为 электроприбор 和 электроаппарат，前者一般指小电器，如电动剃须刀 электробритва；后者指大电器，如空调 кондиционер 等。若店铺销售的电器既有小电器，也有大电器，则只能选取二者的上位词 электротехника，"美的牌电器专卖店"销售的电器不仅有小电器，还有冰箱、洗衣机等大电器，故只能用表示电器类产

品的名词 электротехника。因此，该店名译法及书写方式为：在标牌汉语店名下方用大字号书写 Электротехника MIDEA，再在俄译下方用小字号书写 фирменный магазин。

但据实地考察，在俄销售"美的""海尔"等电器的店铺只使用了该品牌的商标，因"美的""海尔"是世界知名品牌，其商标便是其身份的象征，直接书写商标简洁明了，若加上"电器"这类名词，则有画蛇添足之嫌。据此，此类店铺名可不译。语言景观汉俄译写应多参考译语原文标牌，译语中有类似用法的可直接借用。

"佳名美术"译为 Хорошие название изобразительных исскуств клуб，译者根据字面义将"佳名"理解为"好的名称"，并按词典义逐字译出，将"美术"理解为"造型艺术+俱乐部"。该店为一家装饰店，"佳名"有两种理解：可能是店铺专名（人名），也可能是普通名词。在作为吸引顾客的店名这一语境下，其义多为"好的口碑"，因此，"佳名"可音译可意译，按意译可译为 прекрасная репутация 或 доброе имя，而不是 хорошие название（此译还有数的错误，应为 хорошее название），但无论是音译还是意译，均置于中心词之后。"装饰"不同于"绘画"，对应的俄语是 декоративный，故原译可改为 Декоративное искусство "Цзя Мин"，或将 Цзя Мин 改为 Прекрасная репутация 等。

"金萱发艺"中"发艺"意即"理发艺术"，却被逐字译为 посылает искусство（发送艺术），令人困惑。译者不仅未理解原文"发艺"的含义，还可能因对俄语的无知，将自己通过查字典得到的错误理解当作正确解释。理发类的店铺名称转换成俄语要遵守俄语表达习惯，直接指明其功能即可，可改译为 Парикмахерская "Цзинь Сюань"，无须译出"艺术"这一冗余信息，起区分作用的专名"金萱"可译可不译。"不可回收垃圾"的译文为 Мусор не повторного использования，译者将"不可回收"照字面意思译为 не повторного использования（不重复使用）。原译属理解错误，实际上是否可回收指是否适宜于加工处理，此例有多种译法，例如，Неперерабатываемые отходы、Утилизируемые отходы、Поддающиеся переработке отходы；或采用解释性翻译，译为 Мусор непригодный для переработки 或 Неполезные отходы。

"禁止烟火"译为 фейерверк запрещён，译者错将"烟火"理解为 фейерверк（烟花），"禁止烟火"的图示为燃烧的火柴加禁止标识，意为"禁止吸烟和点火"，可译为 Курение табака и пользование открытым огнём запрещено 或 Курить и пользоваться открытым огнём запрещено。"禁止戏水"译为 играть на воде запрещено，译者将"戏水"逐字硬译为 играть на воде（在水上玩），仅译出了"戏水"的字面义，却忽视了语境中的实际所指义。词语的实际所指义由它和既定情境中其他因素之间的关系确定，有赖于且等同于该词语与同处一个系统的其他词语之间的关系集合（Lyons，1968），也有赖于与其他词语组构的非语言语境。"禁止戏水"标牌由文字与图形组成，图形是一个游泳的人加禁止的标识，明确了文字的语境指称义，即"戏水"指游泳；文字"禁止"驱动并激活"戏水"的指称义，并将这一指称义再现于译语，形成译文 Купаться запрещено。

"写生基地"译为 Живописьюба з，且不谈其中的正字法错误，译文本身就错了。"基地"对应的俄文固然是 база，但这只是字面意思，原文实指在户外，从大自然中取景、物进行写生的地方。"写生"指在绘画中直接以实物为对象进行描绘的一种方式。据此，原译可改为 "Место для рисования, живописи на открытом воздухе"，或将 на открытом воздухе 改为 под открытым небом，但俄语中有更简洁的借用英语词的表述 Место для пленэра，可直接借用。

进行汉俄语转换时，不能一味地按照一种语言的语序照搬直译到另一种语言中，要考虑译语的语言习惯。"拓展基地"译为 Расширениебазы，除正字法错误（单词之间无间隔）和词序错误外，最主要的错误是理解错误，整个俄译全错，正确翻译这一标牌，首先要弄清汉语原文的意思。"拓展"实际上指拓展训练，指专业机构针对企业团队现状设计相应培训课程的一种形式。拓展训练通常利用崇山峻岭、瀚海大川等自然环境，通过精心设计的活动达到磨炼意志、陶冶情操、完善人格、提升幸福感、熔炼团队的培训目的。拓展训练起源于第二次世界大战，20 世纪 90 年代传入我国，英文为 outward bound。据此解释，"拓展基地"可以理解为"训练营"，"营"对应的俄语为 лагерь，лагерь 意为"野营地、露营地；（进行某种活动、训练等的）基地、营地"等，因此，可译为 Тренировочный лагерь。但笔者通过维基百科

查阅 Тренировочный лагерь 的解释后，发现其与要表达的意思似乎有些出入。笔者请教了多位俄罗斯学者，他们大多不知道"拓展基地"如何表达，有一位俄罗斯学者将其译为 Тимбютинг，但该词在词典、俄语网站 yandex.ru 上均未查到，问过一些俄罗斯人，他们均不知该词的意思，一位俄罗斯朋友通过人工智能找到了该词的解释："Тимбютинг — это профессиональный термин, обозначающий процесс командной работы переводчиков при переводе текста. Обычно используется в контексте письменных переводов, где несколько специалистов работают над одним текстом, чтобы обеспечить высокое качество перевода, соблюдение терминологии и стилистической целостности"，意即"团队翻译"，与语言景观"拓展基地"不符。后又通过查阅，发现可采用英语表述，译为 Аутрич центр。

"房车营地"译为 Салун[（美国）的小酒吧间] лагеря，该语言景观看似简单，但要译得准确、地道，却不易。首先要了解什么是房车，什么是房车营地。房车也称"旅居车""车轮上的家"，其英文表述为 recreational vehicle、motorhome 或 trailer。房车兼具"房"与"车"两大功能，但其属性还是车，是可移动的、具有居家必备的基本设施的车种。它是从国外引进的时尚设施车种，车上配备有床、冰箱、橱柜、沙发、餐桌椅、盥洗设施、空调、电视机、音响等，可分为驾驶区域、起居区域、卧室区域、卫生区域、厨房区域等。房车是集衣、食、住、行于一身，实现"生活中旅行，旅行中生活"的时尚产品。房车营地指拥有一定自然风光，占有一定面积，可供房车补给和人们露营的娱乐休闲小型社区。房车营地内除了有供水设施、供电设施、污水处理装置等专门针对房车所配置的设施外，还配有帐篷、可租借的木屋、运动游乐设备等露营设施，适合外出旅行居住或长时间居住。简言之，房车营地即满足房车的生活补给和供人休息的场所。可仿英译，将"房车"译为 рекреационный автомобиль，也可以根据俄语构词法造出一个词 автодом，还可以根据其功能采用单词 трейлер[（美国长途旅行用的）汽车拖屋，活动拖屋]，虽不太准确，但可理解。尽管 лагерь 也有"营地"之义，如 лагерь для автодомов，但最好用英语借词 camping，音译为 Кемпинг（汽车旅游者宿营地），这样，"房车营地"可译为 Кемпинг для автодомов 或 Парки для рекреационных автомобилей，最地道的译法是 Кемпинг для трейлеров。

一家饺子店"八百垧"译为 пелъмени 800 гектар。"八百垧"在原语中是地名，位于大庆市。据说，"八百垧"的得名与日本人有关。"八百垧"原名叫"海林屯"，日本占领东三省后，一队日本兵欲在一片荒原上开出"八百垧"地，囤积军粮，日本投降后，这些日本兵也狼狈逃窜，遗下的"八百垧"成了地名。东北地区一垧一般合一公顷，"八百垧"若理解为"800 公顷"，则汉语店名也指代不明，实际上，它应该是该饺子店的专名。若看作通名，则对译成俄语 800 гектар，此译会使俄语受众不解，因为 гектар（公顷）是一个表示面积的单位，用在此处明显不合适。俄译 пелъмени 姑且不说书写错误（混淆 ь 和 ъ），作为店名应为 пельменная，原译可改为 Пельменная "Бабайшан"。"名流皮草"译为 Салон мин-лю-кожа и меха，译者将皮草理解为"皮"（кожа）和"草"（меха），实际上，"皮草"指 меха，мин、лю 和 кожа 之间用了连字符，"名流"若作专名，则首字母要大写且置于引号内，салон 兼有销售与设计定制之义，若该店兼有二者，可用 салон 一词。此处是销售皮草的商店，可改译为 Магазин меха "Мин Лю"，若仿效俄罗斯销售皮草店铺的命名，可直接译为 Меха。

还有一类是误将通名理解为专名。例如"探幽路"译为 TanYou дорога，译者将"探幽"理解为"地名"，因而采用音译，用拉丁字母译写，此译为逐词对译。地名翻译的一般规则有如下几点。第一，地名通名意译，地名专名音译，例如"国贸桥"中的"桥"为通名，英译和俄译均采用意译，但专名"国贸"英译采用大写的汉语拼音 GUOMAO，俄译则采用音译的 Гомао，原文的英译和俄译分别为 GUOMAO Bridge 和 Мост Гомао。第二，专名为单音节时，通名既要意译，也要音译，例如"太湖"的俄译为 озеро Тайху。第三，有些地名要使用约定俗成的译法，例如"长江"的俄译为 река Янцзы。"探幽路"是一个旅游景点，不属于行政区划或客观存在的地名，故不采用汉语拼音转写。"探幽路"蕴含一定的文化含义，采用意译较好。"探幽"有"探寻、探究"之义，对应的俄语词有 разведывание、отыскание、изыскание、поиск，但这四个词有区别，前两个词为具有过程意义，但无客观事实意义的动名词。разведывание 一般指侦察、勘探，即勘察此前未知的事物，常与表示矿产的词搭配，如 разведывание нефти、разведывание газа 等；отыскание 指找到、寻找，即找到很久未找到的事物，很少使用；изыскание

常用复数，表示勘察、勘查、考察，也指科学研究、科学著作，常与表示档案材料的名词搭配；поиск 指寻找、搜索、普查、勘察等，既有过程意义，也有客观事实意义，是个中性词，经常使用。"探幽"用 поиск 较好。"路"对应俄语 путь 和 дорога，这两个词在语体与语义上均有差异。修辞上 путь 较 дорога 语体色彩强，例如在苏联时期，有 Путь к коммунизму（共产主义之道）这类表达。путь 指通向某目的地和属于某人的，如 Путь воина（军人之路）；дорога 属中性词，不一定指通向某目的地，如可以说 дорога в город 或 дорога между городами，但不能说 путь между городами。"探幽路"中二者均可用，但首选 путь，因此，原译可改为 Путь поиска 或 Дорога поиска。同样，"爱莲塘"被译为 AiLian бассейн，也是将"爱莲"理解成了专名 AiLian，采用了拉丁字母转写或是汉语拼音，实际上，"爱莲"为普通名词，"爱莲塘"即"荷花塘"，宜采用意译。"塘"（пруд）也错译成 бассейн（水池、蓄水池），建议将原译改为 Лотосовый пруд。

"花艺生活馆"译为 Цветочный зал，此例属于词义理解错误，зал 固然有"馆"之义，但汉语"生活馆"不是指"大厅、礼堂"，而是指销售花卉的店铺。此类店名的翻译可直接借用俄语该类店名的表达。俄罗斯花店相当多，照理说，应有各种各样的表述，但恰恰相反，俄罗斯有关花店的表述很简单，最常见的是直接以 Цветы 作为店名，有时用 ЦВЕТОВИК，还见过 ЦВЕТОЧНЫЙ ГОРОД 这一标牌，均无过多的修饰语。这样直接行使信息与语用功能，不用作任何宣传，只需写出 Цветы 一词，不愁无人问津。

俄罗斯人喜欢鲜花，尤其是女性。对俄罗斯人来说，花如同万能礼物，大多场合均可送花，如参加婚礼和葬礼、做客、过节、约会等。送花在俄罗斯已经成为一种传统，无须担心他人是否喜欢或是否合适。因此，俄罗斯的花店相当多，倘若你问一位常年生活在俄罗斯的人哪儿有花店，除非他刚好去过某个花店，否则他只能说出一个大概方位，如居民区周围、地铁站附近、主干道沿线等，这些地方常常相隔不远就会有一个花店。

俄罗斯花店众多体现的正是俄罗斯人对鲜花的热爱，其原因主要有五点。第一，从心理认知角度看，俄罗斯冬天寒冷漫长，给人带来热烈、温暖感受的鲜花便成为人们的心理慰藉，成为人们抒发情感的重要纽带。第二，从民族传统角度看，鲜花在俄罗斯民族传统中占据重要地位，各种节庆活动，如庆祝新年、三八妇女节和胜利日等，赠送鲜花已成为不可或缺的传统。对俄罗斯人来说，鲜花是一种仪式化的、可视化的赠礼[①]。第三，从社会受众角度来看，鲜花的主要受众是女性，俄罗斯女性接受鲜花为礼物的传统源于其剧院文化。第二次世界大战后，苏联男女比例严重失调，男少女多的社会环境加剧了社会审美及需求的变化。第四，从宗教信仰角度看，俄罗斯接受东正教之后，鲜花更是与东正教的宗教仪式和宗教场所有着密不可分的关系。在东正教传统中，用鲜花装饰圣像既是一种美学的需求，也表达了对圣者深深的崇敬和热爱。鲜花的装饰，尤其是在教堂和家庭中，营造出一种崇敬和精神之美的独特氛围。第五，从历史与现实角度看，从古罗马帝国时代始，鲜花便是王室与贵族身份的象征，加之俄罗斯寒冷的气候与鲜花难以长久保存等自然因素，自罗曼诺夫王朝欧化以来，鲜花便成为高价商品，从另一层面来看，鲜花也是社会身份与经济能力的体现。综上，鲜花类店名一般译为 Цветы 即可，若强调插花艺术，则可照汉语店名译为 Салон цветов 或 Салон флористики。

上述词语概念义理解错误是译者对词语的词义理解不正确或未字斟句酌而随意选词所致，汉语景观俄译时，应确保原文和译文在内容和意义上一致，即译文要再现原文的实际意义。要保证译文再现原文的实际意义，词语选择必须是对应的，只有使用相对应且准确的词语，才能确保信息传递的有效性。错误的用词会传递错误的信息，使受众产生误解。译者错解了文本所述事实，往往会在用词上出错，进而导致对原文意义转换的失败，最终使译文出现错误。这种错误不仅会阻碍受众对语言景观的理解，还会导致标牌无法实现其信息传递的功能，失去有效性。翻译汉语景观时，首先要准确理解原文，即先弄清汉语意思，尤其是一些具有历史背景、蕴含一定文化意义的词语，其次要进行精准转换，即寻找并分析所对应的最贴切的俄语表述。

二、表类属义词语的理解错误

俄汉语表类属义的词语有很多，但并不是一一对应的，即使有的表面看

[①] Троцук И. В., Морозова А. В. 2017. Дарение цветов: особенности ритуализированной практики в современном обществе//ЖССА, (1).

起来概念义对应，但实质并不完全对应。词义理解常常是语言景观翻译中的难点，也是常出问题的方面。笔者根据所收集的语料，总结出常出错的两类。

(一) 餐饮类店名汉俄译写

在餐饮类店名汉俄译写中，一些译者对中俄两国餐饮类店名概念的内涵及外延了解不清，故在翻译时常常犯错。俄罗斯餐饮类店名大多只由通名构成，中国餐饮类店名一般由通名与其他元素组成，其他元素如人名、地名、称谓、类别、食材、烹饪方式、经营特色、产品的质量保证、店家的愿望、正面评价语义的词汇等。例如第四章第三节"四、单词拼写错误"中一标牌上的"回味汤包小吃部""老徐面馆"和另一标牌"昊成快餐"等均使用了ресторан（前两张标牌将单词ресторан分别错写成рестоаи和ерсторан），在俄语中，ресторан一般指比较大型、豪华的餐厅。若要翻译此类标牌，需要了解汉语所对应的俄语词语的特点与功能。汉语中，表示餐饮类店铺的词语一般有餐厅、餐馆、酒店、酒馆、饭店、食府、小吃部、面（饺子）馆、酒吧、咖啡厅、快餐店等，俄语表示餐饮类店铺的词语有 ресторан、закусочная、пельменная、пекарня、кулинария、кофейня、буфет、бистро、бар、столовая 等，商场或火车站等的餐饮区有 фуд-корт、ресторанный дворик，还有将可单用作通名的名词组合成店名，如 бар кафетерий（自助餐吧）等。"回味汤包小吃部"是以卖汤包为主的小吃部，因此，可译为 Закусочная，尽管俄语 буфет 也有"小吃部"之义，但一般无服务员，也无带汤类菜品。"老徐面馆"既可译为 Закусочная，也可根据构词规则，临时构词 Лапшичная，还可将 Лапша 写在标牌上方，下方再写 Закусочная。

"昊成快餐"译成 Ресторан у Андрей（安德烈餐厅）（暂不论人名 Андрей 的变格错误，у Андрей 应为 у Андрея）。"快餐"指预先做好、能迅速供人食用的饭食，大致对应俄语 фастфуд、быстрое питание 或 бистро。据考察，俄罗斯的一些快餐店名常见 экспресс（紧急、快）和英文 express，如 Столичный экспресс（首都快餐）、Шаверма экспресс（卷饼 快餐）、Экспресс-кафе（咖啡厅 快餐）、EXPRESS СТОЛОВАЯ（快餐店）等，但该类店铺大多售卖卷饼、汉堡、三明治、热狗、比萨等。"昊成快餐"与此不同，店内常有米饭或面食，有成品菜，也有现炒菜，其实质内涵与俄语 закусочная 大致对应，为在译语中再现原文的指称义，可将店名译为 Закусочная "Хао Чжэн"，退而求其次，也可译为 Фастфуд 或 Быстрое питание 或 Бистро。但 Бистро 很小，一般不能久待。"自助烤肉"译成 шашлычное самообслуживание（烤羊肉自助），该店实际上是自助的烤肉店，烤肉店名可用作名词的阴性形容词 шашлычная 表示，此店名可改译为 Шашлычная самообслуживания，самообслуживание 也可用第一格，首字母大写，与前者构成并列关系。由阴性形容词经词类转化构成的店名还有 булочная、пельменная、лапшичная、столовая、парикмахерская 等。

"快餐食客"的原译 экспресс кухня 为两个第一格名词并列，虽有语法错误，但最主要的错误是词义错误，其中 экспресс 意为"特别快车""快递邮件""快运货物""煮咖啡器"，但可用作复合词的一部分，表示"紧急的""快的"之义，如 Ресторан-экспресс（快餐店）。"快餐食客"建议改译为 Фастфуд 或 Быстрое питание，最佳译法为直接借用俄语 бистро。又如将"冷饮店"译为 Мороженое и бистро，也是未理解 бистро 之义，建议改译为 Кафе-мороженое。

还有"坊"的译法，例如"美丽坊水饺"译为 красивый дом пелеменный。"坊"有多种意义，指小手工业者的工作场所和旧时某些店铺的名称，此处指店铺、（小）馆，"美丽坊"应理解为专有名词，пельменная 即"饺子馆"，名词化的形容词常使用其阴性形式，原译可改为 Пельменная "Красивый дом" 或 Пельменная "Красота"，或只用 Пельменная 一词。

（二）"城""街"类店名俄译

汉语常用"城""街"表示某商品销售集中处。在所调查的语言景观汉俄译写中，译者通常将"城""街"直译，不考虑是否与译语相对应或译语是否有此用法。这种做法直接将通名词典义强加于与其组合的其他词之上，导致词与词接触不良，出现短路，使原文通向译文的信息链被切断，信息传递被中断。语言景观外译时，第一要务是理解，即弄清汉语意思，同时要对汉语所对应的外语基本词义了然于心，更应随语境甄别原文词义所指，保证原文与译文的形义相符，使译文再现原文的实际指称义。要保证译文再现原文的实际指称义，词汇选择必须是对应且精确的，这样才能确保信息传递的有效性。例如"服装批发城"的译文 оптовая города 有两处错误：一是语法错误，оптовая 为阴性形式，города 为 город 的复数形式或单数第二格；二是俄译缺少"服装"这一信息，易产生歧义，俄语受众会误以为是批发城市或整座城市是做批发的。建议将原译改为 МАГАЗИН ОПТОВОЙ ПРОДАЖИ ОДЕЖДЫ，也可简单译为 Одежда 或 Мир одежды，还可将后两个译文书写在标牌上方或中间，下方或左或右再写 ОПТ 或 Оптом。标牌"女人街"的译文 женкая улица，除书写错误（женкая 中掉了字母 с）外，最主要的错误是理解错误，"女人街"实指销售女装的店铺，因此不能照字面义翻译，俄语 улица 无店铺之义，若译成 Женская улица，可能会让人误以为这是条仅销售女性用品的街道。考虑到店铺所销售的商品种类，应据实而译，"街"可不译，原文可译为 Женская одежда；若店铺规模很大，也可译为 Мир женской одежды；若"女人街"是店铺的专名，则可音译或意译，且置于引号内，但此处是商铺店名。

"百姓鞋城"的译文 монополия обуви Бай син 属词汇理解错误以及画蛇添足，首先"百姓"不是专有名词，指平民百姓，此处实指价格亲民，俄译中多出一个 монополия，译者可能想表达"专卖、专营"之义，但俄语 монополия 与汉语"专卖、专营"语义不对等，俄语 монополия 有垄断之义，故用得不恰当。建议将原译改为 Мир обуви，也可将 Мир 换为 Дом；为了表示价格亲民，可在俄译店名右边或下面写上 по доступным ценам，或不要前置词，直接写 доступные цены。

第三节　语言景观汉俄译写语义聚合纠误[①]

聚合关系指在语言系统中，可能出现在同一位置上的、功能相同的单位

[①] 本节部分内容参见 Лю Лифэнь, Ван Лина. 2024. Ошибки лексико-семантической парадигматики в русских переводах китайскоязычных общественных знаков. *Вестник Московского государственного лингвистического университета. Гуманитарные науки*. Вып. 13 (894): 76-82.

之间的垂直关系，其实质是同类关系，它一定是非线性的。语义场就是语言系统中词语之间的语义聚合关系的系统网络（吴振国，2000）。一种语言的语义场构成纵横交织的语义聚合关系网络，其中词语之间的聚合关系可分为两大类：纵聚合关系与横聚合关系。纵聚合关系是语义场的层级体系中词语的上下级关系，又可分为上下义关系和总分关系两小类。总分关系是词语的概念意义之间的整体与部分的关系，其中表示整体的词语是总义词语，表示部分的词语是分义词语。横聚合关系是语义场的层级体系中词语的同级关系，又可分为同义关系、反义关系和类义关系三小类（吴振国，2000）。徐盛桓（1983）认为，聚合具有类型性和可置换性；张绍麒（1986）认为，聚合关系一般具有多向性、潜在性和开放性。

语义场是一个系统，它把相互关联的词语和短语组织起来，显示其间的相互关系，意义相关的 W1、W2、W3 等，构成一个集合，称为词汇场。词语之间构成同义关系、反义关系、上下义关系（包含关系）、交叉关系等。在语言使用中，我们常常会混淆词汇-语义概念。在所调查的语言景观汉俄译写中，语义聚合错误主要包括：词义混淆，同近义词错用，同根词混淆，语义范围不对等。

一、词义混淆

词义混淆是指所使用的错误词汇与母语或第二语言中的词汇词形相同或相似，但意义迥异（陈鹤，2014），亦即望文生义。例如笔者在三亚大茅远洋生态村拍摄的一张标牌"出入口"的俄译为 ЭКСПОРТИИМПОРТ，所有字母书写稀疏，三个单词 экспорт、и、импорт 连写，但最主要的错误是词义混淆，译者将景区的出入口（выход и вход）译成对外贸易的出口和进口。虽然 выход 和 экспорт 均有"出口"之义，вход 和 импорт 均有"进口"之义，但内涵不同，выход 和 вход 分别指"路或站的出口和入口"，экспорт 和 импорт 系经济学词语，其意分别为"向国外输出货物、资金"和"从其他国家或地区购买商品、原材料或服务"，экспорт 和 импорт 分别用于外贸出口和进口，显然，此处 экспорт 和 импорт 使用不当。该错误可能是译者俄语基本功差，未掌握这两个词的区别所致，也可能是采用翻译软件翻译所致。

此类错误不是个别现象，在我国景区常见，笔者在满洲里市、黑河市、珲春市、霍尔果斯市等地均拍摄到了这类错误。

"鸿发粮油鲜蛋经销部"竟然译为 нефть магазин，姑且不论其他错误（逐词死译、语法错误、语用错误），译者将"食用油"（масло）与"石油"（нефть）混淆。根据俄罗斯标牌特点，可以将"粮、油、蛋"并列，让俄语受众一目了然，因此，该店名可译为 РИС МАСЛО ЯЙЦО。"奇丹纸业"译为 Магазин гигиены 《Чидань》，暂且撇开拼写错误（Чидань 应为 Ци Дань）、书写错误（用了汉语书名号），最主要的错误是词义混淆，гигиена 意为"卫生、卫生学、卫生措施；生态环境保护"等，销售卫生纸的店铺名称应为 Бумажно-гигиеническая продукция（卫生纸品）或 Бумажная продукция（纸制品）。магазин гигиены 是卫生用品店，在俄罗斯指销售卫生纸、婴儿尿不湿、女性卫生巾、卫生垫片和家用日化品（如牙膏、洗衣粉、肥皂、洗涤剂、抹布等）的店铺，而销售本子、书、信纸等办公用品的纸品店，可用 Канцелярия 或 Магазин канцелярских принадлежностей 表示，但在俄罗斯销售办公用品的店名常为 Канцтовары。原译属词义混淆，与原语语义有部分交叉，因此，"奇丹纸业"可译为 Бумажная продукция "Ци Дань"。

"悦康医疗器械"译为 Медтехника и медикаменты Оптом и в розницу，比汉语多了"零售与批发"的信息，少了店名"悦康"，但最主要的错误是词义混淆。Медтехника 意为"医疗技术、医疗技术设备"，медикаменты 意为"医药、药品"，此店铺销售的是医疗器械，既有大型的，也有小型的，对应的俄语为 медицинская аппаратура и инструменты，其中 медицинская аппаратура 可缩略为 медаппаратура，为了节省版面，标牌语言常用缩略语；в розницу 在通常行文中属于正确译文，也可用于标牌，但受版面限制以及受众时间、投入的认知努力等因素的影响，语言景观标牌中一般用第一格形式，并且大写；连接词 и 可省略，甚至有时只截取 Оптом 的前三个字母 ОПТ，这种简化用法是俄语母语者所共知的。因此，此译文可改为 Медаппаратура и инструменты Оптом Розница、Медицинская аппаратура и инструменты Оптом Розница、Медицинские аппаратура и инструменты оптом и в розницу、Медицинские аппаратура и инструменты ОПТ Розница、Медаппаратура и инструменты ОПТ В розницу 等。又如"中邮手机大卖场"

译为 мобильный гипермаркет Чжун иоу（中邮移动超市），译者除将 мобильный 中的 й 写成 и 外，还错解了 мобильный，将 мобильный 当成 мобильник（手机）。标牌中的"手机"实指移动通信，即 мобильная связь，若此店很大，可保留 гипермаркет，译为 Гипермаркет мобильной связи，若店铺不大，可译为 Салон мобильной связи。名称"中邮"Чжун иоу 有拼写错误，正确拼写为 Чжуюй，因此，该店铺名有 Гипермаркет мобильной связи "Чжуюй"或 Салон мобильной связи "Чжуюй"两种译法，作为标牌，可分两行书写，上面一行写店名 Чжуюй，下面一行写 Гипермаркет мобильной связи 或 Салон мобильной связи。还有译得更为离谱的，如笔者 2014 年在霍尔果斯市拍摄的一则语言景观，无汉语，只有俄文，可猜出是移动通信，却写为 Коммуникационная Ограниненная Ценгер，其中有多处错误，例如书写错误（三个单词的首字母均大写了，照规则，若不是单个名词并列，则标牌第一个单词首字母大写或所有单词大写；центр 写成了 ценгер）、词汇错误（ограниненная 不知是何意；混淆了 коммуникационный 和 связной 的词义，尽管二者均有"通信"之义，但前者只用于科技语言，在日常用语中很少见，而后者用于通信服务领域，一般用作移动通信店的店名，该类店铺主要销售手机配件并提供各种通信服务）。因此，此译文可改为 Центр связи。直接用俄语书写的店名 шелкопряд（蚕）магазин，从语言上看，有语序错误，这会让俄语受众误以为该店是卖蚕的，但实际上是卖床上用品的，或许是桑蚕丝制品，引起误解的原因在于词汇错误，译者混淆了蚕（шелкопряд）与由蚕丝经加工而成的用品，该店名可译为 Шёлковое постельное бельё、Шёлковые постельные принадлежности，也可译为 Магазин шёлковых изделий、Магазин изделий из шёлка、Магазин шёлковой продукции。又如一则提示标牌"小心台阶"译为 Осторожно лестница，混淆了"台阶"（ступень）与"楼梯"（лестница），此类语言景观俄译错误很常见，建议改为"Осторожно! Ступени"，或将 ступени 换为 ступеньки。

二、同近义词错用

同义词指意义相同或相近的两个或两个以上的词，其语音和拼写不同，但在意义上表达相同或相近的逻辑概念。同义词可以分为语义同义词、修辞同义词和语义-修辞同义词；也可以分为绝对同义词（概念意义完全相同）和相对同义词（概念意义相近但不完全相同），有人将其分别称为等义词和近义词。近义词指意义相近，但在色彩和用法上存在细微差别的词。同义词中，意义和用法完全相同的很少；近义词的词义只是相近，但并不完全相同，一般不能互相代替。虽然同近义词的"小异"小，但是使用不当便会词不达意，影响信息的传达，造成歧义，引起误解。例如"俄罗斯商品店"译为 Магазин русских товаров，其错误在于译者未弄清 русский 和 российский 的区别。русский 指的是"罗斯、俄罗斯、俄罗斯的部分；与罗斯、俄罗斯有关的语言、言语和传统；民族、俄罗斯公民，出生或拥有俄罗斯公民身份的人"；российский 指的是"与俄罗斯相关的、俄罗斯生产制造的、俄罗斯的权力机构"。русский 虽可与 товар 搭配，但原文的意思是"俄罗斯生产的商品"，不是"俄罗斯人（民族角度划分）的商品"，故用 российский（刘丽芬等，2018）。又一标牌，汉语是"衣百汇服装广场"，俄语为 русский одежды，俄语与汉语不对应，可能该服装广场中销售俄罗斯服装，无论是否有俄罗斯服装，其俄语表述都存在问题，除 одежда 的数的错误（是阴性物质名词，只有单数，既表单也表多）外，русский 也用错了，因此应改译为 Одежда из России，也可译为 Российская одежда。同类错误不少，又如"俄百货皮毛专卖""海龙俄罗斯百货商店""宏峰俄罗斯百货商店"分别译为 RUIFENG русский магазин товаров меха、"Хай лун" Магазин Русского ВЗлёга 和 Русская универмаг "Хун Фэн"，三个译文错误颇多，尤其是第二个译文，建议分别改译为 Магазин меха и кожи из России "Руй Фэн"、Магазин российских товаров "Хай Лун"、Универмаг/ Магазин российских товаров "Хун Фэн"。русский 和 российский 这两个词的混用轻则导致信息失真，重则伤害民族感情（刘丽芬等，2018）。

"世纪饮品公司鹤翔分店"的译文 Новое столетие питьё 系译者混淆了 питьё 和 напиток。питьё 是专门术语，除了有"饮料"之义外，还有"汤药、饮剂"等义，药品上可能写有 для питья（适合饮用）；напиток 专指"饮料"，可能是含酒精饮料和不含酒精饮料，питьё 则无此规定。此店专售"饮料、饮品"，在俄罗斯商店、超市、餐馆等地，"饮料、饮品"常标为 напиток，

故原译可改为 Напитки НОВОЕ СТОЛЕТИЕ（刘丽芬等，2018）。再如三亚市景点"小洞天"译为 Маленький Тун Тянь，"小洞天"中的"小"指不大的，相对于"大洞天"而言，маленький 指"（规模、范围）小的；矮的、少的"，用于指尺寸不大的物体，而此处并不是指尺寸大小，而是一种大小比较，小的也可能很大，俄语表示相对大小的一对反义词是 большой 和 малый，因此，此标牌译为 Малый Тун Тянь。

大连一标牌"电瓶车乘车处"的译文 ЭЛЕКТРОМОБИЛЬНЫЙПУНКТ 除书写错误（электромобильный 和 пункт 两个单词应分开）外，最主要的错误是用词错误，"电瓶车"译为 электромобильный，该词由复合词第一部分 электро-（电动的）和形容词 мобильный（移动的、流动的、活动的）构成，而"电瓶车"对应的俄语是 электрокары，"乘车处"译为 пункт（点、地点；站、所等），译者忽视了原文语境，原文指乘坐电瓶车的乘客上车的地点，对应俄语 остановка，原译可改为 Остановка электрокаров 或 Электрокары。此类错误较常见，如在海南拍摄的一公交车站的标牌"微型公交候车点"译为 Точка ожидания таксомоторного общественного транспорта，译者将"点"对译为俄语 точка，同理，可改译为 Остановка микроавтобуса。又如：

温 馨 提 示

请使用微信、支付宝、美团，现金请到收银亭办理储值卡，园区谢绝收取现金，谢谢！

Пожалуйста, используйте WeChat, Alipay, Meituan, использование наличных средств, пожалуйста, кассы павильон для дебетовых карт, парк отказался получать деньги .Спасибо!

嘉年·大东海美食广场

译文有多处错误：书写错误（деньги 和 спасибо 后的标点不应空格，但均空了一格）、词组的数错误（"储值卡"应用单数 дебетовая карта）、近义词以及语言表述等错误。下面主要分析近义词错误，其他错误在给出参考译文时一并改正。原文"园区谢绝收取现金"中"收取"译为получать，意为"收到、接到、领到、得到、获得"等，表示一种被动的接收行为，如получить письмо（收到一封信）、получить подарок（收到礼物）等；而此处"收取"

是大东海美食广场要求的,是由他们的意愿决定的表示一种主动的接收行为,因此,此处应用 принимать,表示是否接受取决于接受者的意愿,如 принимать кого-то на работу（录用某人参加工作）, 建议将原译改为:

Пожалуйста, используйте WeChat, Alipay, Meituan для оплаты. Ресторанный дворик не принимает наличные. Если у Вас только наличные, обратитесь в кассу павильона для использования дебетовой карты.

Спасибо за понимание!

Ресторанный дворик в Дадунхае

"苗方清颜祛痘中心"的译文 ЦЕНТР ПО ОЧИШЕНИЮ ЛИЦА ОТ ПУПЫРЫШКОВ 中,有几处错误。第一,用了语义范围过小的下位词 пупырышки（小丘疹、小脓包、粉刺；疙瘩）,脸上长的痘可用 пупырышки、угри（粉刺、痤疮）和 оспы（天花；痘）来表述,这三个词表示该义时一般用于口语,是非中性词,指具体类型,而表示脸上隆起的痘这一意义的上位词（种概念）是 прыщи, прыщи 包括 пупырышки 和 угри,但不包括 оспы,因为 оспы 并不是隆起的,而是有凹陷的痘, пупырышки 和 угри 不能与 очищение 搭配。若该祛痘中心只祛除 пупырышки,可改译为 Центр по разглаживанию лицевых пупырышков。第二,混淆了同义词 очищение、очистка 和 чистка。очищение 强调过程,修辞上属崇高词,不宜用于口语； очистка 表示事实,是口语词,且仅在口语中表示过程。очищение 和 очистка 均由动词 очищать/очистить 构成,其中前缀 о- 表示"去掉……,摆脱……"。чистка 由动词 чистить 构成,其义为"把某物弄（洗、擦等）得发亮、磨得发光等",如 чистка обуви（擦鞋）,并不是洗掉（очищение/очистка）鞋上的泥巴、污物,而是将鞋擦得发亮。作为标牌名最好选用 очистка,因为它传递一种事实性,其过程性略微减弱。此外,其前缀 о- 具有去掉、摆脱之义,若表示祛除脸上的 пупырышки 和 угри,可译为 Центр избавления от прыщей "Мяо Фан"；但若祛除的还有 оспы,因俄语缺少包括 пупырышки、угри 和 оспы 三个词的上位词,故可直接用 очистка лица 来统指祛除脸上的所有痘。因此,最佳译文为 Центр очистки лица "Мяо Фан"。

"白鹭家园"的俄译既有词序错误（照汉语词序逐词对译），也有词类错误[将"家园"译为副词 дома（在家）]，主要的错误是词汇错误，即对"家园"一词的俄语表达选择出错。"家园"所对应的俄语有 домашний очаг、родной очаг、очаг、семейный очаг、семейная обитель、дом、родина、семья，对人类而言是归宿地，对鸟类而言一般为"巢"（гнездо）。因此，"白鹭家园"最好译为 Гнездо цапель 或 Обитель цапель，原译却为 цапля（白鹭）дома（在家），令人啼笑皆非。

三亚市一则语言景观"海浴归来请冲脚"译为 После пляжа эдесь вытираите ноги，此译除正字法错误[单词 эдесь 和 вытираите 中，字母 э 和 и 应为 з 和 й（为命令式时）]外，还有动词错误，混淆了汉语"洗"对应的俄语词语。动词 вытирать 意为"擦净、擦干、磨破、烫平、擦亮"，与该标牌原义"冲"不符，标牌标示的"冲脚"有"冲洗"之义，"冲洗"对应的俄语词语有动词 мыть、промывать、обмывать，以及它们对应的动名词 мытьё、промывка、обмывка，此处不宜用动词，最好用动名词，动名词 промывка、обмывка 具有其他附加意义，因此，用基本义 мытьё 最佳，故正确译文为 Место для мытья ног после пляжа。另一则语言景观"南天一柱"译为 Опора южного неба，译者将"柱石"（колонна）译成"支柱"（опора），混淆了这两个词的意义，还将"南天"理解为"南面的天空"（южного неба）。"南天"究竟是"南面的天空"，还是另有所指？南天一柱位于海南省三亚市，是一尊高大奇石，又名"财富石"。传说它是当年"共工与颛顼争为帝，怒而触不周之山，天柱折，地维绝"的"天柱"一截，落在这里擎撑南天（黎秋山，2016：93）。清宣统元年（1909 年），当时的崖州知州范云梯就根据上述说法，题刻下"南天一柱"这四个大字。另传很久以前，陵水黎安一带海面上恶浪翻滚，渔人出海常常翻船丧生。王母娘娘的两位仙女偷偷下凡，立身于南海中，为当地渔家引航，渔民的生活从此安定美好。王母娘娘知道后，便派雷公雷母把这两位仙女抓回去，二人不从，化为双峰石，矗立海上继续为渔民引航。雷公大怒，将双峰石劈为两截，一截掉在黎安附近的海中，另一截飞到三亚的"天涯海角"旁，成为今天的"南天一柱"（陈敬鸾，2005）。由此可知，"南天"指天空，并非"南面的天空"。有学者根据第一个传说，将"南天一柱"译为"Камень, поддерживающий небо"（支撑/擎撑天空的石头）（周丽霞和许芝兰，2020）；但根据第二个传说，可将具体石头虚化，还原其矗立的形象，译为"柱"（колонна），赋予"南天一柱"中的"柱"双重涵义：实体的"柱"与渔民的"柱"（支柱、依靠），"南天一柱"可试译为 Колонна "Нань Тянь"，但此译文回译成汉语为"南天柱"，少了原文中的"一"，不利于信息传播，为此，也可采用括注法，先意译，再将音译置于括号内，可译为"Камень, поддерживающий небо（Нань Тянь И Чжу）"。

俄汉语中有些词表面上看是近义词，实际上并非如此。例如标牌"大自然商店 水族器材宠物用品"中"水族器材宠物用品"译为 Оборудования для аквариума принадлежности для домашних животных，标牌"不锈钢厨房设备"译为 Оборудование кухни нержавеющей стали，两块标牌的译文均用了 оборудование。оборудование 指大型设备，而"水族器材"中的"器材"则指小型工具，应改为 инструмент，器材仅与"水族"相关，不是"宠物用品"，故"水族器材"与"宠物用品"分开译为：Инструменты для аквариума Товары для домашних питомцев；"大自然商店"实际上是销售宠物用品的商店，故改译为 Зоомагазин "Природа"。"不锈钢厨房设备"实指"厨具"，即 кухонная утварь，原译意为"不锈钢厨房的设备"，而原文指"厨房里用的不锈钢设备"，故原译改为 Нержавеющая кухонная утварь 或 Магазин кухонной утвари。"双龙渔具商店"译为 рыбацкий магазин "Шуан Лун"，其中 рыбацкий 意为"渔民的"，该词系 рыбак 的形容词，如 рыбацкий посёлок = посёлок рыбаков（渔村），其近义词 рыболовный 意为"捕鱼的"，与 рыбная ловля 相关，如 рыболовный сезон = сезон для ловли рыбы（捕鱼季节），还有另一近义词 рыболовецкий，意为"以捕鱼为业的、从事渔业的"，如 рыболовецкий траулер（拖网渔船），而"渔具"指捕鱼的工具，故只能译为 Рыболовные снасти 或 Рыболовные принадлежности，其中，снасти 的语义范围较 принадлежности 窄，渔民更喜欢用 снасти 一词。所以，该店名最好译为 Магазин рыболовных снастей "Шуан Лун"，但也可用 принадлежности 替换 снасти。

"请勿倚靠 注意安全"的译文"Не примкнуть, обращать внимание на безопасность"中错用了动词 примкнуть，译者混淆了"紧靠"和"倚靠"，примкнуть 表示"靠近、挨近；使靠近"等义，强调与物体贴近，但此语言景观中的"倚靠"则指以某个物体为支撑，俄语表"倚靠"的动词为 прислоняться，原文是禁止性语言景观，表示不要进行某行为，故只能用未完成体。此外，"注意安全"的译文 обращать внимание на безопасность 属于典型的中式错误，译者未理解俄语词组 обращать внимание на что-нибудь 的用法（该词组与其他同义表述的区分详见第七章第二节中"二、中式俄语"），却想当然地套用，此处应用俄语表提示性的标记词 осторожно，故该语言景观的俄译应为"Осторожно, не прислоняйтесь"。若此例俄译属于动词近义词错误，另一例"请勿倚靠"的译文"Пожалуйста, не полагайтесь на"则属于假近义词错误。该译文语义不全，但更严重的错误是核心义动词用错，混淆了表"靠"义的动词，动词 полагаться 和 прислоняться 均有"靠"之义，但前者为抽象义，表"依靠"，后者为具体义，表"倚靠"，该标牌可直接借用俄语类似表达 Не прислоняйтесь。

三、同根词混淆

同根词指同一语言中词根相同、意义相似或不同的一类词。语言景观汉俄译写中常出现意义相似的同根词混淆错误。例如"请勿翻越"译为 Не лезут перила，动词 лезть 意为"爬"，而"翻越"则为 перелезать，二者是意义相似的同根词。禁止性语言景观常用表禁止类动词如 запретить 的被动形式或 запрещаться 的现在时第三人称形式，语气严厉可用"не+未完成体动词不定式"。因此，原译建议改为"Запрещено перелезать через перила!"或 Не перелезать через перила 或"Не заходите за ограждение!"或"За ограждение не заходить!"或"За ограждение заходить запрещено!"。某一公司标牌，无汉语，只有英语和俄语，俄语 КОМПАНИЯ "АДЕЛЬ" логистический оператор полного цикла поставки товара в россию "от двери до двери"中，поставка 意为"交付、提供、供货、交货等"，而标牌要表达的意思为"运送、发送"，故应改为 доставка（运送、送达等），поставки 和 доставка 属同根词，尽管均有"交货、提供"之义，但意义不完全相同；полный цикл 与 от двери до двери 意义相近，属于语义与信息冗余；АДЕЛЬ 有误，原文为英文 ADEL，转写成俄文应为 АДЕЛ；此外，Россия 是专有名词，首字母应该大写。建议将原译改为 КОМПАНИЯ "АДЕЛ" логистический оператор доставки товаров в Россию "от двери до двери"。同样，另一个无汉语的俄语标牌 ОТПРАВКА В РОССИЮ И СНГ 中也存在同根词错误，отправка 表示"发送、发出"等义，表示送到某地用 доставка。此外，该译文还有逻辑错误，Россия 是 СНГ 的一个成员国，二者构成包含与被包含关系，所以二者并列出现在一个词组中构成了逻辑错误，因此，原译应改为 Доставка в любую точку СНГ。该标牌的下面一行是"4-этаж, выставочный зал ранее отправленного товар"，其中 4-этаж 应该是在四楼，但 выставочный зал ранее отправленного товар 不知为何意，猜测可能是发货厅在四楼，因此，可改译为 Выставка отправленных товаров 4-й этаж。

语言景观汉俄译写中还有一类同根词混淆错误，即混淆词根相同，而意义不同的同根词。例如一家餐饮店的店名"食尚名鸽烤吧"的俄译为 Жаркое гопубь，撇开书写错误（将 голубь 中的字母 л 写成了 п），译者将"烤（жареный）"译成了 жаркое（炽热的），混淆了同根词 жареный 和 жаркий，正确译文是 Жареный голубь、Кафе "Голубка"或 Жареное из голубя。同样，在"齐香锅铁烤肉"的译文 Жаркое в чугунной кастрлюе "Цисян"中，"烤"被译为 жаркое（炽热的），与同根词"烤"（жареный）混淆，建议改译为 Жареное мясо на сковороде "Цисян"。服装店"欧百奇男装"译为 Муж+магазин（丈夫+商店），将男人的（мужской）误译成丈夫（муж），муж 与 мужской 是同根词，译者可能混淆了二者，正确译法为 Мужская одежда 或 Магазин мужской одежды。

四、语义范围不对等

语义上互相联系的词共同构成一个完整的词汇系统，这一词汇系统即语义场。在语义场中，有些词在概念上外延相对广泛，所代表的词义范围大，而有些词在概念上内涵相对较窄，所代表的词义范围小，其中词义范围大的词为上位词，词义范围小的词为下位词，若后者所代表的事物可以完全包含在前者所代表的事物范围内，即当前者的指称范围大于后者时，那么它们之间构成上下位关系。在实际运用中，若上位词、下位词使用颠倒，势必造成语义范围不对等。语义范围不对等即语义范围过大或过小或部分交叉（不完全对应）。由调查可知，语言景观汉俄译写中存在上下位词混用现象，主要表现为语义范围扩大或缩小（将下位词错用为上位词或相反）、错用同一语义场内其他词语、上下位词并用等。

语义范围扩大。俄译比原名所涵括的范围要大，例如将"婚庆礼仪"译为 Празднование，该词表"庆祝"之义，包括一切庆祝活动，其语义范围较"婚庆"广，"婚庆"与结婚有关，若只表示"婚庆"，建议译为 Свадьба。"昌德袜业"译为 Трикотаж（机织物、针织品），该词的语义范围大于"袜子"，前者部分包含后者。俄语中没有与汉语"袜子"对应的上位词，而只有表示具体概念和个性特征的下位词，表示具体概念和个性特征的下位词有 чулки（长袜）、носки（短袜）、колготки（连袜裤），因此，该店名只能用下位概念来表示，可直接借用俄语中该类店名的撰写法，采用列举法，将所有袜子列举出来，每个单词全部大写或首字母大写，译为 Колготки Носки Чулки。同样，"时尚文具"译成了 Сувернирый магаэин（礼品店），该译文除正字法错误（将 сувенирный 写成了 сувернирый，магаэин 中的 з 写成了 э）外，还存在上下位词混用错误，译者用了"文具"的上位词"礼品"，礼品囊括范围大，为了表述更准确，可译为 Письменные принадлежности 或 Канцелярские принадлежности，"时尚"二字可不译,按照俄语的表达习惯，店名只起称名作用，一般指出店铺所售物品即可。笔者在俄罗斯拍摄到类似的语言景观，其俄语店名分别为 ОФИСМАГ ДЛЯ ОФИСА И УЧЕБЫ 和 ТОВАРЫ ДЛЯ ОФИСА И ШКОЛЫ，因此，"文具店"可仿译为 Канцтовары 或 Товары для офиса и школы 或 Товары для офиса и учёбы，第一种译法最为简洁。

"美容 美发 美体"的俄译为 Косметология и Парикмахерская，其中 косметология 意为"整容术、美容术"，既包括整容，也包括美容，还包括化妆，我国美容美发店里的"美容"一般只包括面部护理和身体护理两种，不包括整容，因此，此处不宜用 косметология，其外延超出了原店名的外延。俄罗斯有美容、美发等功能的店铺的表达为 салон（студия/центр）красоты，可直接借用。但这三种表达在规模、服务内容、档次和消费群体方面有所差别。салон красоты 出现得最早，为客户提供创造美以及护理面部和身体的专业服务，成员有理发师、美容师、指甲修剪员、按摩师，能根据客户需求提供最优组配服务。студия красоты 较 салон красоты 出现得晚一些，其服务项目也少一些，通常是持有专业证书的名师，为客户提供个性化的服务（刘丽芬和卫晓，2024），如俄罗斯一家美容机构 Студия красоты，其标牌上列出了一些个性化服务项目。центр красоты 类似于 салон красоты，可能偏重医学，也可能无医学偏向，只不过命名为中心（центр）。翻译我国该类店名时，须根据其档次、规模、服务项目等译成相应的俄语类似店名。

汉语中，理发机构的名称有以下表述：理发店、发廊、发屋、剃头铺、美发沙龙、发艺造型工作室、美发设计室、发艺创作室、形象设计室、形象工作室、ХХ 发型顾问、时尚造型、ХХ 沙龙、ХХ 发道、ХХ 造型、ХХ 烫染连锁店等。美容机构的名称有美容店、美容院、美容中心、SPA 馆、美容会所、美容养生会所、皮肤管理中心等。翻译此类店名时应采用相对应的俄语表达：若只有美发服务，则译为 Парикмахерская；若只有剪发服务，可译为 Стрижка；若有美容和美发等服务，可译为 Салон красоты。一家美容店"美之经典理容机构"的译文 Организация «Красота» Классическая косметология и уход за телом 中，有多个错误：①正字法错误，将普通名词 красота 置于引号中并大写；②词义错误，见到"机构"二字，不考虑上下文，直接译成 организация；③词义范围扩大，将美容范围扩大至整容（косметология）；④语义冗余，косметология 包括美容和美体，而 уход за телом 意为"美体"。该店实际上是美容院，原译将简单的事件复杂化，译文晦涩难懂，该店译名可直接借用 Салон красоты。另一美容店"甜美之吻美容馆"译为 красота орган，逐字死译，两词并列，其正确译法同上。

"靓媚名品内衣"的译文为 САЛОН "ЛЯНМЭЙ" БРЕНДОВОЕ НИЖНЕЕ БЕЛЬЁ，салон 用在此处不合适，该店是销售内衣的店铺，无定制业务，因此，салон 可删。另外可从书写上突出店名，可分两行书写，上一行写 Лянмэй，下一行写 фирменное нижнее бельё 或 брендовое нижнее бельё，或先将 Лянмэй 书写在标牌中间，再在其上方、下方或旁边添加 фирменное нижнее бельё，无论怎么书写，店名 Лянмэй 字号都应最大。

语义范围缩小。语义范围缩小指翻译后的词义所表示的概念外延比原文词义所表示的范围小，即俄译比原名所涵括的范围要窄。例如"好视佳眼镜店"的译文 Очки "Хао Ши Цзяо"中，очки 意为"用于矫正视力或保护眼睛免受各种因素影响的简单光学器件"，指具体的"眼镜"，而"眼镜店"并不只是单纯意义上的眼镜销售，它包括验光、挑选镜片、挑选镜架、磨光、装配等整个配镜流程，应使用语义范围更广的 оптика。оптика 意为"眼镜店、光学、光学仪器/器件/器材"等，眼镜店（оптика）不仅可以配眼镜，有的还可验光，可配隐形眼镜等。"5楼新亚灯饰"译为 люстра 5 этаже，该译文属于"用词（上下义）+漏写"错误。其中 люстра 指枝形吊灯，是灯具的一种，而该店不仅销售枝形吊灯，还销售其他灯具，故应用 люстра 的上位词 Лампы，由 5 этаже 可知，标牌悬挂者掉了前置词 на，但标牌以简洁为本，此处一般不用"на+第六格"，直接写为 5 этаж 即可。

在满洲里拍摄的一家店铺标牌"缘合顺酒行"只译了"酒行"，且字对字译为 ВИНА МАГАЗИН，将"酒"译为 вино［酒（多指葡萄酒）；用单数时还指白酒］，语义范围缩小。汉语"酒"可用俄语单词 алкоголь（泛指含酒精饮料）或词组 спиртные напитки（含酒精饮料）表示，вино 是 алкоголь 的下位词。因此，该店名可译为 Магазин спиртных напитков "Юань Хэ Шунь" 或 Магазин алкоголя "Юань Хэ Шунь"，退而求其次，也可直接用 Алкоголь 作店名，但在其后不直接加专名 Юань Хэ Шунь，否则，会使俄语国家受众感到奇怪，因类似书写的标牌在俄语国家少见。若非要标出 Юань Хэ Шунь，可通过排版方式，如将 алкоголь 书写在标牌中间，在其下写上专名 Юань Хэ Шунь，字号比 алкоголь 小；还可采用其他排版方式进行区分，以免俄语受众产生误解。

店名"北大仓　海润名烟名酒店"译为 сигареты（香烟） водка（白酒），译文达到信息传递的效果，俄语受众看到这两个词后，知道该店是卖什么的，若有需求，就会去消费。但从语言景观角度看，该译文隐去了很多信息，该店所销售的酒不限于 водка（白酒），还有其他酒类，可用 водка 的上位词 алкоголь（酒，含酒精的饮料），烟也不限于 сигареты（香烟），应该用其上位概念词 табак（烟草），因此，该店名可改为 Алкоголь Табак，或两个单词所有字母大写，倘若有空间，可在店名下面列出具体商品如 водка、вино、пиво、виноград、сигареты 等。此处并不是下位词用错了，而是下位词囊括不了店铺所售的所有物品，只能包括其中的几种，这样便会导致信息缺失。

若全部列出下位词,则不符合店名简洁的特点,因此,建议改用相对应的上位词。

但有时也可以用同一语义场的一个词代指上位词,如店名"鞋包区"译为 обувъ сумка（обувъ 中字母 ь 写成了 ъ）,"箱包"本来应用其上位概念,但俄语无表示"箱包"的统称词,表示"箱包"的下位词不仅有 сумка,还有 рюкзаки、чемоданы、портфели 等,照常规,应在店名下面列出 сумки、рюкзаки 等。据实地考察,俄罗斯箱包店的名称有 1000 и одна СУМКА 和 ИМПЕРИЯ СУМОК,用 Сумки 指代所有箱包。据此,将该店名译为 Обувь Сумки 即可,若想全部列出,译为 Рюкзаки Сумки Чемоданы 也未尝不可。

"长海办公设备公司"译为 принтеры,принтеры 指打印机,相较原店名"办公设备",语义范围过小。翻译该类店名时,首先需了解办公设备包括哪些。办公设备泛指与办公室相关的设备。办公设备有广义概念和狭义概念的区分。狭义概念指多用于办公室处理文件的设备,例如人们熟悉的传真机、打印机、复印机、投影仪、碎纸机、扫描仪等,还有台式计算机、笔记本、考勤机、装订机等。广义概念则泛指所有可以用于办公室工作的设备和器具,这些设备和器具在其他领域也被广泛应用,包括电话、程控交换机、小型服务器、计算器等（孙洪德和张峰,2011:250）。其次需了解该店铺销售哪些商品,"办公用品"对应的俄语有 канцелярские товары、канцелярские принадлежности、конторское оборудование,一般指笔、纸、墨、订书机等文具,不包括上述汉语中的一些设备,为了译出所对应的汉语语义,取得在译语中同等的效果,建议将原译改为 Офисное оборудование。

在"科尚智能电器"的译文 Функциональный электроаппарат "Кэ Лун" 中,中心词"电器"译成了 электроаппарат,该词指电器设备、电器装置,很少使用,而从店名下列举的一些电动产品来看,很难判断它们是否属于 электроаппарат。权衡之下,取其上位概念 электротехника 或 электроника,электротехника 除指电工技术、电机工程外,还指电工工具、电器等,由该店名下列出的"扑克麻将机、遥控模型、对讲机、监控防盗报警工程"等可知,该店销售的不是 электроаппарат,而是与 электротехника 相关的产品,因此,用 электротехника 可囊括以上经销内容;электроника 指电子产品、家用电器,包括大小电器,如电脑、打印机、手机、电视机、录像机、冰箱、洗衣机等，也包括该店所列举的产品，笔者在圣彼得堡市拍摄语言景观时，常见用这一词作为店名的情况，如 МАГАЗИН ЭЛЕКТРОНИКИ。店名"智能的"之义未译出，却译为"功能的"（функциональный），"智能"通常译为 смарт，如 Смарт-часы（智能手表）、Смарт-очки（智能眼镜）、Смарт-кольца（智能手环）等，尽管汉语"智能"也对应俄语词 интеллект，但该词很少用。此外，原译还将科尚（Кэ Шан）译成了科龙（Кэ Лун），"科龙"是一个品牌电器名称，这一错误严重到可能会引发法律纠纷。因此，译文应改为 Магазин смарт-электроники "Кэ Шан"或 Магазин смарт-электротехники "Кэ Шан"。

同理，"国美电器"的译文 Пассажзлектроприборы "ГОМЕЙ"，除书写错误（将单词 пассаж 与合成词 электроприборы 连写，将 э 写成 з）、拼写错误（ГОМЕЙ 应为 ГОМЭЙ）外，主要的错误是词汇错误。单词 пассаж 指（游廊式的）商场，而此处是店铺，即电器店，故此处不适宜使用该词，表示电器的词 электроприборы 一般指小电器，而国美销售的电器不仅有小电器，还有冰箱、洗衣机等大电器，故只能用电器类产品的上位词 электротехника 或 электроника，但在俄罗斯常用的是 электроника，建议将原译改为 Электроника "ГОМЭЙ"或 Электротехника "ГОМЭЙ"。

笔者在珲春市拍到的一家鞋店的汉语名称为"飞达鞋城"，译文却为 цены наших туфлей самые низкиев городе（我们鞋子的价格全城最低），与原文不符。译文附加了"全城最低"这一价格信息，固然译出了主要信息"鞋"（туфли），但 туфли 指便鞋，是鞋的一种，鞋的统称是 обувь，应用 туфли 的上位词 обувь；前置词 в 不可与形容词 низкие 合写；цены 后应用"前置词 на+第四格名词或名词词组"。若依据原汉语名翻译，可译为 Мир обуви "Фэйда"或 Обувь "Фэйда"；若修改俄译，则为 цены на обувь самые низкие в городе，但此种表述一般不能作为店名，而属于广告性质的宣传语，若想表达"全城最低价格"，建议分上下两行书写，上行为 Обувь "Фэйда"，下行为 самые низкие цены в городе。"娜塔莎皮草"译成 ШУБЫ Наташа，此译文固然译出了基本信息——店内销售 шуба（皮袄），但缩小了店铺的经营范围，该店铺经营的是皮草（мех），шуба 是 мех 的下位词，因此，应将 шуба 改为 мех。原译将 шубы 与 Наташа 并列，易使俄语受众误认为该店销售皮袄和娜塔莎，原文是指"娜塔莎"开的皮草店，照俄语标牌，人名可译可不译，若要译，可将译文改为 Шубы от Наташи，若依据原汉语名翻译，则可译为 МЕХА от Наташи。以人名命名的店铺固然可以用 у кого，如 Ресторан "У Наташи"、Кафе "У Наташи"，但 ШУБА "У Наташи" 不成立，因为只有餐饮类店铺才能使用此搭配，意即邀请潜在客户到某人开设的餐馆里来消费。若该店铺不是 Наташа 开的，只是以其为名，则可译为 Магазин мехов "Наташа"。

错用同一语义场内其他词语。语言景观汉俄译写中，会见到错用同一语义场内的其他词语的情况，但该类并不多。例如"帅清池洗浴"被误译为 Ванна，ванна 意即"澡盆、浴盆；洗盆浴、洗浴治病；日光浴、海水浴"等，这与店铺的基本功能澡堂、浴池不相符，正确用词为 баня（澡堂、浴池），ванна 和 баня 同属"洗浴"语义场，但意义不同，切不可混用。

上下位词并用。上下位关系研究的是语义的内涵关系，即一个具体的词义包含在一个更通用的词义中（Lyons，1977），上下位关系即包含与被包含关系，上位词意义较概括，下位词意义较具体（张志毅和张庆云，2012）。一般来说，上位词的词义蕴涵下位词的词义，若上下位词以并列关系出现在一个语言景观中，会导致逻辑错误。例如店名"出售台球桌 台球用品 维修台球桌"原文就存在逻辑错误，"台球用品"实际上包括"台球桌"，从而导致译文出错，在译文 Продажа бильярдного стола и бильярдных принадлежностей 中，принадлежность 表示全套用品、用具等，可见бильярдные принадлежности 包括 бильярдный стол，因此，该店名的俄译需要删除下位词，改为 Продажа бильярдных принадлежностей。又如店名"敏龙五金建材电动工具"的俄译"Магазин «Миньлун» по сботу скобяно-механических инструментов, электроинструментов и строительных инструментов"除书写错误（сбыт 写成了 сботу）等外，主要的错误是逻辑混乱，即上下位词同现。скобяно-механические инструменты 和 строительные инструменты 均属于электроинструменты。"五金产品"对应的俄语是 металлические изделия。由检索可知，材料市场销售的五金类产品共有十余类上百种：锁类、拉手类、门窗类、家庭装饰类、水暖金类、建筑装饰类、工具类、卫浴类、厨房家电类、机械部件类、家具配件类等。由该店名俄译下方列出的"切割机 电焊机 水泵 充气泵 排风扇 电锤电钻"等工具可知，该店主要销售电动类工具，故"五金建材电动工具"直接译为 ЭЛЕКТРОИНСТРУМЕНТЫ。店名下方列出

的物品的俄译 Режущийаппарат Электросварочный аппарат Водяной насос Надувной насос Эотводной вентилятор лектрическиймолотов 中也有错误，"充气泵"应译为 воздухонапорный насос，"排风扇"原译多了个字母，可能是标牌安装者将 электрический（电的、电动的、电力的）中的第一个字母 э 组装错了，"电锤"最好采用合成词 электромолоты，以节省版面。所有表工具的名词应用复数，可译为 Режущие аппараты Электросварочные аппараты Водяные насосы Воздухонапорные насосы Отводные вентиляторы Электромолоты。

在"温馨食品"店的译文 Теплые продукты питание 中，питание 包括 продукты，二者构成上下位关系，属于同一语义场，但经查证，продукты 可与 питание 组合，后者作前者的定语，即 продукты питания。另一错误是将原文商店名称"温馨"译成"温热的"，属于理解错误。"温馨"二字可音译，也可意译。据词典释义，"温馨"有两义：温和芳香；温暖（中国社会科学院语言研究所词典编辑室，2016：1370）。它强调一种亲切体贴的氛围。此处可能指食品散发的香味，也可能指食品店温暖的氛围，无论指哪种意义，均不宜直接译出，因俄语食品店名一般直接用表示该义的商品名词命名，很少使用形容词，因此，为了保留原店名"温馨"二字，可采用音译，改译为 Продукты "Вэньсинь" 或 Продуктовый магазин "Вэньсин" 或在名词 Продукты 后加上 питания。又如只有俄文的店名 ШТОРЫ И ТЮЛИ С ФАБРИКИ，其中 тюли（透花纱、网状纱）冗余，该店经营窗帘，шторы（窗帘）包括 гардины（窗帘、窗帷）和 портьеры（窗帘），而 гардины 由 тюля 做成，窗帘也包括窗纱。因此，应去掉 тюля，改译为 Шторы с фабрики。

第四节　语言景观汉俄译写语义组合匡谬

组合关系是指出现在言语中、建立在线性基础上的各个语言单位间的横向关系（吴振国，2000）。词的搭配反映在词的组合中，其搭配能力受"搭配价"的制约。所谓搭配指"语言单位在组成更高层面的单位时相配合的性质，是反映语言单位之间组合关系的基本性质之一"（Ярцева，1998：493），所谓"价"就是一个词与另一个词或一些词搭配的潜在能力，或称"组配性能"（王秉钦，1998：36）。词语的搭配即语义组合。李在铭（1995：34）认为，搭配"指词语之间根据语言的习惯用法有规则的排列组合，一种语言的搭配应该是固定的（fixed），可辨认的（identifiable）和非成语的（non-idiomatic）"。简言之，搭配即词与词之间的"横向组合"，是词语在同一序列中的"共现"，共现的词语之间存在一种"相互期待"，即搭配关系。据卫乃兴（2003）梳理分析，国外在搭配的界定和研究方法上有不同观点：①"结伴"说，该学说认为搭配就是词项的习惯性结伴使用（Firth，1957）；②面向词项的词语学方法，该方法将词语的"线性共现"（Halliday，1976）视为搭配的界定标准；③综合方法，该方法认为搭配研究不应局限于词项，而应把词根、句法和语义纳入研究范围（Mitchell，1971，1975）；④搭配是种衔接手段（Halliday & Hasan，1976）；⑤词语搭配是一种语言使用惯例或规约（Bolinger，1976）；⑥主张研究基于直觉或实证研究方法，尤其是语料库语言学方法；等等。本节分析语言景观汉俄译写中出现的词语搭配错误。

一、搭配关系概说

词语搭配是词在组合轴上的线性共现。组合轴上的词语搭配大致可分三类：自由组合、有限组合和成语。词语搭配时，常受词义、修辞属性、感情色彩以及语法特点等的限制，并非所有词语都可互相搭配。词义是制约词语搭配的主要因素之一，搭配可从不同角度进行分类。从词汇-语法角度看，搭配可分成词汇搭配和语法搭配。词汇搭配通常不包括介词、不定式和从句等形式，它通常是由名词、形容词、动词和副词组成的词组；语法搭配指由一个中心词，通常是一个名词、动词或形容词加上一个介词构成的短语或词组或一些语法结构。从语义角度看，搭配具有某种语义粘着性，搭配中的组成成分在不同程度上互为选择或者说词汇的搭配形式受语义的限制。从语篇角度看，搭配又是语篇衔接的重要手段之一，因为在语篇层面上，词汇的搭配至少具有两种功能：一是消除一词多义可能会产生的歧义，二是将语篇的不同部分从意义上衔接起来。从语用层面看，使用语言时，既会涉及词汇的习惯搭配，也会涉及词汇的超常搭配。超常搭配的使用就是说话人或作者故意违反语言约定俗成的习惯表达，这种悖论式的搭配表面上看极不合理、违背逻辑，但恰恰是这种超乎寻常的词汇组合方式，能够准确地表达特殊、复杂的信息内容，起到"言简意丰"的效果，从而最大限度地调动并激发受众的想象力（李杰和钟永平，1999）。林杏光（1995）将搭配分为习惯性搭配和事理性搭配，认为大部分词语搭配属于事理性搭配，它决定着词语搭配的本质。就搭配的形式来说，可分为对应搭配和交叉搭配；就搭配的项目来说，可分为单项搭配和多项搭配；就句法成分之间的搭配来说，可分为主谓搭配、述宾搭配、附加语和中心语的搭配（林杏光，1994）。卫乃兴（2002）将搭配分为一般搭配、修辞性搭配、专业性搭配和惯例化搭配。

  词能相互搭配，必须遵照语义一致律，即词与词之间必须有相同的语义成素，才能相互结合。这种不能任意组合而必须保持固有的组合关系的语言现象是语言的一种内部机制，是语言在长期使用过程中形成的词语组合规范。它不同于事物-概念的逻辑关系，纯属语言内部的性质。按照逻辑推理，本来可以组合的概念，用外语表达这些概念的词却不一定能组合，如俄语词 штраф、пеня 均表"罚款"之义，但表示"缴纳罚款"时俄语只能分别搭配为 выплатить пени 和 заплатить штраф（王秉钦，1998）。不同语言的语言体系不同，搭配规律也各异，尽管对等词不乏相同的搭配，但搭配不一致的情况也比比皆是，如汉语说"打篮球""踢足球"，但英语、俄语却只用一个相同的动词来表达，分别是 play basketball/football 和 играть в баскетбол/футбол。

  词与词搭配在语义上具有选择性，句法上能结合的词不见得在语义上都能搭配，例如"动词+名词"在句法上可构成动宾结构，"名词+动词"在句法上可以构成主谓结构，但当具体的动词和名词进入上述句法框架时，有的能相配，例如"喝饮料""马死"，有的则不能相配，例如"喝饭""木头死"。语义的选择限制与词语的语义特征有关，例如动词"死"具有[+有生]的语义特征，要求与其搭配的表施事的名词也要具有[+有生]的语义特征，若施事名词的语义特征是[-有生]，如"木头死"之类，则违反语义上的选择限制。又如动词"喝"要求与其搭配的表受事的名词要具有[+液体]的语义特征，如果受事名词的语义特征是[-液体]，如"喝饭"之类，也违反语义上的选择限制。

二、搭配错误离析

词语搭配不当是一种常见的言语现象，其产生的原因诸多，例如应用第二语言时，由于受母语搭配规律的影响，出现不符合第二语言规范的搭配；反之，有些对第二语言学习得比较深入的人，在应用母语时受第二语言的影响，出现不符合母语规范的搭配。这种情况表明，不同的民族语言有不同的词语搭配规律（林杏光，1994）。在词汇学习过程中，中国学习者易犯的搭配错误主要有形容词-名词、名词-名词、动词-名词、动词-前置词、副词-动词搭配错误，以及固定搭配错误。例如，形容词-名词搭配错误有 коричневые（карие） глаза、густой（крепкий） чай、известный своему открытию（своим открытием） в области физики；名词-名词搭配错误有 состояние болезни（больного）、рецепт лекарства（на лекарство）；动词-名词搭配错误有 вступить（强调自愿参军）[пойти（强调义务服兵役）] в армию、пить（есть） суп、овладеть математике（математикой）；动词-前置词搭配错误有 поехать у Чёрного моря（к Чёрному морю）、появляться в цех（цехе）；副词-动词搭配错误有 подробно（внимательно） делать домашнее задание、он был мало（легко） одет；固定搭配错误有 Подготовка абитуриентов желает лучшего（оставляет желать лучшего）等。

由调查可知，语言景观汉俄译写中的词语搭配错误主要集中在形容词-名词、名词-名词、动词-名词的搭配以及一些固定用法上。例如，三亚一则语言景观"文明游览 禁止采摘"译为 Цивилизованный тур без сбора，暂不考虑其他错误，单看形容词 цивилизованный 与名词 тур 的搭配，цивилизованный 意为"文明的、文化的、开化的"，与其搭配的多为表示人及其行为或国家、城市、民族等的名词，如 цивилизованное общество、цивилизованная страна、цивилизованные народы、цивилизованные нации、цивилизованная жизнь、цивилизованное поведение 等，тур 具有多种意义，此处意为"旅游、旅行、游览、观光"。原译属典型的机械对译，未理解"文明游览"之义，"文明游览"指游客在旅游过程中遵守公共秩序、尊重当地文化和习俗、保护环境和文物古迹，以及展现良好的个人素养和行为规范。"文明"指举止、行为文明，可译为 Ведите себя культурно 或 Ведите себя цивилизованно，"游览"二字可不译，因为此标牌设置在旅游景点，语境减译，且下文"禁止采摘"指出了文明游览的行为，属于"文明游览"所涵盖的具体要求之一。"禁止采摘"系禁止类语言景观，俄语表述已形成一套模式，"采摘"对应的俄语为рвать（растения）或собирать（ягоды、фрукты）等，根据俄译模式，可译为Не рвите растения 或 Не собирайте растения 或 Сбор растений запрещён 等，这样，该标牌可译为 Ведите себя культурно, не рвите растения 或 Ведите себя культурно, сбор растений запрещен 等，或将两译中的 культурно 替换为 цивилизованно。

又如黑河一家店铺的名称"章光101防脱生发中心"的译文 Центр для восстановления волос "Чжангуан 101"中存在名词-名词搭配错误，俄译前置词 для 冗余，восстановления волос "Чжангуан 101"作 центр 的非一致定语，用第二格形式，置于 центр 之后。三亚大东海一家店铺无中文名，直接用俄文书写店名 Торговые детские марочные одежды，根据俄文可推测该店销售儿童品牌服装。译文中的 торговые 意为"贸易、商业"，通常的搭配为 торговый капитал（商业资本）、торговая прибыль（商业利润）、торговый дом（商行）、торговая сеть（商业网）、торговая база（批发站），一般不与表具体物品的名词搭配[尽管它可与 хлеб（面包、粮食）搭配，但 торговый хлеб 指商品粮]。因此，торговый 不能与 одежда 搭配，原译中"服装"用了复数形式，而 одежда 只有单数形式，直接译成 ДЕТСКАЯ ОДЕЖДА 即可，若想全部译出，可译为 ДЕТСКАЯ МАРОЧНАЯ ОДЕЖДА。

"雅奇文具礼品鲜花"的俄译 Сувенирко-канцелярские цветы магазин Ячи 中存在理解、词序、词汇等多个错误。汉语"文具礼品鲜花"为三词并列，但译者却将文具作为"鲜花"的定语，逻辑不通，导致词语搭配错误；商店 магазин 却置于鲜花之后，造成词序错误，错解为"礼品文具花+店+雅奇"。通常，商店名称若由通名和所销售物品名词组成，其物品名词需置于通名之后，并用第二格，如 Магазин одежды（服装店）；商店名称由通名、专名和所销售物品名词组成，若只有单个物品名词，该物品名词可置于通名之后，且用第二格，若为多个物品名词，大多情况下将其以并列的第一格形式置于"通名+专名"构成的店名之下。专名 Ячи（雅奇）存在拼写错误，应音译为 Яци。据此，该店名可分上下两行书写，上行为 Магазин "Яци"，下行列

出所售物品 Письменные принадлежности Подарки Цветы 或 Канцтовары Подарки Цветы；若仅为了提供信息，"雅奇"可不译，直接译成概括名称 Магазин канцтоваров 或 Товары для офиса，但这一译名的外延比原文大，包括办公用品，同时又丧失了"礼品"和"花"等信息。在俄罗斯未见销售混杂物品的店铺，一般销售花和礼物，文具不在一类。通常，中国学校附近的文具店会兼营小礼品（如音乐盒、小摆件、毛绒玩具等），但不卖花，而俄罗斯花店会兼营上述小礼品但不卖文具。例如俄罗斯一家销售礼品和鲜花的店铺名为 ЦВЕТЫ И ПОДАРКИ，直接用鲜花和礼品作为店名；俄罗斯一家经营礼品的店铺，上行是店铺名 МАГАЗИН ПОДАРКОВ，下行列举店铺所销售的具体商品 сувениры посуда предметы интериера，是对 подарки 的具体化。

三亚市大小洞天的一则提示语"上山路陡 注意安全"的译文"резкая дорога, обращать внимание на безопасность"中有两处错误：一是形容词与名词搭配不当，резкий 意为"剧烈的、强烈的"，可以与"风、光、气味、声音"等名词连用，而形容山路陡峭，则要用 крутой，"上坡"可译为 подъём；二是整个译文属中式俄语，不符合俄语受众的思维方式，此类翻译可直接借用俄语现成的表达模式"Осторожно, +名词词组"，即"Осторожно, дорога с крутым подъёмом!"。同理，三亚市大小洞天的另一则提示标牌"下坡路陡 注意安全"译为"Дорога спуска со склона обрывистая. Будьте осторожны."，也有搭配错误。обрывистая 固然有"陡峭的、险峻的"之义，但一般指坡陡，如 склон обрывистый，不能与 дорога（路）搭配，"陡坡"可译为 крутой/обрывистый склон，此处是"下坡路陡"，可译为 дорога с крутым спуском。"注意安全"的译文 Будьте осторожны 无错，但俄语中提示性语言景观已形成一套表达模式，可直接借用其模式，将原译改为"Осторожно! Дорога с крутым спуском."。

店名"时尚服饰商行"和"美妆护肤商行"分别译为 Коммерческая фирма модного украшения одежды（衣服的时尚装饰）和 Торговый дом ухода за кожей（护肤商店），两译无语法错误，但均误解了店名原意。前者是销售时尚服装的店铺，后者是销售化妆品、护肤品的店铺。翻译此类标牌，需了解"商行"之义，在《现代汉语词典》（第七版）中，"商行"指：①进行贸易活动的公司；②商店（多指较大的）（中国社会科学院语言研究所词典编辑室，2016：1142）。"商行"作为店铺名称，其历史悠久，在古代，主要指货物进行交易的场所或商业同行组成的行会；在现代，"商行"这一名称仍然被一些传统行业和商家沿用，成为连接古今、传承文化的重要纽带。"商行"相当于现在的商店，可译为 магазин 等。以上两译均照搬字典释义，未考虑原文所指，коммерческая фирма 指贸易公司，而"时尚服饰商行"中"商行"指商店，торговый дом 指商贸楼，而"美妆护肤商行"不是指一栋楼都销售美妆护肤品，译文夸大原文内涵，与原文不相符。因此，以上两译建议分别改为 Магазин одежды/Магазин модной одежды 和 Магазин косметики и товаров для ухода за кожей/Магазин косметики и средств для ухода за кожей/Магазин косметики，或去掉 магазин（商行）一词，直接用第一格名词形式表示，分别译为 Одежда/Модная одежда 和 Косметика и товары для ухода за кожей/Косметика и средства для ухода за кожей/Косметика。

"时尚服饰商行"和"美妆护肤商行"中的"商行"可译为 магазин，但"裤行"中的"商行"译为 магазин 却不符合俄语标牌的表达习惯，这与词语搭配有关，магазин 一般不与具体物品搭配，可以说 магазин мебели/одежды/обуви/тканей/посуды/часов 等，但一般不说 магазин книг/рубашки/брюк/молока 等。前者虽然可以搭配，但不太地道，更地道的是使用形容词，如 мебельный магазин，该译法较 магазин мебели 更符合俄语表达习惯，但作为店名，可直接用 Мебель，更符合店名特点。

"照明店"可译为 Магазин света，但作店名时，一般用 Дом света 或 Мир света。在俄罗斯，销售某一类物品的商店一般只用该类物品命名，如销售电工器材、照明器材的商店，可命名为 Электротовары，它包括 лампы、люстры、светильники、торшеры 等；通常人们不说 пойти в магазин света，但可以说 пойти в магазин электротоваров，或直接说 пойти в электротовары。"书店"通常可译为 Книжный магазин 或 ДОМ КНИГИ；"牛奶店""奶制品店"不能用 Магазин молока，但可用 Молочный магазин（奶制品店），但最常见的是直接用 молоко 作为店名，店里销售的不只是牛奶（молоко），还有奶制品，如 творог、сыр、кефир、ряженка、йогурт、сметана、сливки、масло 等。上述均是"形容词+名词"类搭配，较"名词+名词"类搭配更地道，但并不是所有的物品名词所对应的形容词都能直接与名词 магазин 搭配，否则会产生歧义，例如"织品店"可译为 магазин тканей，但不能译为 тканевый магазин，因为会产生歧义，可能会使俄语受众理解为由 ткань 做成的商店。同理，可以说 магазин фарфора/хрусталя，不能说 фарфоровый/хрустальный магазин。这涉及一致定语和非一致定语的区分，有的名词可用作非一致定语第二格并置于主导词之后，与以形容词形式作一致定语置于主导词之前的意义相同，但有的不行。

汉语景观俄译时并不是见"店""商行"等通名就译，需考虑译语表达、译语受众接受度等多个因素。前文的"服饰商行"固然可以用 магазин одежды 表示，但该译法让人觉得很乏味，目前服装店一般以某一品牌作为店名，俄罗斯的店名如 21shop、Zara、Uniqlo、Babochka、Стокманн、Fred Perry、Луук、Shu、New Yorker、одежда tru shop стиль、Kanzler、Vans、уста к устам、latrika、befree、zolla дисконт、1001 dress、gate 31、Дань моде、Каменное солнце、Провокатор、Кашемир и Шелк、Братья славяне、Королева、Пактор、Джентльмен、Жюли、Королева бала、Свадьба Века、Дворянка、Королевство свадеб、Юность 等，中国的店名如 X.YING 香影、YINER 影儿、MAXILU 玛希露、ONLY、VERO MODA 维莎曼、PEACEBIRD 太平鸟、GIRDEAR 哥弟、AMASS 阿玛施、SISUIN 淑牌、JNBY 江南布衣、MOVEUP 幻走、LILY 丽丽、LEDIN 乐町、BOSIDENG 波司登、ERDOS 鄂尔多斯、SEPTWOLVES 七匹狼、HLA 海澜之家、SEVEN 柒牌、JACK & JONES 杰克琼斯、SELECTED 思莱德、FAIRWHALE 马克华菲、GXG 杰斯卡、YOUNGOR 雅戈尔、361°、回力、Qiaodan Sports 乔丹体育、ANTA 安踏、XTEP 特步等。无论在俄罗斯，还是在中国，大多数店铺用英文品牌作为店名。此外，有些店铺也常取一些更现代、更浪漫的名称，如在圣彼得堡拍摄的 Итальянская мечта、Сатурн、МОДЕРН ХОЛЛ 等，在云南昆明拍摄的"留焕"美食、"芭堤啦"咖啡店，在广州拍摄的"采碟轩"食品店，在成都拍摄的"初见"食品店等。

"宏康童装商场"的译文 УНИВЕРМАГ ДЕТСКОЙ ОДЕЖДА «ХУНЬКАНЬ» 有多个错误，除书写错误（"宏"和"康"的俄语多了一个字母 ь）、语法错误（одежда 作定语，应用单数第二格 одежды）外，最主要的错误是词语错误，此店铺专售童装，而 универмаг（百货商店）指销售各种物品的商店，故用在此处不适宜。俄罗斯此类店名常常是直接以其销售物品指称，据此，

原译可改为 ДЕТСКАЯ ОДЕЖДА "ХУНКАН"。

  汉语表"店"义的俄语表达有 магазни、универмаг、универсам、маркет、супермаркет、гипермаркет、минимаркет、салон 等，均是店铺的常用词；含有空间、处所义的表"店"义的俄语表达 дом、мир、город 等也较常用，如俄语景观 МИР БУМАГИ、ДОМ КНИГИ、ЦВЕТОЧНЫЙ ГОРОД 等。这些店铺标记词使用频率低于汉语类似标记词，店铺定位、规模、大小、内涵大多根据店铺通名词义即可区分。

  上文分析了语言景观汉俄译写中的词语搭配不当现象，其中一类是语法搭配不当，即店铺名中通名与所销售物品名词之间不能直接搭配，若该表物品名词转化成形容词则可与通名搭配。在实际调查中，还有一类语法搭配不当现象，即词与词之间可以搭配，但必须借助如前置词等一些语法手段，或某个词本身需要借助前置词与另一词或词组发生关系。例如，"美国加州牛肉面"误译为 говядина лапши，语法上，名词 говядина 可与名词 лапша 搭配，但此处二者不能直接搭配，需借助前置词这一中介才能组配，若直接搭配，其意思为"面的牛肉"，逻辑不通，令人费解，而原文指面条中有牛肉，故应改为 Лапша с говядиной。同样的标牌译文不一，还有的译为 ЛАПША С ГОВЯ ДИНОЙ ЦЗЯЧЖОУ США，将"加州"音译为 Цзячжоу。加州是美国的一个州名，但"美国加州牛肉面"在美国并不常见，其原料包括面条、牛肉、香料等，以及制作工艺，均来自中国。"美国加州牛肉面"的"美国加州"只是市场营销策略，且存在若干家互相指责侵权现象，一家是在美国从事餐饮业的华侨吴京红于 1985 年回国创办的"美国加州牛肉面大王"，他于 1993 年和 1996 年分别在中国和美国注册了商标（佚名，2007）；另一家是美籍华人李北祺创办的"李先生加州牛肉面馆"，他在 1972～1974 年以"牛肉面大王"为商号，在洛杉矶的唐人街、蒙特利公园、阿罕布拉开了 3 家餐馆，到 1979 年扩展到 7 家，之后在中国以"美国加州牛肉面大王"为商号，开办专营店（汪朗，1994）。同样的标牌还有一种译文为"говядина лапши калифории король С.Ш.А."，尽管译出了"加州"，但错误百出，甚至译出了"大王"（король），还将美国缩写字母用句点分开。笔者所拍此类标牌无一正确。那么该如何翻译？可参看英文翻译，其英文名为 California beef noodles，因此，俄译应为 Американская калифориская лапша с говядиной。

又如在黑河市拍摄的语言景观"尚饶自助烤肉店"译为 ШАШЛЫЧНАЯ САМООБСЛУЖИВАНИЯ，译者错解了原文含义。"自助烤肉店"是一种允许顾客自行选择和烤制食物的餐厅，顾客可依个人口味偏好选择不同食材，如肉类、蔬菜和其他配料，在店内提供的烤炉上自行烤制。"自助服务"是店铺经营的方式，与"烤肉店"组构时须借助前置词。此外，原译漏译了专名"尚饶"，但该专名可译可不译，若译，该店名的完整译文为 Шашлычная с самообслуживанием "Шан Жао"，还可译为 Шашлык-бар с самообслуживанием "Шан Жао"。

第五节　语言景观汉俄译写语义重复纠偏①

语义重复指在句意明确、结构完整的前提下，由于对词语意义和语法功能理解、掌握得不准确，任意使用词语或短语，造成词语或短语的含义与已提供的语境义相重复的一种语病（王建民和赵红彬，2014）。本节的语义重复只指词汇冗余，即在句子中误用或重复使用不能提供除原句信息外的新信息的词语。语义重复一般包括上下位词同现、同义词同现、近义词同现、绝对反义词同现、互补义词同现等。翻译时使用多余的词语会导致翻译内容重复、啰嗦。在所调查的语言景观汉俄译写中，词汇冗余表现为绝对反义词同现、近义词同现、同一词的音译与意译同现、交叉义词语同现等。

一、绝对反义词同现

绝对反义词同现是指两个非此即彼且不存在中间义项的词语共同出现在针对同一对象的相同语篇中的情况。由于绝对反义词的意义本身是完全对立的且没有中间项存在，例如"男的"/мужской 和"女的"/женский、"活的"/живой 和"死的"/мёртвый，二项之间非此即彼，中间不能加入其他项，二者同现时就是相互抵消、对立统一的整体，因此二者往往只取其一用以专

---

① 刘丽芬，匡子茜。2024. Анализ семантического повтора при переводе общественных знаков в Китае на русский язык. *Вестник Московского университета*. Теория перевода, 22(3): 106-125.

指某一具体指向，一旦同现则会导致特指失效，并在表达中出现不必要的信息对立，从而产生词汇冗余的现象。此类实例在笔者所拍的语言景观中未见，只见一假例，表面看有错，实质上是可行的。例如标牌"雅裤园"下的俄文为 Брюки для мужчины и женщины，乍一看，会认为 для мужчины и женщины 多余，因"男"和"女"属于绝对反义词，并无中间概念，只有专卖"男裤"或"女裤"时，才用"男士的"或"女士的"加以区分，如 Мужские брюки 或 Женские брюки。又如在乌鲁木齐市拍摄的一则只有俄语的语言景观 Мужские и женские обувь，除 мужские 和 женские 多余外，其形容词应为阴性，因为 обувь 为阴性名词，此店名直接译为 Обувь 即可。但在俄罗斯的实地考察中，笔者发现了类似标牌，如 МУЖСКАЯ ЖЕНСКАЯ ДЕТСКАЯ ОБУВЬ（男女鞋 童鞋）、МОДНЫЙ ДУЭТ Салон мужской и женской одежды（男女服装沙龙）、BLACK GOLD магазин мужской и женской одежды（男女服装店）。在以上三例中，мужская 和 женская 同现，第一例标牌上与 мужская 和 женская 并列的还有 детская，仔细思忖，用前两个词可能是为了与童鞋区分开来，后两例中 мужская 和 женская 同现，可能也是为了排除童装，因此，国内类似店铺名俄译可采用此表述。

二、近义词同现

近义词同现是指意义相同或相近的词语同时出现在针对同一对象的同一语篇中的情况。近义词在词汇语义方面具备极高的相似性，因此只需要一个表述即可，例如"胜利凯旋"中，"凯旋"本来就指"胜利归来"，前面的"胜利"与"凯旋"互为近义词，因此只需保留其中一个即可，但有时在一个语篇中同现是修辞上的要求。又如俄语 управленческий менеджмент，二者都含有"管理"之义，或表达为 управление，或以 менеджмент 体现，二者只能取其一，否则会造成表述上的冗余。再如，"日用百货商品"译为 товары ширпотреба，其中 товары 意为商品、货物，ширпотреба 意为生活日用品，二者语义重复，属于修辞上的冗言，改译为 Магазин ширпотреба；在"腾达装潢有限公司"的俄译 ООО "ТЭНДА" КОМПАНИЯ ПО ОФОРМЛЕНИЮ 中，КОМПАНИЯ（公司）与 ООО（有限公司）重复，公司可用 фирма 或

компания 表示，若想用缩略语，可放在括号内，建议改为 Фирма （ООО) дизайна интерьера "Тэнда"，其中 ООО 可删。

三、同一词的音译与意译同现

同一词的音译与意译同现是指翻译某个词时既音译，又意译，二者同时出现在针对同一对象的同一语篇中的情况。该类现象常常表现为借词，有的借词既有音译词，也有意译词，当一个借词同时具备两种形式时，只需任选其中之一即可。例如"世界最大的麦克风话筒"这一表述，"麦克风"与"话筒"即为同一词的音译与意译同现，此处即存在信息冗余。在汉语中常有"列巴面包"之类的说法，"列巴"与"面包"分别是俄语 хлеб 一词的音译与意译形式，这其实也是一种同一词的音译与意译同现的情况，回译时，就容易出现如 хлеб "Хлеб"这样在信息与表达上的重复。语言景观翻译中也有对店名的音译与意译现象。例如，在海南拍摄的一张标牌，标牌上方是"金湖商务会馆"，中间是俄语 Баня золотое озеро "Цзинь Ху"，下面是宾馆×××.洗浴，该俄文是提取上下汉语文字组构成"金湖洗浴"的翻译。在俄译中，"金湖"既音译，又意译，导致语义重复，须去掉一个，原译可改为 Баня "Золотое озеро" 或 Баня "Цзинь Ху"；若翻译"金湖商务会馆"，则应改为 Бизнес-клуб "Золотое озеро"或 Бизнес-клуб "Цзинь ху"。

四、交叉义词语同现

交叉义词语同现是指意义上部分相似或相同的两个或两个以上词语同时出现在针对同一对象的同一语篇中的情况。在所调查的语言景观汉俄译写中，此类现象比较常见。例如，"海洋早餐"译为 Закусочная на завтрак океан，Закусочная 为小吃，завтрак 为早餐，二者在"食物"上交叉，属语义重复；海洋为专名，可音译为 Хайян，也可意译为 океан，但首字母要大写，且置于引号内，此译可改为 Завтрак "Океан"或 Завтрак "Хайян"。"休闲牛仔"译为 ДЖИНСЫ ДОСУГ，实际上，"牛仔"一般不适用于正式场合，而适用于比较随意的场合，隐含休闲之义，故 досуг 多余。"天宏数码科技"译为

Компьютерный цифровые технологии "Тянь хун"（天宏计算机数码工艺），除词汇错误["科技"对应俄语 наука и техника/научно-технический（科技的）]和正字法错误（专名 хун 首字母大写）外，最主要的错误是知识性错误，体现在语言上即词汇冗余。"数码科技"又被称为数字技术，因为其核心内容就是把一系列连续的信息数字化，或者说是不连续化，原译中出现 компьютерный，纯属多余，建议改译为 Цифровая техника "Тянь Хун"。

店名"床上用品布艺窗帘城"，汉语很拗口，俄译"ПОСТЕЛЬНЫЕ ПРИНАДЛЕЖНОСТИ, ОКОННАЯ ЗАНАВЕСКА, ХЛОПЧАТОБУМАЖНЫЕ ИЗДЕЛИЯ"不仅错误颇多，而且显得啰嗦。首先，店名在列举物品时一般不用标点；其次，"窗帘"（занавеска）本来就是挂在窗户上的，再加 оконная 实属画蛇添足，俄语 занавеска 的同义词是 шторы，但 занавески 是半透明的，шторы 是不透明的；最后，хлопчатобумажные изделия 也是多余的，由于版面限制，标牌应力求简洁，可直接用具体物品的上位词，即用概括词表示。原译可改为 Салон домашнего текстиля 或 Текстильные изделия 或 Текстильная продукция，若想具体化，可译为 Постельные принадлежности Занавески Шторы Хлопчатобумажная продукция，也可将其中的 Постельные принадлежности 改为 Постельное бельё。又如"金龙房地产经纪有限公司"译为 ООО "Золотой дракон" брокерское агентство недвижимости，从此译可以看出译者具有一定的俄语水平，但译者未理解 агентство недвижимости 即是房地产中介，包含 брокерское（经纪人的、中间商的等）的意思，因此，出现语义冗余错误，据此，可将原译改为 ООО Агентство недвижимости "Золотой дракон"，同前，其中 ООО 可删。

此外，受汉语思维影响，很多译者见到"商店"二字必译，殊不知，俄语中用 магазин 作店名的情况很少见，一般直接以所销售的物品命名，如"食品店"常表述为 Продукты。又如销售书、办公用品、礼品的商店，直接列举为 КНИГИ КАНЦТОВАРЫ ПОДАРКИ。笔者在黑河市见到的店名"无糖食品超市"译为 Несахарный супермаркет еды，中心词是"食品"，可译为 продукты，为了强调"无糖"，可以将其译出，但"无糖"的俄译为 без сахара，原译可改为 Продукты без сахара。第四章第三节"四、单词拼写错误"中的一例"鲜肉果菜店"的译文可转换成三个并列的食品名称 МЯСО ФРУКТЫ

ОВОЩИ。语言景观翻译属于一种特殊类型的翻译，不是见"字"即译，采用的最主要的方法是套用法（刘丽芬，2016b）。更为奇葩的是将餐饮类店名也译成магазин，如"烤饼店"译为БЛИНЫ МАГАЗИН，正是用了магазин，使本来正确的译文出错。要使语言景观汉俄译写符合俄语语言规范和表达习惯，应避免汉语思维干扰，须熟谙俄语语言规则、语言景观语体特点和语言特点，善于根据语境随时转换思维，用贴近俄语受众的思维、表达方式和语言习惯来翻译，这样才能产出易于俄语受众接受的地道译文，也才能真正为俄语国家的友人在华旅行、工作和生活提供便利。

上文讨论了语言景观汉俄译写中的词汇冗余，其中还有一类属表达冗余，即本可用一个词进行综合式表达的，却用了分析式表达，不适用于受空间限制的标牌用语。例如，店名"昌兴牛仔服店"译为Магазин джинсовой одежды ЧУАН СИН，除书写错误（ЧУАН应为ЧАН，专名ЧУАН СИН应用引号）外，主要的错误是表达啰嗦。其中"牛仔"本来可以用джинсы一个词来表达的，却用了一个词组джинсовая одежда，这样的表达不符合俄语语言规范，有悖于标牌语言力求简洁的特点；其中"商店"也可不译，可直接译为Джинсы "ЧАН СИН"。又如一则语言景观的俄译 Русский торговый центрс пуховая куртка与原文"童装 羽绒服区"不对应，与原文对应的俄译应为Детская одежда Пуховики。原译中存在不少错误。撇开центрс的书写错误（多了一个字母с），"羽绒服"对应的俄语为пуховик，而原译却用了词组пуховая куртка，这样的表达不仅累赘，而且不符合俄语表达习惯，原译中русский应为российский。该语言景观是某商场内某区域的标牌，标牌信息指示"童装区在 B41-B50，羽绒服区在 D1-D14"，据此，原译可改为Детская одежда 和 Пуховики。

第七章

语言景观汉俄译写语用失误剖释

翻译是一种跨语言、跨文化的交际活动，它不仅是双语符号的转换，更是双语文化的转换。语言景观是一种应用性很强的特殊语体，由政府、机构或个人设置，针对不同受众，行使指示、提示、限制、禁止、宣传等功能。不同功能类型的语言景观特点各异，同一功能的语言景观也有不同的表达形式；不同语言文化的语言景观其语言特点、表述方式各不相同，各有其特定的社交规范与规约，均承载了特定的文化语境信息。这些交际特征表明，语言景观翻译不是字面上的静态语码再现，而是如同话语生成与话语理解一样，是一个不断选择、调整与顺应的动态过程（冉永平，2012）。前文分析了语言景观汉俄译写语相、语形、语义三方面的错误，本章讨论语言景观汉俄译写的语用失误。

第一节 语言景观汉俄译写语用概说

当代语言学研究有两条主线：一是研究语言系统（结构）本身，这是理论语言学的世袭领地；二是研究语言系统（结构）的实际使用，包括人类语言学、社会语言学、心理语言学、语用学、文化语言学、话语分析等（姜望琪，2003）。关于语用学目前尚无一个科学且全面的定义，因"要给语用学下一个全面、确切的定义并不容易"（何兆熊，2000：6）。一个高度概括的定义是："语用学是一门科学地研究语言使用的学科。"（何兆熊，2000：6）冉永平（2006）认为，语用学研究话语在使用中的语境意义，或话语在特定语境条件下的交际意义，包括意义的产生与理解，也包括交际中语言形式或策略的恰当选择与使用。语言景观翻译是一种跨语言、跨文化的交际活动，语言、文化、思维方式、价值观等的差异会导致语用差异和语用失误，从而引发翻译语用失误。因此，翻译过程中，对原语信息理解的准确性和译语形式选择的适宜性尤为重要。

一、语用失误概念及类型[①]

语用失误这一概念首先由英国著名语用学家Thomas于1983年在其题为"Cross-Cultural Pragmatic Failure"的一文中提出。Thomas（1983）认为，语用失误不是一般语言表达中出现的语言运用错误，而是说话不合时宜的失误，是说话方式不妥、表达不符合习惯等导致交际不能取得预期效果的失误。钱冠连（2002：195）将语用失误定义为"说话人在言语交际中使用了符号关系正确的句子，但不自觉地违反了人际规范、社会规约，或者不合时间空间，不看对象，这样性质的错误就叫语用失误"。何自然和陈新仁（2004）认为，语用失误是指在言语交际中导致交际者本人未能取得完满交际效果的差错的统称，主要表现为说话方式不妥，或者不符合特定语言和文化社区的表达习惯，或者说话不合时宜等。学者们对语用失误的界定有一个共同点，即无语言错误，却使受话人难以甚至无法理解说话人的意图。

不同学者对语用失误的类型也有不同划分。Thomas（1983）将其分为语用语言失误和社交语用失误，即语用失误的"二分法"。李元胜（2004）在"二分法"的基础上增加了语用失误的非语言因素。刘绍忠和钟国仕（2001）把语用失误细分为语用个体关联失误、语用社会关联失误、语用语言关联失误、语用认知关联失误和语用文化关联失误五类。大多数学者采用Thomas（1983）的"二分法"，但"二分法"中语用语言失误和社交语用失误二者的区分并不是绝对的。由于语境不同，双方的话语意图和对对方话语的理解可能不同，因此，某一不合适的话语从一个角度看可能是语用语言失误，但从另一个角度看也可能是社交语用失误（成昭伟和周丽红，2008）。

---

① 此小节部分内容参见刘丽芬，裴湘琳. 2024. 语言景观外译社交语用失误探察. 外国语文，(6): 100-110.

二、语言景观翻译语用观

语言景观既要遵循普遍的语音、语法、语义和语汇规范标准，又因其自身的结构、功能特点、空间等诸多因素，要遵循相应的语用规范标准和语外规范标准（王建华和袁国霏，1999）。无论是语言规范，还是语用规范，均具有成熟且成体系的需遵守的规则。从起作用的方式看，规范性可分为显规范性和隐规范性。显规范性起作用的方式是直接明确的，能动者可用来确证其行动的合理性；隐规范性起作用的方式则是间接的或潜在的。在语言实践中，这两种规范性在某种意义上类似于 Chomsky 对表层语法和深层语法的区分；在政治、伦理道德以及法律层面，显规范性涉及那些明确的规则、规章、法律或者某些明显的可用作指示或参考的东西，隐规范性则涉及作为背景或语境的潜移默化地发挥作用的文化传统和思维模式等（郭贵春和赵晓聃，2014）。如果将明确的规则、规章等显规范性看作语言层面，那么，隐规范性则属于语用层面。双语语用转换是语用翻译所探讨的内容。

语用翻译是运用语用学理论去解决诸如翻译所涉及的理解过程和重构过程，语用和文化因素在译文中的处理方法，以及原作语用意义的传达及其在译作中的得失等问题（何自然和陈新仁，2004）。语用翻译观是一种以语用信息或语用功能的理解与表达为核心的翻译理念，其实质在于实现语用等效。它以意向读者/受话对象为前提，强调原语信息理解的正确性，译语形式选择的恰当性、适宜性与可接受性，尤其是交际的语用效果（冉永平，2012）。何自然（1997）认为，语用翻译是一种等效翻译，通过两种语言的对比研究语用语言等效和社交语用等效等问题。语用语言等效近似于 Nida 提倡的"动态对等翻译"，即不拘泥于原文形式，只求保存原作内容，用译文中最切近、最自然的对等语将这一内容表达出来，以求等效；社交语用等效指为跨语言、跨文化的双语交际服务的等效翻译。在语言景观汉俄转换这一语际交际中，译者既要了解汉俄语言景观结构和表达的异同，又要熟知语言景观在汉俄语言中的使用特征和社会文化规范，这样才能正确理解原文的信息意图，并在符合译语受众的文化与认知期待的前提下，将原文的信息意图准确传递出来。

语言景观本身具有一些语用上的特点，如力求简洁凝练、语言得体、具有"意动"和"收言后之力"（罗选民和黎土旺，2006：66），但不同语言的语言景观既受制于该语言的语法结构和表达形式,又受文化背景、民族思维特点的影响,各有其语用规范。汉语重意合,韵律优美,结构对称,俄语重形合,直截了当,简洁有力;汉语多用华丽辞藻描述事物,而俄语多用简单而直接的表述,只传递一种信息。语言景观翻译要实现语用上的等效,需了解汉俄双语语用特征、社会文化以及语言景观体裁特点,否则会出现语用失误。据调查,我国语言景观汉俄译写语用失误有语用语言失误和社交语用失误两种。

第二节 语言景观汉俄译写语用语言失误细析

当说话人所感知的话语意义与说话人意欲表达的或认为应该为听话人所感知的意义不同时,语用失误就产生了(Thomas,1983)。语用语言失误即语言本身的语用失误,是人们在言语交际中因未能准确或全面理解原文及其语境义,违反目的语的语言习惯,将本族语的使用习惯套入目的语而造成的语用失误。Thomas将其归咎于对话语语用之力的错误认识,即传达了非意欲传达的言外之力的话语,它主要包括两方面内容:一方面是非本族语者使用目的语的表达方式不符合本族语者的语言习惯;另一方面是非本族语者将其母语语义和结构不适当地套用到本族语者的语言中(Thomas,1983)。何自然和冉永平(2009)将语用语言失误分为两个层面:一是说话人措辞不当或使用了歧义词语,导致受话人误解了说话人在特定条件下的话语意义或所指范围;二是受话人误解说话人要表达的言外之意,或话语的言外之意未表达清楚。这两个层面的失误均与语言本身有关:一方面,说话人以为受话人能够充分理解自己的话语;另一方面,受话人却偏偏误解了说话人的意图,做出错误的语用推断。

外译中的语用语言失误并不是指拼写错误和语法错误,而是指违反译语语言习惯,误用译语表达方式,或将原语习惯强加于译语而导致的用词不当、语言累赘、中式外语等现象,使译文难以被译语受众接受。

据调查,我国语言景观汉俄译写的语用语言失误表现为以下七点:①偏离俄语表达习惯;②中式俄语;③信息不对等;④同一内容译文不一;⑤多语混杂；⑥英式翻译；⑦胡译乱译。下面分析语言景观汉俄译写语用失误时，一并分析其语言错误。

一、偏离俄语表达习惯[①]

语言表达固守中文习惯，逐词死译，缺乏灵活性。在翻译过程中，译者受原文语言表达方式的影响，导致译文不符合译语表达习惯，而译语本身所具有的固定表达模式恰好是译语文化的体现。文化是一个民族的全部生活方式（邓炎昌和刘润清，1989），思维模式和风俗习惯也包括在内。中俄两国地理环境和历史发展进程迥异，文化底蕴大相径庭。俄罗斯民族思维倾向于"抽象思维、分析思维、线性思维和精确思维"，与汉语相比，俄语表达更加"严谨、精确、模糊性较小、歧义现象较少"（刘丽芬，2012）。这一文化特点也体现在语言景观中，语言景观主要是提供信息或指令，具有指示、提示、禁止、限制、警告等功能，其特点正是模糊性小和歧义少。

对于指示性语言景观，如店铺名，俄罗斯直接以所经营物品或物品类属命名，直接指出其用途，如 Обувь（鞋店）、Молоко Овощи Фрукты（牛奶 蔬菜 水果店）、Конфеты（糖果店）、Ресторан（餐厅）、Продукты（食品店）等。我国此类店名一般加上店主名或限定语，强调所属或特点，以区别于同类，如金丫丫鞋店、叶子精品鞋阁、美丽女鞋吧、灰姑娘欧美女鞋店、馋嘴猫零食小铺、好吃吧、零点食客、零嘴坊、百果坊、日日鲜、绿色屋、鲜迎仙果蔬店、永辉超市、有间快餐店、绿丰园饭店、美云餐厅、可C可D果蔬氧吧等。

对于提示性语言景观，俄汉语均有无标记词和有标记词两类，无标记类大致对应，如"航班信息/Информация о авиарейсах/Расписание авиарейсов""已售完/Распродано""已消毒/Продезинфицировано"，也有不完全对应的，如"7折销售/Скидка 30%"中，汉语是打7折，但译成俄语为 Скидка 30%。有标记词类大致对应，如"当心犬只/Остерегайтесь собак""注意！危险区/

[①] Лю Лифэнь, Ван Мэн. 2024. Анализ переводов китайских общественных знаков на русский язык. *Международный аспирантский вестник*, (4): 39-44.

Осторожно! Опасная зона""当心高温/Осторожно! Высокая температура"
"当心汽车/Берегись автомобиля"等,但汉语有时表达委婉,在提示语前常有作题标且充满人文关怀的"温馨提示",如"温馨提示 小心台阶",其中"温馨提示"译成俄语时,一般译为"Внимание!"或 Осторожно 或 Напомните 或 Напоминание 等,依具体提示内容而定,如"ВНИМАНИЕ! СТУПЕНЬКА"(注意台阶)、"ОСТОРОЖНО! СТУПЕНИКИ"(小心台阶)等,但丧失了汉语中的关切性,单纯起提醒作用。

对于禁止性语言景观,汉俄表述均直接、生硬。如"禁止吸烟"、"严禁吸烟"、"Курить запрещается!"(禁止吸烟!)、"КУРЕНИЕ В ОБЩЕСТВЕННЫХ МЕСТАХ ЗАПРЕЩЕНО!"(公共场合禁止吸烟!)、"Курение строго запрещено!"(严禁吸烟!),俄语还用语气更严厉、更坚决的表述"не+未完成体动词不定式",如 Не курить(严禁吸烟),要求绝对、无条件地服从。汉俄均有违者罚款类的语言景观,例如"禁止吸烟 违者罚款"、"厂区严禁吸烟 违者罚款 100 元"、"Курить запрещено. Штраф от 10 до 30 базовых величин"(禁止吸烟 罚款 1000~3000 卢布)。也有提出请求的表述,如"请不要吸烟"、НЕ КУРИТЕ Спасибо(请不要吸烟 谢谢)(前部分用未完成体动词命令式,建议受众不要吸烟;后部分用 Спасибо,对接受建议的受众表示感谢);也有劝告性的表述,如"为了您和他人的健康,请'熄'烟。","为了我们共同的健康,感谢您不吸烟。","КУРЕНИЕ ДЕЙСТВИТЕЛЬНО ВРЕДИТ ВАШЕМУ ЗДОРОВЬЮ!"(吸烟有害健康!),"КУРЕНИЕ ВЫЗЫВАЕТ СИЛЬНУЮ ЗАВИСИМОСТЬ, НЕ НАЧИНАЙТЕ КУРИТЬ"(吸烟会上瘾 请勿吸烟),"ЗАЩИТИТЕ ДЕТЕЙ ОТ ТАБАЧНОГО ДЫМА"(保护儿童免受二手烟伤害);也有委婉的表述,如"吸烟有害健康。您多一份健康,我们就多一份笑容。","提神不妨清茶;消愁不如朋友;若吸烟,又何苦?","У НАС НЕ КУРЯТ! СПАСИБО, ЧТО СОБЛЮДАЕТЕ ЧИСТОТУ!"(此处无烟 谢谢您保持卫生!),相对而言,汉语表述要委婉得多,且表委婉的用法也多,俄语则较少。

翻译此类语言景观时,译者要考虑译语文化特点,努力寻求维持汉俄文化平衡的支撑点,做到既充分再现原文语篇的文化信息,又兼顾译文的可读性,以及译语受众的接受能力和感受。此外,还须考虑不同文化背景的读者因知识结构、文化差异等因素的制约，对语篇信息的理解与接受程度不尽相同这一特点。因为有的信息对原语读者来说很有意义，对于译语受众却不然。译者是译语语篇信息性的调节者，要根据译语受众的阅读经验和期待视野对语篇信息进行适当调节（张美芳，2005）。因此，语言景观翻译时要充分考虑译语语言习惯、表述方式等因素，尽量沿用与译语相同或相近的表达习惯，做到简洁、准确、易懂、语义单一、语体适中。很多语言景观是世界共有的，完全可以借用译语的固有表达。只有这样，才能使译语受众理解、接受、执行或采取行动，让语言景观发挥应有作用。

有的语言景观翻译看上去无语法、词汇等错误，但俄语受众会觉得很别扭，因为其不符合俄语景观表达习惯。例如将"安丝雨化妆城"译为Парфюмерно-космети́че ский торговый центр Аньсыюй。"化妆城"是销售化妆品的店铺，译文除书写错误（将单词косметический分开了）外，似乎无语法、词汇错误，但不是地道的俄语店铺名称表达，俄语受众可能明白，但会感到异样。俄罗斯销售化妆品的商店或柜台有：ЗОЛОТОЕ ЯБЛОКО парфюмерный супермаркет、РИВ ГОШ、Л'Этуаль ПАРФЮМЕРИЯ КОСМЕТИКА АКСЕССУАРЫ、Lilit ПРОФЕССИОНАЛЬНАЯ КОСМЕТИКА、Акварель косметика парфюмерия、ХАКАС КОСМЕТИКА、Мир косметика、Крымская живая косметика、Magic Beauty ПРОФЕССИОНАЛЬНАЯ КОСМЕТИКА 等，香水、化妆品店多直接用名词Парфюмия、Косметика作店名，还见用罗马字母将косметика转写为cosmetic的店名，如 iBEAUTY COSMETIC OUTLET、MIMI COSMETIC、KRISS cosmetic КОСМЕТИКА ПАРФЮМЕРИЯ АКСЕССУАРЫ 等。翻译此类语言景观时，可直接借用俄语的固有表达，可将原译改为Парфюмия Косметика "Аньсыюй"。又如第五章第三节"三、句类错误"中的语言景观"请勿乱丢垃圾"译为"Здесь работает мусорный ящик!"，同一标牌上的另一语言景观"请勿乱倒脏水"译为"Помои в сточный канал!"，两个译文尽管无语法错误，但偏离了俄语的固有表达习惯。俄语"请勿乱丢垃圾"表述为"Не мусорить!"或"МУСОР НЕ ВЫБРАСЫВАТЬ!"或"ВЫБРАСЫВАТЬ МУСОР ЗАПРЕЩЕНО!"，"请勿乱倒脏水"可译为"Не сливать грязную воду!"或"Не сливать помои!"。实际上，俄罗斯该类标牌少见помои一词，照俄语标牌书写习惯，此处只译

前者即可。

　　语言景观翻译不同于其他文本翻译，不能死守所谓的"忠实"原则，不是一字不漏全盘照译，而应根据译语受众所能接受的习惯用法，采用变通方法翻译。翻译语言景观，最主要的方法是借用法，既简单，又便捷，拿来就用，译语受众也乐于接受。例如"油漆未干，请勿靠近"的译文 Свежая краска Не подходить（新鲜油漆 不准走近）属中式俄语，逐字死译，语法不正确。后半部分"请勿靠近"译成了"不准走近"，不仅用词错误，结构也不完整（подходить 的接格形式为 к кому-чему），"靠近、贴近"对应俄语 прислоняться，"请勿靠近"可译为"Пожалуйста, не прислоняйтесь"，但建议不译，俄语中有现成表达，可直接借用"Осторожно, окрашено!"，该表述就蕴含了"请勿靠近"的言外之意。"当心碰头"译为"Осторожно, не ударять голов"，前半部分译文准确，说明译者掌握了语言景观"小心、当心"之类的俄译模式，但后半部分"碰头"译成了"自己打击头"，若用"撞击"义的动词，应用非及物动词，即用带-ся 的动词 ударяться/удариться，原译可改为"Осторожно, не ударяйтесь/ударьтесь головой!"。但该标牌放置在三亚市旅游景点"小洞天"的洞口旁，根据语境，此处指洞口顶部低，故可直接借用俄语"Осторожно! Низкий потолок!"。又如标牌"哈佛 热水器"译为 нагреватель воды，"热水器"在汉语中是一个词，俄语有相对应的合成词 водонагреватели，原译除语法上名词 нагреватель 数的错误（应用复数）外，整个表述无错，但要尊重译语的习惯用法，可直接借用俄语表述。作为店名，虽然因特定语境可直接用 Нагреватели，但最好用对应的合成词 Водонагреватели，有时也可用 Бойлер。

　　"无烟市场 禁止吸烟"的俄译 Некурящий рынок Курить нельзя 除语用错误外，还有语言错误。若标牌位于市场，可以不译"无烟市场"，直接译为 Курение запрещено 或"Курить запрещено!"或 Не курить；若要强调"市场"，可借用俄语常用表述，译为"На территории рынка курить запрещено!"。同理，三亚市大小洞天一语言景观"无烟景区 禁止吸烟"，其译文 Зона без курения Не курить 正确，但也可改译为"На территории района курить запрещено!"。从语气看，前者更适宜，因在景区，禁止行为应是绝对的、不可违背的，这一语用性体现为语言表述"не+未完成体动词不定式"强硬、直白，无商量余地。因此，此类标牌不宜照汉语一字不漏地翻译，而应考虑俄语类似标牌的表达，直接借用。

"请勿践踏草坪"类语言景观，国内有几百种表达，在俄罗斯这种情况却很少见。因此，在翻译这类运用各种修辞手法的汉语景观时，要考虑俄语国家类似语言景观的撰写特点，若有现成的，则直接借用。据调查，我国该类语言景观汉俄译写时多是一字不漏地照汉语意思翻译，文本可读性差，译语受众可能会理解，但不会接受，可谓吃力不讨好。例如，两则语言景观"青草依依，请您珍惜"和"小草正生长，请脚下留情"，分别译为 берегите нежные зелёные травы 和"растит траву, не проходить"，暂撇开语言错误，译文表述就不符合译语文化。俄罗斯此类语言景观一般不使用情感修辞色彩强烈的文本，而多使用简洁直观的表述，例如在俄罗斯拍摄的几则语言景观，其表述分别为：По газонам не ходить（禁止践踏草坪），Газон не топтать（禁止践踏草坪），Проход по газону запрещён（禁止穿越草坪），"Нельзя топать траву!"（勿踏草坪！），"Не ходите по траве!"（勿踏草坪！）等。以上两例若照俄语习惯翻译，可直接借用俄文表达，若要考虑中国人的习惯，须兼顾二者，可分别改为"Трава. Не ходите по траве!"和"Здесь растёт трава. Не ходите по траве!"。实际上，此两例俄译多此一举，忽视了语境因素，该语言景观就设置在草坪旁，若加上"Трава."和"Здесь растёт трава."则会产生冗余信息，因此，建议删除多余表述。若只为达到语用效果，还可借用其他几种表述，尽管语气较 Не ходите по траве 严厉，但对思维方式与中国人不同的俄语受众来说更容易接受。

不采取适当的语言技巧，将此类语言景观直译成俄语，不仅不符合国外对应文体的行文习惯和语言风格，而且会令国外受众难以接受，甚至觉得不可理喻。他们认为，不践踏草坪是每位公民应该遵守的基本准则，必须直接指出，不必绕来绕去。若照汉语字面意思翻译，不仅起不到提示作用，达不到语言服务的效果，而且会令国外受众疑惑不解。因为原文是写给原文读者看的，符合原文读者的文化语境，被原文读者所接受。当原文被引入另一个文化语境中，读者群体发生了变化，译者须明确译品面向的特定读者，消化吸收原文，按特定读者的阅读预期翻译，这样才能满足特定读者的特定需求，译文才能达到跨文化交际的目的（张永中等，2008）。

再如"我也有生命，请爱护我"的俄译"Я живой, любить меня пожалуйста"，有语法(Я 指代阴性名词 трава，因此，形容词也应为阴性 живая；译文有语气词 пожалуйста，而动词却用了不定式，应用命令式形式)、词汇(动词 любить 的意思是"爱、爱戴、爱慕"，与原文中"爱护"语义不符，应为 беречь)错误。原文使用了拟人手法，人文气息浓郁，语气和缓，提醒公众不要踩踏草坪，若不考虑俄语表达习惯，可改为"Я живая, берегите меня, пожалуйста"，但此译并非地道的翻译，它与俄语相关表述不太吻合，俄语有关"请勿践踏草坪"的表述比较简单，一目了然。因此，可直接借用俄语表达"Не ходите по траве!"（勿踏草地！）。然而，随着中俄两国交往越来越密切，两国文化不可避免发生碰撞，从而相互影响、相互渗透，中国的委婉表达偶尔也能在俄罗斯语言景观中觅到踪迹，如在俄罗斯拍摄的两个手写自制标牌"Не топчи нас!!! Мы живые!"（别踩我们！我们也有生命！）和"ГАЗОН – ДОМ ЛУКОВИЧНЫХ ЦВЕТОВ! Береги его, пожалуйста!"（草坪是花草的家园！请爱护它！）。

汉语有关"请勿践踏草坪"类的表述有很多种，例如"小草有生命，脚下请留情""一花一草皆生命，一枝一叶总关情""我爱花儿开得美，花儿夸我心灵美""小草青青，足下留情""绿草茵茵，足下留情""小草青青，情系你我""小草青青，踏之何忍心？""小草在休息，大家莫打扰""小草在生长，请你爱护它""小草微微笑，请您走便道""小草含羞笑，请您勿打扰""小草要睡觉，请您勿打扰""小草有情，您当有义""青草依依，踏之何忍""青青的草，怕你的脚""绕行三五步，留得芳草绿""请你绕一绕，小草笑一笑""小草对您微微笑，请您把路绕一绕""花草亦有情，珍惜满春园""保护环境，爱护花草""小花多可爱，请你别伤害""爱护脚下草，莫折枝头花""爱惜绿草，敬请驻足""花草与你同呼吸，绿色与你共命运""芬芳来自鲜花，美丽需要您的呵护""保护绿草，留住绿意""呵护绿色，爱惜生命""呵护一片绿，回报无限情""绿意浓浓，其乐融融""少一份脚印，多一份绿色""共爱绿树鲜花，同沐蓝天碧水""枫叶正红时，君手莫折枝""来时给你一阵芳香，走时还我一身洁净""花草丛中笑，园外赏其貌""花儿开得美，大家来欣赏，花儿微微笑，脚儿请绕道！""爱比花红，情比绿浓！""请高抬贵脚，听，小草在哭泣！""保护一片绿地，撑起一片蓝天""知心难觅,芳草难培""你确定只是踩着一株草吗?""你的关怀爱护,让我笑容灿烂"等。表述五花八门、千姿百态,有的语句会产生强烈的感染力,不可谓不妙。这些语言景观委婉提醒人们注意保护花草、保护环境,做一个有文明、有素养的公民。这类语言景观摒弃了"请勿践踏,违者罚款"等强制性用语,当人们看到这些温馨表述时,更能自觉规范自己的行为。

这些表述只针对汉语受众,是根据汉语受众的认知、思维方式、语言习惯、接受方式、心理特点等拟制的,结构工整,音韵和谐,是中国人对偶性思维的一种表现形式,体现了中国人看待世界的方式,体现了汉民族的文化特点,倘若译成俄语,则要考虑俄民族的文化特点,遵循该民族的思维方式、价值取向、表达习惯等。萨丕尔说过,"语言,作为一种结构,其内里是思维模式",思维制约语言(刘丽芬,2012)。因此,译者应充分考虑俄语受众的思维方式、接受习惯等,根据俄语约定俗成的表述,对原文进行简化与译写,或直接借用俄语已有表述,确保俄译达到宣传保护草坪的预期效果。

译者不了解或忽视译语的类似表达方式,照原文一字不漏地翻译,很可能会导致语用语言失误。任何一种语言都是其民族悠久历史文化的沉淀,不同文化环境中的人在社会背景、生活习俗、思维方式上存在差异,在语言表达上也存在差异,这些差异也充分体现在语言景观中。翻译汉语景观时,重点不再是逐字翻译,而是译写参半。有时需稍加改写,即对译语类似表达稍加改造;有时甚至可以完全借用译语类似表达。

语言景观汉俄译写中,有的译文并无语言和语用错误,但为使译文更加完美、精益求精,建议采用更符合译语当前习惯的表达方式。例如,黑河市的一则语言景观"中央商业步行街欢迎您"的俄译是"Центральная торговая пешеходная улица приветствует Вас!",译文无错,但过于咬文嚼字,表述不合时宜,且语境信息冗余。作为标语,可以采用目前通用的表达 Добро пожаловать,又因标语就在步行街,пешеходная 属语境信息,译出纯属多余(汉语原文"步行"二字不可省),建议改译为"Добро пожаловать на центральную торговую улицу!"。此译文更地道,更精准,更符合俄语当前的用法。此译能使俄语受众感受到中国译者深谙俄语国家文化,了解俄语语言变化趋势以及当前用法,从而对中国人肃然起敬,好感也会油然而生。

还有一类情况，语法正确，用词无错，不存在翻译错误，但可能有更好的译文。例如，"香衣阁"译为 бутик эксклюзивной одежды（时装专卖店），该译文语言上无错误，尽管 эксклюзивная 与 одежда 可以搭配，但不是最佳搭配，通常与 одежда 搭配的表示"时髦、时尚、别具一格、款式新颖"等义的形容词有 стильная、модная 等。因此，此处建议改为 Модная одежда 或 Стильная одежда。

汉俄语言表达相异由汉俄两民族思维方式差异引起。语言是思维的主要工具，是思维方式的构成要素。思维以一定的方式体现出来，表现于某种语言形式之中（连淑能，2002）。翻译不仅是语言形式的转换，还是思维方式的变换。正如袁毓林（2015）分析汉语反事实表达后所下的结论：一个民族的思维特点极大地滋养和培育了相应语言的有关语法结构和表达形式；一种语言的有关词汇语法结构和表达格式特点，又在一定程度上限制和塑造了相应民族的思维特点。因此，汉俄语言景观因语言类型、民族思维等因素的影响表现出不同的特点。

二、中式俄语

贾冠杰提出了中国英语、中国式英语和中国人造错误英语三种类型。他认为，中国英语不同于中国式英语，中国式英语不同于中国人造错误英语。中国英语是操汉语者使用、以标准英语为核心、反映中国文化、具有中国特点、为英语本族语者理解并接受的英语。中国式英语或中式英语是操汉语者使用、以英语为核心、反映中国文化、具有中国特点、为英语本族语者理解但不接受的英语。分为三类：①语法正确，用词累赘，英语本族语者可以理解但不接受；②语法不正确，英语本族语者可以理解但不接受；③语法正确，用词不累赘，英语本族语者可以理解但不接受。中国人造错误英语是中国人根据汉语结构随意翻译、有语法错误、未反映中国文化、无中国特点、英语本族语者不理解也不接受的英语（贾冠杰，2013）。

笔者认为，中式俄语是根据汉语字面意思逐字逐词地对译，套用汉语语序，采用汉语表述，带有汉语特征，形式上是俄语，但在用词搭配、语法表达上不符合俄语规则，虽然俄语母语者可以看懂，但不能接受的俄语。据调查，中式俄语最典型的表现是套用汉语语序，也就是不考虑俄语受众思维方式和俄语词语类别而照汉语语序进行对译。如大连棒棰岛的"游客服务中心"逐字对译为 Туристский сервис центр，туристский 是 сервис 的一致定语，туристский сервис 语法与搭配符合俄语规范，但译者却将作为中心语的 центр 置于 туристский сервис 之后，套用了汉语语序，未考虑译语表达方式，从而出现语用语言失误。照俄语表达习惯，原译应改为 ЦЕНТР ОБСЛУЖИВАНИЯ ТУРИСТОВ 或 Центр туристского сервиса。又如"服装店"词对词转换为 ОДЕЖДА МАГАЗИН，译者未顾及译语语法特点，照搬了汉语语序，建议改译为 МАГАЗИН ОДЕЖДЫ，或直接用 ОДЕЖДА 表示。以上两则语言景观词语较少，尽管译文不正确，但母语者能通过单个词语猜出原文大意。再如海南一商业标牌"精致的理发沙龙"也是逐字译为 Утонченная парикмахерские салон，该译有多个错误：语法错误（中心词 салон 是阳性单数，其一致定语应用阳性，但两个形容词，一个用了阴性单数，一个用了复数）、词汇错误["精致的"译成 утонченная，不知何意，可能是用了 уточнить 的被动形动词 уточённая（准确的、明确的、精确的），书写时多了个字母 н，"精致的"对应俄语 изысканный]、表述错误（"理发沙龙"实指理发店，对应俄语 парикмахерская）。汉语商业店铺名称常常添加一些表征店铺服务水平、档次等的修饰语，而俄语则很少加修饰语，根据俄语该类店铺名的拟制特点，汉语"精致的""沙龙"二字可不译，直接译为 Парикмахерская。若词语多，表达复杂，俄语母语者未必能看懂。笔者拍摄的语言景观中，此类词序错误可谓多如牛毛，此类错误分析见第五章第三节"一、俄汉词序概说"。

中式俄语中除套用汉语语序而导致的错误外，还有其他错误类型，例如"请看管好自己的物品 防止偷盗"译为 Обращать внимание в свои вещи Предотвращать кражу，其中有两处中式错误。

第一，将"看管好"译为 обращать внимание（注意）（该词组的接格形式也有错，应用 на что-нибудь）。从语义角度看，此类错误系译者未弄清汉语"看管好"之义，"看管"对应俄语 следить；从语用角度看，此类错误系译者未理解俄语 обращать внимание 的真正含义及使用场景。汉语"注意"之义对应多个俄语表达，如 обращать внимание、замечать、принимать во внимание、считаться（с чем-л.）、иметь в виду、интересоваться、не упускать из вида、следить、внимание、предупреждение、учёт 等。"请看管好自己的物品"指照看好自己的物品，别让物品丢失，此语境下应用动词 следить，应改译为"Следите за своими вещами!"。

俄语学习中，表"注意"义的词组 обращать внимание 运用最广、最多，很多译者只要见到汉语"注意"就会自动机械地译成俄语词组 обращать внимание，将汉语"注意"与俄语词组 обращать внимание 画等号。又如汉语"注意安全"，很多译者也常常直接套用 обращать внимание，译为 Обращать внимание на безопасность。须知，原语同一个词可能对应译语不同的词或词组，而不同的词或词组有不同的语义内涵，用于不同语境，脱离具体语境就无法决定应该选择哪个词或词组。обращать внимание 表示"将注意力转向……"，而"注意安全"表示提醒人们行事时要小心谨慎，以防财物被盗、身体受伤或者遭遇其他危险，其俄语表述有"Осторожно!""Берегите себя.""Будьте внимательны.""Следите за своей безопасностью."等，但作为提示性语言景观，通常有使用场景和注意事项，如"Осторожно! Ступеньки!"（注意台阶！），汉语"注意安全"可直接用"Осторожно!"这一表述。

第二，将"防止偷盗"译为 Предотвращать кражу，此译文无错，但使用语域不对，该词组一般是警察的命令，与提示性语言景观标牌的语域不符。建议改为"Берегитесь воров!"或"Остерегайтесь воров!"或"Опасайтесь воров!"，还可在 вор 后添加同位语 карманник，即 воров-карманников。

俄汉词或词组的语义常常是一对多或多对一，每一对应义都有其特定搭配和特定使用场景。日常外语学习中，当母语对应于译语多个表达时，学习者须弄清所对应译语每一个表达的词义适用范围及场合。唯有如此，才能在汉外互译时，从大脑储存知识中自动选择与语境相匹配的表述。

三、信息不对等[①]

信息不对等指译文相对于原文出现的信息缺失、冗余或失真。从译者角

[①] 本小节部分内容参见刘丽芬，李敏. 2024. 中国公示语外译信息不对等探究. 外国语文研究, (4): 81-93.

度考虑，译者与作者的思维差异以及译者主观性的发挥，使得翻译过程中出现信息量增加、减少或失真现象，导致译文信息量大于或小于原文，或译文信息偏离原文（李建利和邵华，2007）。信息缺失、冗余或失真均违反合作原则（cooperative principle）的次准则。

　　合作原则由 Grice 于 1975 年提出。在 Grice 看来，为了保证会话等言语交际顺利进行，交际双方必须共同遵守某些基本原则，即合作原则。合作原则包括四条准则：质准则（quality maxim）、量准则（quantity maxim）、关系准则（relation maxim）和方式准则（manner maxim）（Grice，1975）。

　　Grice 的合作原则要求译者（第二说话人，原文作者为第一说话人）将话语信息准确地传递给译语读者，使译语读者获得与原文读者相同的语用信息。语言景观翻译中，若原文字面意思就是作者的本意，在不影响译语读者理解的前提下，可照译不误；但对于因文化差异以及语言表述方式差异而无法直译的内容，译者就不能拘泥于原文的字面意思，而需灵活地转换表达形式，必要时舍形取义、变形取义、增形取义或减形取义，使译语读者对原文的意旨一目了然（成昭伟和周丽红，2008）。下面对语言景观汉俄译写中出现的信息不对等情况分别展开分析。

（一）信息缺失

　　语言景观的主要功能之一是提供信息，且提供必要信息。本节的信息缺失不包括剔除语境信息的情况，有的语言景观汉俄译写漏掉次要信息无关紧要，如"红红超市"中的名称"红红"可译可不译，不影响信息接受。有的修饰语却是必要信息的组成部分，例如"散客入口"译为 Вход для посетителей，译文就缺乏"散"这一关键信息，因"散"是相对于"团体"而言，有必要译出，应改译为 Вход для индивидуальных посетителей，若不存在上述区分，可忽略 для посетителей，直接译为 Вход 即可。又如在圣彼得堡冬宫入口处，有专为团体设置的标牌，"团体入口"译为 Вход для группы，在"入口"Вход 后加上限定词 для группы，"散客入口"则无须做出特别说明，只写出 Вход 即可。根据信息缺失程度，可将其分为完全缺失和部分缺失两类。

1. 完全缺失

信息由内容与形式两个基本层面构成，是内容与形式的统一，两个层面互为前提。语言景观外译中信息形式与内容的统一，不仅关乎原文与译文的字面意思，更关乎实质内容。信息完全缺失指译文与原文的字面意思及实质内容完全不符，违反了合作原则的质准则、关系准则。据调查，此类现象不多，例如标牌"明轩铁艺雕刻"译为 рекламная фирма（广告公司），会使俄语受众误认为其是制作广告的公司。根据店名推测，它可能是专做广告招牌的，若回译，可将俄语 рекламная 译成汉语"广告"，似乎与"做广告招牌"中"广告"二字有点联系。该例既可归为信息失真，也可归为信息完全缺失。若是前者，则会误导译语受众；若是后者，则等于白译。二者均达不到交际目的。根据汉语可将原文译为 Ковка и гравировка "Минсюань"或 Кованые и гравированые изделия "Минсюань"。又如"信达电器"译成 Техника у Андрея（安德烈技术），техника 似乎与"电器"有点联系，但又不能直接等同于"电器"，名称"信达"译成了人名 Андрей，与店名相去甚远，建议改为 Электроника "Синьда"。

2. 部分缺失

信息部分缺失主要指信息单位的部分缺失。信息分布是线性的，与信息单位的结构有关。信息单位的结构就是说话者对信息单位的成分进行组织而形成的信息分布格局（华晓宇和徐玉臣，2018）。翻译这种信息单位结构时，某一部分内容的缺失会造成信息传递中断或曲折，阻碍言语交际的完成。语言景观作为一种特殊的交际文本，其功能的实现很大程度上依赖于信息单位结构的完整转换。语言景观信息部分缺失指译文相对于原文或原文实质内容存在信息缺失的现象。根据具体实例，部分缺失可分四种情况：①原文信息部分缺失；②原文信息完全缺失，译文揭示原文部分内涵；③原文信息保全，但其内涵未揭橥；④原文信息保全，增译部分内涵。下面分别细析。

1）原文信息部分缺失

原文信息部分缺失指译文译出了原文的部分主要信息，但少译或漏译了原文的其他主要信息。根据原文信息凸显程度，这种情况可分为以下四类。

第一，原文具体，无须考虑原文实质内容，直译即能提供完整的信息，使译语受众获得与原语受众同样的交际效果。例如"和平 旅店 123 便利店"的俄译 Ночные магазины（夜店）只译出了部分主要信息"商店"，漏译了其他主要信息，且"商店"的俄译用了复数 магазины，用 ночные 说明这家商店只在晚上营业，白天休息。依据实情，此处是一个 24 小时营业的旅店，旅店里设有便利店，译文缺失两大主要信息：旅店和白天营业。根据俄罗斯标牌特点，若店铺 24 小时营业，则在店名旁标注 24 即可，也可用俄语круглосуточно 表示，建议改译为 Отель Магазин，再在店名左下角或右下角标注 24 或 Круглосуточно。

为了正确引导消费者、锁定消费目标（吕和发和蒋璐，2011），有些商业店铺直接以具体商品名称作为店名或在标牌上列出与经营相关的信息。对于此类标牌，可采用直译法，直接转换标牌上所列商品的名称，且须全部列出（除非无足够的版面空间，且所列商品有被指代的上位词），若缺少一种商品，则会导致信息缺失，错失潜在消费者。例如"弘宇 窗帘床品"译为 Салон штор，译文无错，但只译出了"窗帘"这一信息，缺失"床品"这一信息（专名"弘宇"可不译），应补上 постельные принадлежности，改译为"Салон штор, постельных принадлежностей"，或直接列出商品名，译为 Шторы Постельные принадлежности。第四章第三节"四、单词拼写错误"中一例"鲜肉果菜店"的译文只译出了 овощнои магазин（蔬菜店），缺失其他主要信息"鲜肉"和"水果"，使俄语受众无法获得完整信息，且存在语言错误，овощнои 书写出错；同时，译文不符合俄语表达习惯，俄罗斯销售水果、蔬菜、肉类等的小店铺，一般直接用所售物品命名，可直接借用这种表达，故可译为 МЯСО ФРУКТЫ ОВОЩИ。

"美丽 俄百货大全"译为 Универмаг товаров "мэй ли"，且不说名称"美丽"（Мэй Ли/красота）书写及大小写错误，销售哪国的商品未译出，该店铺销售俄罗斯商品，此译只译出了部分主要信息，另一主要信息 российские 未译出，不能释放原文全部信息，造成译文与原文不对应，出现信息差。建议将原译改为 Универмаг российских товаров "Мэй Ли"或 Универмаг российских товаров "Красота"。

店名"川府鸭颈王"译为 Утиный деликатес по-сычу аньски，由店名可

知，该店是以鸭颈为主要特色的餐馆。暂且不说排版错误，译名虽突出了鸭这一特色，但缺失鸭颈这一主要且具体的信息，建议改译为 Утиная шейка по-сычуаньски。中文店名"矿泥面膜厂家直销处"译为 МАГАЗИН ИСКУССТВА，只译出了"商店"（магазин），大部分主要信息缺失，译语受众只知这是一家商店，具体销售何物无法获知，另一名词 искусства 与商店所售物品毫无关系。原译可改为 Рудные шламовые маски-муляжи по фабричной цене 或 Маски-муляжи Оптом，或标牌上方写 Пилинг，下方写 Фабричная цена 等。

"洋夫人皮草"只照字面意思译出了店名的前半部分 Европейская госпожа（欧洲女士），俄语受众不仅无法从译文中看出该店销售何种商品，而且会感到莫名其妙，无法预测该店名的真正内涵。该译文缺失了主要信息，未译出该店所销售的商品。原文的核心词是"皮草"（мех），修饰语是"洋夫人"，指女士穿上此店销售的皮草会变得洋气，凸显其身份与地位，这是中国店铺命名的惯用手法。但在俄语受众的认知中，无法将 европейская госпожа 与"洋夫人"联系起来。因此，译成俄语时要考虑此类店铺的俄语命名习惯与特点，建议直接用核心词"皮草"的单数形式 MEX 或复数形式 MEXA。

第二，原文具体，译文缺失原文主要信息，增译了原文部分内涵信息。例如，"王子火锅"的原译 Принц（王子）тушеное мясо с картофелем（肉焖土豆）译出了原文次要信息"王子"，主要信息与原文不符。据考察，"肉焖土豆"是火锅店里的一道菜。此译以具体指概括，以小概念指大概念。另外，"王子"的语序不正确，作为专名，应置于普通名词后。"王子"既可音译，也可意译，但意译更佳，因为俄语中一般很少用"王子"作为人名，且"王子"本身具有丰富而美好的寓意。还见将"火锅"译成 горшок 的语言景观，如"都市一家火锅"的俄译为 горшок。二者均可译为 Хого 或 Китайский самовар。"王子火锅"还可译为 Хого "Принц"或 Китайский самовар "Принц"。中国火锅，曾俄译为"Китайский самовар"（中国茶炊），起初令俄语民众大惑不解，并且产生误解（茶炊是俄语国家的特色，与中国火锅相去甚远），但用得多了，俄语民众也就接受了。随着中餐馆在俄罗斯的广泛开设（据不完全统计，2019 年圣彼得堡的中餐馆有 106 家），俄罗斯人渐渐了解了中国火锅，接受了中国文化，故可直接音译为 Хого（刘丽芬，

2019）。该类误译也属于文化误译。

第三，原文具体，译文只译出了原文部分信息，但曲解了原文。例如，"华泰安防监控安装公司"的俄译 компаниясистемы безопасности и видеонаблюдения 只译出了原文的部分信息"公司"（компания）（компания 与 системы 应分开书写），其他部分的译文与原文不符，误解了原文。译文意思是"安全系统和监控公司"，而原文是安装监控设备的公司，根据汉语，店名应译为 Компания по монтажу видеонаблюдения 或 Фирма по установке систем безопасности и видеонаблюдения。

第四，原文不太具体，译文只译出了原文部分内涵信息。例如，"水悦康 SPA 养生馆"的译文 Лечебные процедуры 与原文字面义不符，漏译了店名的主要信息"SPA 养生馆"和具有区别功能的次要信息"水悦康"（"水悦康"若作专名，可不译；但汉语的"水""悦""康"三字蕴含一定的文化联想意义，若意译则要占很大篇幅，故不译），仅译出了这一店名的部分内涵信息。养生馆是提供针灸、推拿、拔火罐等中医理疗项目，以及按摩、香薰 SPA、美容美体等养生服务的休闲场所，而译文只译出了"医疗的、治疗的"（лечебный）这一信息，缺少"保健"信息，应改为 Лечебно-оздоровительный центр，或直接译写为 SPA 或 СПА。

2）原文信息完全缺失，译文揭示原文部分内涵

原文信息完全缺失，但译文译出了原文的部分内涵，即译文与标牌名不符，但与标牌实质内容部分相符，可分为以下三种情况。

第一，原文具体，译文只传达了原文部分内涵信息。例如，"化妆品店"译为 корейский，汉语标牌并无"韩国"这一信息，但玻璃门上写有"韩国"，由此可知，该店销售的是韩国化妆品，俄译与该店的实质内容部分吻合，但缺少主要信息 косметика，等于白译，达不到任何交际目的，故应改译为 Корейская косметика。

一家店铺的俄译为 ШЕСТЬ ЮАНЕЙ МАГАЗNН（将 И 写成了英文字母 N），而汉语标牌是"童装品牌折扣店"，俄译显然与汉语原文不符，但可能与原文内涵有关联，可达到部分交际目的。无论是否与店名内涵相符，俄译都缺失了主要信息"童装"。若该店所售童装的确是 6 元一件，则可译为 Детская одежда，再在其左或其右写上 6 юаней；若不是，则属信息失真。可

参考译语此类店名的表达方法进行改译。汉语"折扣"对应的俄语单词为 скидка。笔者在俄罗斯圣彼得堡市拍摄了多张有关服装、鞋等折扣店的语言景观，大多借用音译自英语 discount 的 дисконт，如 МИР СКИДОК（内衣折扣店）、Дефи*ле дисконт（内衣和泳衣折扣店）、ДИСКОНТ-ЦЕНТР（品牌折扣中心）、DISCOUNT（鞋类折扣店），还有一些店铺使用 Дисконтный магазин 作为店名。店名若直接采用英语 discount，可能上年纪的人看不懂。因此，此类店名除译为 Дисконт Детская одежда 或 Дисконтный магазин Детская одежда 外，还可译为 Детская одежда Скидка。

还有一种情况：译文可能译出了原文所包含的部分内涵信息。例如，一家店铺标牌的汉语为"航轩服饰"，而俄译名分两行，上行为 МАГАЗИН "BEST"，下行为 Цзы Юй Гонконкский мех（子玉香港皮草），与汉语店名不符。从俄译看，该店可能是销售香港皮草的店铺，但根据原文，则只能译为 Одежда "Хан Сюань"，因为原文已明确指出该店铺所销售的商品是"服饰"，译文 Гонконкский мех 可能是该店铺所销售的一类服饰或唯一服饰品类。若 Гонконкский мех 是所销售服饰中的一种，又想突出这一品类，且版面空间允许，则可在店名左边或右边或下方加上 Гонконкский мех；若该店铺仅售 Гонконкский мех，则可译为 Гонконкские меха "Хан Сюань"，使信息更具体、更精准。又如"游客接待中心"译为 ЦЕНТР ПРОДАВАТЬ БИЛЕТЫ（售票中心），此译文与原文不符，照原文应译为 ЦЕНТР ОБСЛУЖИВАНИЯ ТУРИСТОВ。实际上，售票中心多位于游客中心，在游客中心的售票处一般为 КАССА，作为大门口的标牌也可写为 Центр продажи билетов。以上两例的原文均能提供清晰准确的信息，但译者却未充分考虑原文，译文可能源自原文内涵。原文若能提供让目的语受众理解的信息，建议翻译时可不考虑其实质内容，直接翻译原文。

第二，原文不太具体，译文可能译出原文内涵。例如，"成源电器服务部"译为 Техника ремонт，两词均用第一格。从语法上看，二者为并列关系；但从书写上看，二者若表示并列关系，则各个并列词首字母应大写或所有单词大写。最主要的问题是译者只译出了原文实质内容的部分信息"维修"（"电器服务部"即维修部），而未指出维修的对象，汉语店名为"电器服务部"，译文少了关键信息"电器"，译语受众无法知晓该店究竟修理什么，达不到预期的交际效果，建议改为 Ремонт электроприборов。

又如在义乌市拍摄的一则语言景观，汉语为"斯利文安特普贸易有限公司"，从名称上看不出该公司具体经营什么，只知道是做贸易的，而从俄语译名 ОПТОВЫЙ ИНТЕРНЕТ-МАГАЗИН товаров народного потребления Доставка в любую точку СНГ 还能看出该公司是网店，批发日用品。译文与原文不对应，但较原文具体，译文中 товаров народного потребления 可能是该公司所销售的产品，作为店名过长。从受众角度看，此译是能取得一定语用效果的译文。此译表明，译者不能拘泥于原文的字面意思逐词翻译，还需考虑原文是否提供了准确的信息，是否能达到所期望的语用效果。实际上，原文显示不出该公司是做什么的，原语受众也很难获得实质性的有用信息，译语受众却能获得较准确的信息，这体现了译者在翻译过程中进行过实地考察，了解了该公司所经营的业务，采用了灵活变通的译法，将原文所无而实际上是真实的信息揭示出来。尽管此译不错，但作为店名，须先译出名称，若有空间，可在边缘位置补充具体信息。对于此店名的翻译，建议先译出店名 ООО "СЫЛИВЭНЬАНЬТЭП"，若有空间，可将原译置于店名下方，或将原译前半部分 ОПТОВЫЙ ИНТЕРНЕТ-МАГАЗИН товаров народного потребления 置于店名上方，将后半部分 Доставка в любую точку СНГ 置于店名下方。对于此类语言景观，应先译名，若名称中无法提供具体信息，且版面空间允许，则可根据店铺内涵添加具体信息。

第三，原文抽象，译文与原文不符，但与其实质内容相符。原文抽象指原文提供不了任何信息，连原语受众都无法获知原文的实质内容，但译文与原文实质内容相符。例如，一则语言景观的汉语名称为"极速飞扬"，原文虚空，译文比原文更具体、更明晰，反映了原文的真正内涵。若照汉语店名翻译，俄语受众不知所指，但汉语店名上方有图像，表明此店售卖饰物，译者直接译为 Бижутерия 没错，бижутерия 意为（非宝石、非金银制的）妇女饰物（总称），一般指销售饰品的商店。根据笔者在俄罗斯的考察，此类店铺一般不会将 бижутерия 作为店名，而是在店名旁边加以标注，使店名更具体，此例可采用此种表达，将 бижутерия 写在店名之左或之右，店名可改译为 Магазин украшений。原译与店铺实质内容相符，遵守了质准则，却不符合译语类似店名的表达习惯。因此，对于不能凸显任何信息，且原语受众也感到迷惑不解的语言景观，首先必须弄清其隐含的实质内容，再以实质内容为翻译对象，依据译语表达习惯进行翻译。

3）原文信息保全，但其内涵未揭橥

有的译文虽然与原文字面义吻合，但针对的是原语受众，原语受众一看便知其内涵，但译语受众缺乏相应的背景知识，看到译文后会疑惑不解。例如，"京海外贸"译为 Магзин Внешней Торговли，其中"外贸"俄译与汉语逐词对应，姑且不论单词拼写错误（магзин 应为 магазин）和书写失范（后两个单词首字母应小写），整个译文令俄语受众不解，译者仅转换了字面意义，并未揭示原文隐含的真正意义。究其因，系译者未考虑译语受众的文化背景，将原语受众已有的认知、思维方式、表达形式强加给译语受众。须知，不同文化背景的受众在理解同一语言现象时可能存在文化隔膜，译者若不能突破这一隔膜进入译语受众的世界，站在译语受众的角度转述他语现象，则无法直达译语受众的心灵，无法让他们心领神会，其结果无异于对牛弹琴。汉语"外贸"一词尽管也很泛化，但在具体语境下，语义具体化，此处特指"外贸服装"，原语受众一看便知是销售外贸尾单的服装，即销售出口的服装，"出口的服装"可译为 Одежда на экспорт 或 Одежда для экспорта，而无汉语文化背景的俄语受众不了解这一文化信息。若对译成 внешняя торговля，俄语受众会误以为是外贸公司，而 внешняя торговля 前又有 магазин 一词，更是令人疑惑不解。

翻译是跨文化交际活动，不仅要准确传递原文内容，更要为受众所理解和接受，关涉文化现象的内容不能照字面翻译，应根据原文的真实内容，考虑汉俄民族的思维方式、语言习惯等差异，采用增、删等变通手段，重组信息，减少受众阅读和理解障碍（常欣和王沛，2018）。因此，"京海外贸"可改译为 Магазин одежды на экспорт 或 Магазин одежды для экспорта。退而求其次，若译者把握不准如何译"外贸"一词，为了让俄语受众明白这一商店到底是卖什么的，也可直接用 Одежда。当然，为了与原语对应，同时体现店铺销售的具体物品，建议采用前译。

4）原文信息保全，增译部分内涵

原文不太具体，缺乏主要信息，译文译出了原文，又增译了具体内容。有的商业店铺为了提升自身形象与吸引力，常使用专名作店名，凸显其特色、品质、专业化、定制化等信息。若专名是家喻户晓的品牌，则能为受众提供具体信息，否则就提供不了任何信息，翻译时就不能直译，需了解其实质内涵后再进行转换。例如汉语店名"伊韵儿"，若不看店铺，原语受众也很难猜到该店铺经营何种业务，但俄语译名 июнь эр одежды для активного отдыха 信息很具体，这是一种很好的译写方式。若只照原文字面义翻译，俄语受众无法理解，也无法猜到该店是干什么的，因原文并未指出其功能或所售商品。对于此类店名，译者唯有了解店铺所经营的项目，采用变通手段，考虑译语受众的语言特点、类似店名的表达方式等，才能将其准确转换成目的语。原译尽管采用了不错的翻译策略，但存在多个错误：①品牌名称应大写。②词序语义错误，июнь эр одежды 中 одежда 作 июнь эр 的定语，语义上不通，当然，одежды 也可看作 одежда 的复数，但存在语法错误，因为 одежда 是集合名词，无复数；активный отдых 意即"积极休息"，与原文意义不符。若该店真是销售运动服装的，可译为 Спортивная одежда "Июньэр"；若只是销售服装，则可直接译为 Одежда，专名可写在 Одежда 的左边或右边或上边；还可译为 Одежда "Июньэр"。

　　Grice 的质准则关注话语或信息的真实性，要求人们说真话，即要提供真实信息；量准则关注话语的信息量；关系准则关注所提供的话语或信息是否相关；方式准则关注所提供的话语或信息是否清楚、明白（冉永平，2006）。以上各例既有违反量准则和质准则而导致的少译、漏译及错译，也有破坏关系准则和方式准则而造成的与原文无关的白译以及不考虑译语受众背景知识的逐词翻译，这些均会使译文无法提供完整而准确的信息，信息缺失不利于产品的宣传和推广，也达不到标牌译文所预期的效果。奈达认为，若译者不根据假想读者的需求调整信息负荷量，读者可能会失去一些关键信息，或认为译文难懂而停止阅读（转引自谭载喜，1984）。

　　（二）信息冗余

　　语用学研究的不是依附于词句本身的静态意义，而是在一定语境中词句传达的言语行为的动态意义，即语言使用者在一定语境中赋予词句的语用意义。特定话语的会话含义通常与话语所处的语境密切相关。这里所说的语境指语言环境、副语言环境和非语言环境三者的综合因素包括：①交际场合、时间；②交际双方的身份、地位；③交际双方的关系；④交际双方的心情、行为；⑤交际双方的语调、语气、表情、手势等（成昭伟和周丽红，2008）。在语言景观外译中，交际双方的身份、地位、关系、语调、语气、表情等因语言景观功能不同而不同，体现的语境因素主要是交际场景。翻译中若不考虑语境而一字不漏照译，很可能会导致信息冗余。信息冗余包括不依语境而定的单纯词汇冗余和语境下的表述冗余。本部分只讨论译文中具体语境下的表述冗余，不讨论译文中的单纯词汇冗余，将单纯词汇冗余归入词汇错误中分析。

　　语言景观的设置与放置受空间语境制约，双语标牌设置与转换若忽视空间语境，很可能会导致信息冗余。从信息论角度看，冗余信息会干扰正常的信息传递，影响信息传递的质量和效率（周显峰，2011）。例如，"景区出口"的译文 Выход из турзоны 属于语境信息冗余。该标牌位于景区出口处，有"景区"这一语境，语境对词义的影响表现为使词义具体化、明晰化，能消除一定的歧义，因此，只需译出 Выход 即可。Выход 已具有明确的指示功能，所以无须译出 из турзоны。该标牌对于俄语受众来说简单明了，符合俄语在该场景下的语言表述，标牌功能完美实现。同理，一则提示与禁止性语言景观"危险！浪大、有暗流　禁止下海游泳"译为 КУПАТЬСЯ В МОРЕ СТРОГО ЗАПРЕЩЕНО，该标牌就在海边，再写上 МОРЕ 纯属多余，建议删除。另一则语言景观"海上游艇码头"译为 Пристань морской яхты，这一标牌就在海边，因此 морской 多余，而原文也存在信息冗余问题，"海上"完全可删。此译除语境错误外，还有词汇错误。пристань 一般指河码头，причал 既指河码头，也指大海码头，яхты 就是海上快艇，此译可改为 Причал для яхт、Стоянка яхт 或 Яхт-клуб。

　　此类错误系译者忽视语境意义所致。语言景观外译，若有具体语境，则需根据语境取舍原文内容，而非一字不漏地照搬照译，否则不仅违反语用原则，亦会导致信息冗余。有一景区标牌"候车亭"译为 Зал ожидания автомобилей（汽车等候厅），将"车"一词译出纯属多此一举，Зал ожидания 本身就隐含"车"这一信息。根据语境，此例可直接译为 Остановка；若是候车厅，则可译为 Зал ожидания，也可译为 Зал для пассажиров。又如"停车场入口"译为 Вход стоянки，译文除语境错误外，还有搭配错误（вход 后须搭配表去向的前置词 в 或 на，正确的译文为 Вход на стоянку）。该标牌挂在停车场入口处，根据语境，此处 стоянка 完全可省，只需译出 Вход 即可。其实此语言景观也无须翻译，因为标牌标有英文字母 P，表示泊车之义，国际通用，驾车者人人皆知。再如一则语言景观"停车场"的俄译出现 ПАРКИНГ 和 СТОЯНКА 两个俄语同义表达，导致信息冗余，此处完全可以不译，因为有表示停车的标志 P。

"莫斯科洋行"译为 МАГАЗИН ИЗДЕЛИЙ ЗА РУБЕЖОМ В МОСКВЕ，该标牌设在中国，莫斯科相对中国来说就是国外，因此，за рубежом 和 в Москве 存在包含与被包含关系，两个前置词结构并存导致信息冗余。经实地考察，该店销售的是俄罗斯商品，建议改译为 Магазин российских товаров。

语言景观常常设置于某一地点，语境性强，翻译此类语言景观时，译者要在尊重原文的前提下，根据语境作出合适的推理，利用变通手段，发挥译语优势，力求译文达到与原文最大限度的等效。有时需增加信息，以扩大译语受众的认知语境；有时需根据具体语境，缩减冗余信息，节省译语受众的时间，减少其不必要的认知努力。在以上几例中，标牌设在景点的出口处、海边、车站等，借助这些具体语境，景点、大海、汽车等信息完全可省略（成昭伟和周丽红，2008），因为语言景观是用有限的空间表达尽可能多的信息。

理解是表达的前提，无透彻的理解则无准确的表达。语言景观外译时，译者若对原文缺乏理解、逐字对译也会造成信息冗余。如"运动休闲服装"译为 Спортивная и повседневная одежда Ляои，其中 повседневная 一词多余，另外，原店名无 Ляои，且该词不提供任何新信息，纯属冗余，建议删除。又如黑河市一则语言景观"水疗"译为"Баня – с водными процедурами и массажами"（SPA 水疗），原文"水疗"简洁明了，可直接译为 SPA、СПА 或 Гидромассаж，但译文却用过多的词语解释什么是水疗，致使冗余信息增加，有悖于店铺类名称语言简洁的特点。在圣彼得堡类似的店名有 СПА-САЛОН、СПА салон、ТАЙСКИЙ SPA-САЛОН、лаборатория натуральной косметики и SPA-салон 等。

信息冗余是译者忽视语境因素，只看到汉俄词语语义的表面相似，未琢磨其实质内容而乱译导致的语用失误。信息冗余虽不影响理解，但会使表达显得累赘、啰嗦，也不符合语言景观的语言特点，应用尽量少的词或短句传递信息（刘丽芬，2016a）。

（三）信息失真

信息失真指信息在传输、存储或处理过程中出现的损失、不完整或不准确的情况。语言景观翻译的信息失真即译文与原文不对应，或译文与原文实质内容不对应，或译文与原文和实质内容均不对应。信息失真不仅影响信息的有效传播，而且会误导受众，甚至会产生不良后果。

语言景观翻译中信息失真常常涉及语言、文化和专业知识等多个方面，在笔者所拍语料中，主要表现为增加原文中不存在的信息或译文与原文词汇指称义不对应。例如，店名"亮泽眼镜"译为 ОПТИКА ЧАСЫ ТЕЛЕФОНЫ，原文只有"眼镜"这一信息，但从译文看，这是一家眼镜、手表和电话同时在售的店铺。进去一瞧，其实只见眼镜。译文与原文以及店铺部分内容不符，导致信息失真。又如店铺"天元酒业"的俄语表述为 МАГАЗИН ФИРМЕННОГО ТАБАКА И ВОДКИ "ТЯНЬЮФНЬ"，俄译多了"烟草"这一信息，实际上，店里销售的只有酒，建议改译为 Вино-водочный магазин 或 Алкогольный магазин。店名"非凡广告装饰公司"译为 Рекламное агентство，汉语原名指"专门设计和安装广告的公司"，而译文为"广告代理商/公司"，指专门经营广告业务的企业。译文与原文不符，违反了质准则和关系准则，建议改译为 Компания дизайна и рекламы "Фэй Фань"。店名"济明羊毛衫"译为 КОФТА МАГАЗИН БУТИК，其中 кофта 指女短衫，магазин（商店）与 бутик（时装店）属同语反复，译文信息与原标牌不符，根据原标牌可改译为 Магазин шерстяной одежды。

"宴宾酒楼"译成 Ресторан «Елицин»（叶利钦酒楼），译者译出了主要信息"酒楼"，但将具有区分功能的次要信息"宴宾"错译成俄罗斯前总统"叶利钦"，导致信息缺失与失真，违反了量准则和质准则，犯了误导俄语受众的大错。此处"宴宾"可理解为专名或通名，若理解为专名，可译为 Ресторан "Яньпинь"；但汉语母语者通常理解为通名，即"招待宾客"之义，该词可不译，因为酒楼的功能就是招待客人，若要译，则必须添加形容词，修饰"宴宾"，可译为 Ресторан "Доброе угощение гостей"。此类命名方式在俄语国家少见，笔者在所调查的俄语国家城市中未见。

信息失真常表现于译文通名与店铺内涵不对应。店铺名称中包含一些表征店铺的定位、规模、品位、档次、情调等的通名，汉语常用"城、世界、中心、沙龙、会所、工作室、院、馆、堂、房、屋、店"等表示，如"家具城""浩宇汽车用品大世界""顺逸美发中心""皮肤管理中心""标榜原创沙龙""悠悦女子美容会所""吕阳工作室""美容纤体养生馆""美丽堂"等。译成俄语时，如果不顾俄语受众是否接受，一股脑逐字逐词对译，常常会导致译文与原文不符，或夸大或缩小店铺的规模与经营范围，或提升或降低店铺的品位与档次等。俄语店铺名也常见用 город、мир、центр、салон、студия、ателье、магазин、дом 等作为通名的情况，如 Город ИГРУШЕК（玩具城）、Мир трикотажа（针织用品商店）、Центр компьютерного сервиса（计算机服务中心）、Центр дерматологии（皮肤管理中心）、Ателье мод（时尚工作室）、МАГАЗИН ЖЕНСКОЙ ОДЕЖДЫ（女装店）、ЮВЕЛИРНЫЙ МАГАЗИН（珠宝店）、Магазин винзавода（红酒工厂店）、МАГАЗИН ЧАЯ（茶叶店）、Дом одежды（服装店）、Дом быта（日用品店）、Дом оптики（眼镜店）、ЧАЙНЫЙ ДОМ ПО-ВОСТОЧНОМУ（东方茶楼）、Магазин-салон верхней одежды（外衣店）、Салон меховой одежды "IDEAL"（"理想"毛皮服饰沙龙）等。还见用音译自英语 city 的词 сити（城市）作通名的情况，如 Пиво сити（啤酒吧）、Мебель сити（家具城）等。

　　汉语"世界""城"以及俄语 мир、город 作为店铺通名是一种隐喻说法，均指大型营业性场所。"城"在汉语中常用，如"美食城""图书城"，而俄语 город 用得不多，但也能见到该类标牌，如 Город одежды、Цветочный город。"世界"还可指"人的某种活动范围"（中国社会科学院语言研究所词典编辑室，2016：1191），如"儿童世界"既可指儿童用品店铺，也可指儿童娱乐场所。"中心"指"设备、技术力量等比较完备的机构和单位（多做单位名称）"（中国社会科学院语言研究所词典编辑室，2016：1697），如"维修中心""科技信息中心"；还常用作具有某一特定主导功能的店铺通名，其前面通常会加上表示主导用途的词语，如"美容美发中心"等。центр 指大型店铺，销售商品种类繁多（салон、студия、центр 的区别见第六章第三节"四、语义范围不对等"）。

　　实际上，汉语中作为店铺通名的"城、世界、中心、沙龙、店"等使用比较混乱，常常是名不符实，此类通名俄译时要遵守质准则，看是否与俄语

中以 город、мир、центр、магазин、салон 等命名的店铺内涵相符，不能见"城、世界、中心"等就对译为 город、мир、центр 等。例如，"鑫太阳鞋城"译为 Город обуви，俄语中 город 用作店名的情况很少见，即使要用，一般也只指单独的一个建筑物，而"鑫太阳鞋城"所处的建筑物里还有其他店铺，如"亨得利钟表店"等，建议译改为 Мир обуви（刘丽芬和张莉，2024），或直接用 Обувь。

"欧仙妃减肥美容会所"译为 Салон красоты и центр Похудения "осяньфэй"，其中"会所"译为 салон 和 центр，尽管 салон 和 центр 均可用作店铺的通名，但意义有别，且一个店名译成两个俄语通名易导致店铺定位混乱，受众会产生疑问——究竟是"салон"还是"центр"？如何译"会所"，须弄清汉语"会所"之义。"会所"一词源自日语，一指"某些住宅小区等设立的提供健身、休闲、社交、娱乐等服务的场所"（中国社会科学院语言研究所词典编辑室，2016：584）；二指有身份人士聚会的场所，也用作店铺通名，指环境幽雅、服务优质的高档场所，如"七度空间会所""SPA 会所"等。"会所"在俄语中无对等词。从内涵看，原文的"会所"大致相当于俄语的 салон 或 студия。салон 一般指专门提供个性化、高质量服务的场所，студия 比 салон 出现得晚，其服务项目也少一些，通常是持有专业证书的名师为客户提供个性化服务（刘丽芬和卫晓，2024）。此外，原译还有其他错误，专名"欧仙妃"的俄译既有书写错误（首字母应大写或整词大写），也有拼写错误（"欧"音译为 оу）。原译建议改为 Студия красоты и коррекции фигуры "Оусяньфэй"或 Салон красоты и коррекции фигуры "Оусяньфэй"，或译文直接对应于汉语，专名俄译书写在汉语"欧仙妃"之下，其余译文写在"减肥美容会所"之下。再如"和平睡衣大全"译为 Вся мирная пижама，暂且不谈其他错误，汉语"大全"指品种繁多、应有尽有，而俄译却为 вся。若要准确译出店名，须了解店铺的实际情况，如店铺的规模，装修风格，所售商品的质量、数量等，据此来选择合适、得体的俄语词汇，但最简单的办法是和原文一样，不用通名，直接译为 Домашняя одежда。

语言最重要的功能是传递信息和思想，确保交际顺畅。信息不对等不仅会打破原语和译语的信息平衡，造成两者功能不对等，无法为译语受众提供准确信息，达不到交际目的，还会使译语受众对我国人民产生不好的印象。信息冗余、缺失或失真，会造成不同语言交际过程中的信息差，阻碍信息正常传递。信息冗余会耗费受众的时间，且不符合语言景观简洁鲜明的语言特点；信息缺失会使语言景观无法达到预期的效果；信息失真则存在欺骗的性质。这几种表现均违反合作原则的次准则，影响受众对信息的接受，从而导致交际失败。

四、同一内容译文不一

"同一内容译文不一"主要指具有指示功能的语言景观，如旅游景点、机构、街道等的同一名称采用不同译文，这会使受众产生错觉，以为是两个或多个景点和机构、两条或多条街道等。具有提示、限制、禁止等功能的语言景观可根据不同场景采取不同的表述方式。如"小心地滑"可根据不同场景译为"Осторожно, скользко!""Осторожно, скользкий пол!""Осторожно, мокрый пол!"，"禁止吸烟"可译为"Запрещается курить""Курить запрещено""Курение запрещается""Курение запрещено"。因此，具有指示功能的同一景点、同一机构、同一地点等的名称外译时应保持译文一致，但实际使用中常常出现译文不一致的现象。笔者所调查的语言景观中，存在同一地名同一内容一文两译或一文多译的现象，我们将该类现象归为语用失误，不同的译文会误导译语受众，使其将一个地点当成多个地点。例如，在大连拍摄的一张标牌上的两则语言景观"滨海公路"和"滨海路木栈道"分别译为 Биньхайское шоссе 和 Приморская дорога Биньхайлу с деревянным настилом，同一地名"滨海"有两种译文，前者音译，后者意译加音译，同一地名不同译文会误导译语受众，使其以为是两个不同的地方。"滨海"作为普通名词，可意译为 приморье 或 прибрежье，作一致定语时，即"滨海的"可意译为 приморский 或 прибрежный，作专名时可音译为 Биньхай，"滨海路"可音译为 Биньхайлу。此类既可音译也可意译的地名该如何翻译呢？2024 年 5 月 1 日起施行的《地名管理条例实施办法》第十条规定，"地名专名和通名的罗马字母拼写以《汉语拼音方案》作为统一规范"。这一条款并未对地名外译进行规定，2014 年 7 月 15 日正式实施的《公共服务领域英文译写规范 第 1 部分：通则》对场所和机构名称的翻译做出规定：专名一般使用汉语拼音拼写；来源于英文的专名，直接使用原文；有实际含义，并需要向服务对象特别说明其含义的专名，可使用英文翻译。通名一般使用英文翻译；专名是单音节时，其通名部分可视作专名的一部分，先与专名一起用汉语拼音拼写，然后用英文重复翻译；通名在原文中省略的，应视情况补译。通常，地名俄译时，专名音译并用俄语字母转换，通名意译。上述两则语言景观有多个译文，但必须统一。可分别改译为 Приморское шоссе 和 Приморский променад с деревянным настилом/Приморская дорога с деревянным настилом，或 Прибрежное шоссе 和 Прибрежный променад с деревянным настилом/Прибрежная дорога с деревянным настилом，或 Биньхайское шоссе/Шоссе "Биньхай" 和 Променад с деревянным настилом "Биньхайлу"/Дорога с деревянным настилом "Биньхайлу"。

除同一地点同一内容译文不一致外，还存在同一标牌有的有译文、有的无译文的情况，且无译文的信息也是译语受众所需的。如一个标牌上有三则语言景观，分别是"踩踏"（Не Топтать）、"严禁烟火"（Зажигать Огонь Строго Запрещено）、"当心汽车"，只有两则有俄语译文，且译文有多个错误，提醒人们注意安全的语言景观"当心汽车"却未译。同一标牌上多则语言景观有的译有的不译，只为译语受众提供了部分语言服务。同一标牌上未译的语言景观会使译语受众错过一些必要信息，若这些信息是旅游景点的名称，译语受众则会失去观看景点的机会或要花费更多的时间去寻找它们；若是提示、限制、禁止类的信息，则有可能使译语受众无法及时有效规避潜在风险，从而导致不良后果。因此，同一标牌上多则语言景观要么全译，要么都不译。这要求标牌设置与制作机构在制作双语乃至多语标牌时周密设计和全盘统筹。

五、多语混杂

多语混杂指在语言景观译文中有两种或两种以上语码混合使用。由调查可知，有些语言景观的俄译中既有俄语，也有其他语种，如英语或汉语拼音，译文显得不伦不类。例如，"新疆伊犁霍尔果斯客户服务中心"译为 Yili ХоргосЦентр обслуживания клиентов，除书写错误（Хоргос 与 Центр 连写了，应分开）和词序错误（"伊犁霍尔果斯"俄译顺序为 Хоргос Или）外，最主要的错误是两个地名翻译语种不一致，"伊犁"用汉语拼音拼写，显然不符合语言景观规范，照规范，汉语地名译写应罗马化，即用罗马字母（又称拉丁字母）书写的标准化地名或转写的非罗马字母文字国家的标准化地名。但此规定不针对地名俄译，况且此处不是地点名称，而是公司名，因此该语言景观可直接译为 Центр обслуживания клиентов Или-Хоргос 或 Центр обслуживания Или-Хоргос。在黑河市爱辉区和满洲里拍摄的两则语言景观"隐炉御厨烤鸭"（译文 Yin Lu Отель Жареная утка）和"蒸汽机车文化园"（译文 Паровоз WenHuaYuan）的译文均出现汉语拼音。前一译文将"隐炉"用汉语拼音转写为 Yin Lu，将"御厨"译为 Отель（旅馆、饭店），将"烤鸭"译为 Жареная утка。此译文错误颇多，译者未理解"隐炉""御厨"之义，要了解"隐炉"之义须实地考察，因前一标牌是 2020 年 7 月所拍，幸好标牌上有电话，笔者试着打了电话，店家回答说现在店铺已改名为"信誉饺子烤鸭店"，他不知道"隐炉"是什么意思，还说该店已经有 25 年历史了。为了了解"隐炉"之义，笔者的一位在黑河学院工作的学生专程去了趟该店，看到该店现名为"信誉饺子"，下面俄文名为 Ресторан с пельменами и утками "Син Юй"（此译文也不正确），也了解了该店的烤炉，但该店工作人员也不知"隐炉"为何意，该店的烤鸭是烧果木（如枣木）烤制的，同北京全聚德烤制方法差不多。"御厨"古时指专为皇帝烹制食物的厨师。该标牌用"隐炉""御厨"表征店铺的档次、质量、味道等。根据俄语类似标牌书写规则，其名称一般直接指出其功能、所售商品等，因此，该标牌中的"隐炉"和"御厨"可不译，只译"烤鸭"即可达到一定的交际效果，"烤鸭"可译为 Запечённая утка，还可在店铺标牌上写上 Ресторан，首字母大写或所有字母大写。后一例，"蒸汽机车文化园"中"文化园"由"文化"和"园"两个普通名词组成，俄译却用汉语拼音 WenHuaYuan 书写，即使音译也应用俄语字母转写。"蒸汽机车文化园"是猛犸公园景区里的一个景点，即室外一个广场，广场上仅展示一台蒸汽机车模型，据此，可译为 Модель паровоз，但为了突出放置蒸汽机车的可供游客欣赏与休闲的区域，可译为 Площадь "Паровоз"。

有的俄译中掺杂英语，例如在满洲里拍摄的一张标牌将"中国猛犸公园"译为 MAMMOTH PARK OF CHINA，此译有多个错误：俄语单词 MAMMOTH 有误，多写了个字母 M，还将字母 T 和 H 装反了；俄语与英语混杂。建议改

为 ПАРК МАМОНТОВ。原译俄英混用，不伦不类，无论是俄语受众，还是英语受众，均无法从中获取完整信息。

语言景观汉俄译写混杂其他语种，主要是因为译者不了解俄语景观的撰写特点。俄汉、俄英混用不仅影响阅读和主要信息的获取，还导致店名汉俄译写不规范，给译语受众留下不认真、不严谨、随心所欲的印象。以上双语混杂译文的汉语原文既非地名，也非外国品牌。尽管汉语、俄语标牌中不乏汉英、俄英混杂现象，但是这种现象出现在原文中，而不是译文中，且多见于商业店铺，旨在塑造一种国际化形象，制造一种新奇感。例如，中国店名"衣裳"写为"E．裳"，文字均为紫色；俄罗斯店名"VSEXOPOШO! РЕСТОРАН & КЛУБ"中，VSE 替代俄文 ВСЁ，其中 VSE 为红色字体，XOPOШO 和 РЕСТОРАН & КЛУБ 均为白色字体，VSE 与 XOPOШO 连写，字号较 РЕСТОРАН & КЛУБ 大。原文店名以不同语码、不同字体书写，是为了达到吸引顾客的语用效果，而企事业单位、机构名的翻译一般仅对原文进行译语转换，不可随意夹杂多语。

六、英式翻译

英式翻译即将汉语转换成英语，再从英语译成俄语而导致的错误。由调查可知，此类错误有两种：一是音译错误，即将译自汉语的英语再音译成俄语而引发的错误；二是意译错误，即将译自汉语的英语再意译成俄语而导致的错误。例如，海口骑楼老街的一则语言景观"中山路"英译为 Zhongshan Road、俄译为 чжуншань Роуд，汉语"路"的俄译 Роуд 音译自英语 Road，译者犯了仿造错误。"路"的字面义对应俄语 дорога 或 путь，但此处"路"的语境义是 улица，中国地名俄译通常遵循的原则是专名音译、通名意译。但当地名的专名为单音节时，通名一般也为单音节，汉译俄时，先将整体音译，再意译通名，再换序。如"泰山"译为 Гора Тайшань，"巢湖"译为 Озеро Чаоху 等。有些专名为双音节的也采用此类译法（刘丽芬和肖欢，2023）。此处"中山路"的通名"路"可视为专名的一部分，先与专名一起音译，再意译，可译为 Улица Чжуншаньлу，通名音译加意译是为了便于译语受众识别。此类译文采取由汉语转换成英语，再由英语转换为俄语的策略，本无可厚非，但一般是因为从汉语到俄语无法找到对等表达，才不得已而为之。即便采用此策略，也必须考虑俄语受众，确保英语对译成俄语的准确性，同时要保证译自汉语的英语准确无误。上例中，译者完全不考虑俄语受众，将汉语通名英译后再音译成俄语，这就不可避免出错，与乱译仅一步之遥。

七、胡译乱译[①]

胡译乱译指既不考虑语义，也不考虑语用，"望文生译"。这类错误主要表现为译者想当然地翻译，粗制滥造，将信息胡乱堆砌起来，导致语句不通、白字连篇、错误百出，令俄语受众看不懂、悟不明。根据错误程度，可将胡译乱译分为以下几种情况。

第一，有一定理据的自造词，其他部分系对原文实质内容的补充。

译者将语言景观中某个核心词译成目的语后，再以这个词为基础，添加不相干的字母，构成目的语中不存在的词，译语受众根据这一自造词可以辨认其基本意思。例如，笔者在霍尔果斯市拍摄的一则语言景观"鹏达润滑油"译为 Смазкаинка Прямая продажа，俄语中无 смазкаинка 一词，可能是译者仿照 смазка（润滑油）而自造的词。译文比原文多了 прямая продажа（直接销售）这一信息，想表达的意思可能是商品由厂家直销，"直销"实际上指生产者不经过中间环节，直接将商品卖给消费者，即以"出厂价""工厂价格"（фабричная цена）销售，因此可改译为 Смазка по фабричной цене。汉语原文无"厂家直销"这一信息，俄译可能是对标牌内容的具体化。此外，原译少了专名"鹏达"，通常专名不是主要信息，可译可不译，若译，则分两种情况：若"鹏达"是润滑油的牌子，要译，可译为 Смазка "Пэнда"；若是该店的名称，可译为 Магазин смазки "Пэнда"。经查证，此处"鹏达"是一家润滑油公司的名称。因此，此店名译为 Магазин смазки "Пэнда"。

第二，部分正确，部分是毫无理据的自造词。

语言景观汉俄译写中，译文中有的词语与原文意义相符，有的却是译语中所无、仅是用译语字母胡乱拼凑的单词。例如，"邮政储蓄"的译文为 Почта

[①] 本小节部分内容参见 Лю Лифэнь, Ли Жуйжу, Чжан Юйпин. 2024. Анализ произвольного перевода общественных информационных знаков в Китае на русский язык. *Вопросы истории*, (10): 140-149.

вклцик，前半部分 Почта 正确，后半部分 вклцик 属胡译，系俄文字母的胡乱堆砌。"邮政储蓄"实际上兼具邮政、银行二重功能，可将两词并列，译为 ПОЧТА СБЕРБАНК。"思科拓展实业贸易有限公司"译为"Индустриальная торговая компания Циско Девелоп Лтд."，由俄译 торговая компания 和缩略语"Лтд."可知，这是家贸易公司，Циско 不知是何意，Девелоп 似乎音译自英文 develop（发展），但"发展"的俄译是 развитие，由此可知，该译文系译者胡编乱造。经调查，该店从事服装生意，据此，可参照俄语类似表达改译为 ОДЕЖДА。

第三，与原文部分意义吻合、部分意义相差甚远的词语无规则的组合。

语言景观汉俄译写中，有的译文系词语堆砌，部分词语可能与原文意义相符，而另一部分词语与原文毫无关系。例如，"橄榄楼 A 栋、B 栋"译为 олив этаж а растяжкаВ домов，各单词意为：олив（橄榄）、этаж（楼层）、а（而）、растяжка（拉力、伸长、拉杆等）、В（英文字母 B 或俄语前置词"在……里"）、домов（楼），原译中 этаж（楼层）和 растяжка（拉力、伸长、拉杆等）与汉语原文毫无干系。A、B 对应俄语 A、Б，"楼"对应的俄语有 здание、дом、корпус。实际上，橄榄楼 A 栋、B 栋均位于海口市旅游景点冯塘绿园里，园里种植了很多橄榄树，因此楼房、房间均以橄榄命名，以此作为特色。经调查，橄榄楼 A 栋、B 栋是民宿，这些标牌的用途是提供指示信息，标牌上均有指示方向的箭头，并标出了距离。据此，可将"橄榄楼 A 栋、B 栋"译为"Семейный отель А, Семейный отель Б"。"秦怀记忆"译为 Хуайхэпамятицинь，除书写错误（单词间无间隔）外，还将与原文有关联的单词进行了无规则组合，根据已有俄语知识，译语受众或许能辨识出"记忆的怀河秦"。此类错误可能是标牌安装者不懂俄语所致，其将专名 Циньхуайхэ 拆分开来，一部分置前，一部分置后，但不知为何"记忆（память）"用了第二格。实际上，"秦怀记忆"指对秦怀河的回忆，可译为 Память Циньхуайхэ。

"乡村音乐吧"译为 давай музыки кантри，其中 давай 指邀请别人一起来进行某行为，即"让……一起做……吧"，译者可能将"音乐吧"的"吧"理解成"做……吧"；музыка 用了复数形式，该词为不可数名词，无复数形式；кантри 属英式译文，是从 country 转写过来的。"乡村音乐"（country music）对应的俄语是 деревенская музыка，要判断其译文是否准确，须了解什么是乡村音乐。乡村音乐又叫"西方音乐"或"西部音乐"（western music），它是从美国东南部白人农业区的传统民歌衍生而来的一种民间音乐，曲调流畅动听，风格淳朴，旋律质朴优美，内容与农民的生活相关，曲式结构较为简单，多为歌谣体、二部曲式或三部曲式（范誉丹，2017）。这一语言景观蕴含美国文化，若直译为 деревенская музыка，则丧失了部分文化内涵，笔者在 yandex.ru 上查找到 country music 的两种译法为 кантри 和 кантри-музыка，又借助该网站，查找到相应的俄语译文 Кантри Бар。为了保存原文的文化含义，建议将原译改为 Кантри Бар。

第四，与原文有点关系和毫无关系的词语堆砌。

在语言景观汉俄译写中，有的译文完全是词语的堆砌，有的词可能与原文有点关系，有的可能毫不相干。例如，"莲花工坊"的译文 лотос вор 由与原文有点联系的 лотос（莲花、荷花）和毫无关联的 вор（小偷）两词并列构成，如此简单的原文被胡译得面目全非，让俄语受众如何辨识？"工坊"为 мастерская，莲花为 лотос，其形容词为 лотосовый，故可译为 Лотосовая мастерская 或 Мастерская лотоса。还有将"景观桥（译文为 план декоративномост）"中的"景观"（ландшафт）译为 план（计划）декоративно（декоративный 装饰的、观赏的），декоративно 可作为与其他词组合时的一部分，如 декоративно- прикладной（实用装饰艺术的），"景观桥"有不同译法，若是观看景观的桥，可译为 Смотровой мост，若是指能唤起人们美感的，具有良好视觉效果和审美价值，与桥位环境共同构成景观的桥梁，则可译为 Ландшафтный мост，此处的"景观桥"指后者。该译中，除 мост 和 декоративно 与原文有点关系外，其他部分属胡译。又如"榕树王"译为 Чистяк дерево короля（榕莨 王之树），译者将"榕树"（фикус）译为 чистяк（榕莨）дерево（树），莨是一种植物，也说是狼尾草。此译除 король 与标牌原文"王"字能搭点边外，其他部分完全不搭界。"榕树王"实际上指"最古老的或最大的榕树"，"王"对应俄语多个名词，如 царь、король、государь、император 等，可参照"钟王""炮王"译法，译为 Царь фикусов。

"医疗保健用品商店"译成 Секс шоп（性商店），其中 шоп 音译自英语 shop。俄罗斯医药品商店，包括销售保健品的商店，均译成 Аптека，因此，此处可译为 Аптека。若为了表述更确切，可译为 Магазин медицинских товаров。类似标牌"圆明保健品销售部"译成 Здорове，仅一个单词竟然写错（应为 здоровье，出错原因可能是标牌安装者将置于 e 之前的字母 ь 错置于 з 之后），单词 здоровье（健康）似乎与 оздоровительная（保健的）词根相同，但与原文意义相去甚远，因此，可以认为是胡译，建议改译为 Оздоровительная продукция "Юань Мин"。又如"猛犸旅游区总导览图"译成 Мамонт туризма генеральный доцент рисунок（旅游的猛犸 总副教授 图画），与原文相关的单词只有 мамонт（猛犸）和 туризм（旅游），其余均为胡译，建议改为 Схема туристической зоны мамонтов 或 Схема туристического осмотра зоны обитания мамонтов。

一家专门销售骆驼牌鞋的店铺的名称为"大自然骆驼"，俄译为 Красоту верблюд，красоту 不知从何而来，且还用了第四格，"骆驼牌鞋"竟成了"骆驼的美"。若照俄语店名表达法，则应先译出所售物品"鞋"，再译品牌，可译为 Обувь марки "Верблюд"。"泓翔科技有限公司"的俄译是 технологииЛтд Hong Xiang，存在俄语与汉语拼音混用以及书写错误（технологии 和 Лтд 连写），最主要的错误是不求甚解地乱译，单词堆砌，词汇、语法、书写均出错，从原文中只能识别出"泓翔"（Hong Xiang）和"有限公司"（Лтд），建议改为 Фирма науки и техники "Хунсян"，或将 фирма 改为 компания。"凯越陶瓷洁具商店"译为 Кай юе пол，其中 пол 指房间、室内的铺垫物、地板，而"洁具"指卫生设备，是卫生间、厨房中使用的陶瓷及五金家居设备，俄语为 сантехника，因此，该店名应译为 Керамическая сантехника "Кай Юе"。作为以汉语为母语的译者不可能连"洁具"都不理解，只能说明译者在极不负责任地胡译。"水晶圣殿爱情主题森林景观区"作为指示性语言景观，其汉语表达冗长、语义不明，令原语受众难以理解，原译 Кристалл храм любви тему лестных ландшафтов в зоне 也是单词的堆砌，译语受众只能从中捕捉到个别信息。该景点系三亚市凤凰岭景区内一处爱情主题景观，有供拍婚纱照的水晶教堂景观，其功能相当于森林公园，故可译为 Лесной парк "Хрустальная любовь"（"水晶之恋"森林公园）。

"绿之忆文具礼品"的俄译 Книгоиздателъ 完全是胡译。книгоиздатель 意为"出版者、图书出版者"，与"文具礼品"没有丝毫关系，且该单词存在正字法错误（字母 ь 错写为 ъ）。可直接借用笔者在俄罗斯拍摄的类似店名的书写方式，根据汉语店名将原译改为 Канцтовары и сувениры 或 Товары для офиса и школы。"金丝鹿裤业"的俄译 вечная известная марка вечное богатство 也是胡译，与中文店名完全不搭界。翻译店名时，应先译出店铺功能，说明其是干什么的或卖什么的等，但此译未译出店铺的功能与所售物品，且错译中单词 богатство 有多个字母书写错误，可猜出应为单词 богатство。根据汉语原文及俄语店名特点可改译为 Брюки "Циншилу"。

第五，译文全错，将原文词语分解为脱离整词意义的单个字。

此类语言景观不多。例如，"景观大道"译为 план декоративнобольшой канал，декоративно 与 большой 连写。译者将汉语词"大道"肢解为"大"（большой）和"渠道"（канал），只有懂俄语的汉语母语者才能将原文"大道"中的"大"与译文的 большой 联系起来，而俄语受众却难以识解标牌信息，建议改译为 Ландшафтная дорога。"马塞鱼子炒饭"译为 Козули рыб марселей жарят рис，此译也存在多处错误。译者将"鱼子"（икра）译成"鱼的狍子"（козули рыб）；将此处用作名词的"炒饭"分解为"炒"（жарят）和"饭"（рис），译成了动词词组；将"马塞"译成了марсель（中桅帆）或 Марсель（马赛，法国城市名），此处不知为何意，若理解为"马赛"（法国城市名），则可译可不译，若译，可指出烹饪方式是"马赛"式。因此，该名称可改译为 Жареный рис с икрами 或 Жареный рис с икрами по-марсельски。

第六，运用与原文毫无联系的、彼此间组合意义离奇的俄文单词拼凑译文。

语言景观汉俄译写中，有的译文只是将与原文毫无关联的俄语单词胡乱拼凑，不仅无法传递信息，反而会引起俄语受众的反感。例如，"服务中心"竟然译成 костюм（西服） участок（地段） в сердце（在心中），俄语单词随意堆砌，莫名其妙，不得要领，如此翻译，不如不译。原文"服务"对应的俄语有固有词 обслуживание 和外来词 сервис，可改译为 Сервисный центр 或 Центр сервиса 或 Центр обслуживания 或 Центр обслуживания туристов。又如"宴会厅"译成 Может（可能） Yan（汉语拼音"宴"）управления（控制、管理），俄语与汉语拼音混用，词语胡乱拼凑，与原文毫不相干，应译为 Банкетный зал。再如"橄榄居"译为 Венанцит（橄金斑岩） пороть（拆开、撕破、扎伤、抽、打） гуля（鸽子；瘤子、疱），"橄榄阁"译为 Венанцит пороть，"橄榄斋"译为 Венанцит пороть японской（日本的），简直令人啼笑皆非。橄榄居、橄榄阁、橄榄斋均位于海口市旅游景点冯塘绿园里，是不同民宿楼里的房间，这些标牌的用途是提供指示信息，标牌上均有指示方向的箭头，并标出了距离。因此，可根据实情将橄榄居、橄榄阁、橄榄斋译为 номер，但居、阁、斋在此均指房间，无法区分，若想区分，可以将橄榄居、橄榄阁、橄榄斋作为名称进行音译，分别译为 Номер Ганьланьцзюй、Номер Ганьланьгэ、Номер Ганьланьчжай。采用音译方法翻译景点名称，可以使翻译直观、简便，译名也比较简洁，便于外国游客记忆、理解和传播，从而扩大景点的影响力。

笔者在满洲里市拍摄的一个餐馆标牌，汉语原文为"你点我炸"，而俄语译文却会吓跑俄语受众，译文为 взорваться от мяса（因肉而爆炸/炸毁/发怒），其中 взорваться 有发怒、爆炸、炸毁三个含义。看到这样的翻译，谁敢来这家餐馆就餐？与其采用如此复杂的错误翻译，不如直接译成 Ресторан，这样更能有效地达到交际目的；若想译出餐馆原名，也可译为 Ресторан "Вы заказываете, мы жарим"。又如"农业观光采摘园"译成 Ворвство гарден，"采摘"译成 ворвство（偷窃），"园"直接音译自英语 garden，此译在词汇、语法、语用方面均令人费解。建议将此译改为 Агротуристический сад для сбора плодов，或将 сбор плодов 替换为 сбор сельскохозяйственной продукции。

"冬阴功海鲜大虾汤"的俄译也属胡译。冬阴功汤也叫东炎汤，英文为 Tom yum 或者 tom yam，是泰国和老挝的一道富有特色的酸辣口味汤品，主要食材有柠檬叶、香茅、虾等。冬阴功汤在泰国非常常见，大小餐馆几乎都提供此汤品，普通人家亦常饮此汤，从而成为泰国菜的代表。因此，其俄语译文是 Суп с морскими продуктами по-тайски，但也见直接音译自英语的 Том Ям，且据实地考察，此译文在俄罗斯很常见。原译为 Документы（文件、证件） зимы（冬天） хорошие（好的） сделанные（被做成的） в（在……里） втихомолку（悄悄地、偷偷地） prawn seafood，无一处正确，存在用词错误、语义错误、语法错误、俄英混杂等问题。只有了解菜名的来历才能译出地道的译文，原译误导了俄语受众，与其这样还不如不译，错误的翻译不仅无法吸引俄语受众去消费，而且会让他们感到诧异："冬天的证件"能吃？又如一家餐馆在门口张贴的菜品"粟米忌廉汤"，其俄译为 Суп мозоли cream，也是胡译，系俄英混用，суп 固然译对了，但 мозоль 意为"老茧""鸡眼""水泡"等，"粟米忌廉汤"竟成了"老茧汤"，如此翻译，恐怕没人会有食欲，甚至让人倒胃口。忌廉汤（chower）是外国美食，汤里放了奶油，汤汁更浓稠，口感更丰富，也更有营养。建议将此例改译为 Молочный суп с кукурузой，也可译为 Кукурузный крем-суп 或 Кукурузный суп со сливками 或 Крем-суп из кукурузы。

菜名"味付八爪鱼"译为 Вкус оплачивает 8 рыб Fingerrll（味道支付8个手指的鱼），译文与原文意义相去甚远，令俄语受众困惑不解。"味付"一词来源于日语"味付け"，意为"调味，加味"；"八爪鱼"即"章鱼"（осьминог）。译者将"味付"错译为"味道支付"，将"八爪鱼"错译为"8个手指的鱼"，且俄英混用。味付八爪鱼由生抽、小章鱼等原料制作而成。因此，此例应译为 Осьминог в деликатесном соусе 或 Вкусный осьминог с соусом。

第七，堆砌字母。

毫无理据的自造，用译语不同字母任意堆砌，所得译文令译语受众茫然不解，更不用说得到译语受众的认同了。这样的译文根本无法取得预期效果。该类属最严重的胡译。例如，"意大利风味冰淇淋"译为 Отопсытьпостьпос，不知何意，完全是胡译、乱译、自造。其实，该店名俄译相当简单，只要译出所销售的食物"冰淇淋"（мороженое）即可，若想译出全名，可译为 Мороженое по-итальянски。

字母的胡拼乱凑，宛如制造一堆文字垃圾，不仅不能提供任何信息，反而会污染受众眼球。这些错误是译者俄语基本功差或根本不懂俄语，或制作者采用软件翻译所致。最主要的原因是标牌创设者、译写者等缺乏责任心，以为将字母堆砌便能抬高店铺地位，提升店铺品位。在所调查的语言景观汉俄译写中，胡译乱译的不在少数，与其胡译，不如不译。错误的语言景观不仅不能为俄语国家客人提供便捷的语言服务，反而会使他们感到困惑，进而影响对外交流，损害城市形象。

语言错误指白字（外文拼写错误及不规范拼写）、用词不当、标点符号和大小写错误以及语法错误。此类错误可能不会引起误解，但会给人留下文化素质低下或办事不认真、马虎草率的印象，轻则成为笑柄，重则损害我国人民形象。语用失误有可能使国外受众认为我们不尊重他国文化。诚如 Thomas（1983：107）所言，在言语交际中，说话人表达思想时出现的语法错误，至多被认为是"说得不好"（speaking badly）；但违反交际规则就会被认为"表现不好"（behaving badly），被认为是"不真诚的、存心欺骗的或居心不良的人"。尽管译者的语用失误大多由不懂、略懂或不了解译语文化所致，并不是有意为之，但有些译语受众并不这样理解，他们会认为译者就是居心不良，故意伤害他们。因此，语言景观翻译一定要力避语用失误。

第三节　语言景观汉俄译写社交语用失误阐析[①]

社交语用失误也是翻译中常见的现象，指译者不了解或不能准确把握或忽视交际双方的社会、文化背景差异和交际规约而导致的语言形式选择上的失误。它与交际双方的身份、地位、会话的语域、话题的熟悉程度等因素有关。这种失误比语用语言失误更具隐蔽性。它不是由语言本身引起的，而是由社会文化差异（涉及不同的社会文化规则、社会距离、禁忌语、价值观等），以及跨文化交际时对社会文化因素的评估不匹配（涉及社会距离、强加、损益、面子、权责、义务等）造成的（Thomas，1983）。

语言景观汉俄译写的社交语用失误主要由忽视受众引起：一是不考虑受众身份，将只针对国内受众的语言景观一股脑儿地译成俄语；二是不考虑国别和民族，不同国家、不同民族的受众具有不同的文化、语言和思维方式，任何一种语言都是其民族悠久历史文化的积淀，不同文化氛围中的人在社会背景、生活习俗、思维方式上必然会存在差异，这些差异反映在语言表达中，也充分体现在语言景观中。将汉语母语者的思维方式直接移植到译语中，如将汉语里的"薄礼""粗茶淡饭""招待不周，请多包涵"等套话直接翻译，则会引起对方的不解。又如回应俄语母语者的赞美时，不是说"谢谢"，而是说"哪里哪里"等，也会引起对方的疑惑。以上所述均是常见的社交语用失误。由调查可知，语言景观汉俄译写社交语用失误主要表现为内外不分、文化误译等。

一、内外不分

翻译绝不能简单地理解为两种语言的转换，它不可避免地牵涉到许多文

[①] 本小节部分内容参见刘丽芬，裴湘琳. 2024. 语言景观外译社交语用失误探察. 外国语文，(6): 100-110.

本外的因素，诸如文化特征、政治环境、意识形态、价值取向、民族思维、社会经济条件等，这些因素构成的多元文化系统会给翻译选择施加影响（卢彩虹，2016）。翻译过程中哪些内容该译，哪些内容不该译，有一个选择过程。语言景观外译是根据国外受众的需求为其提供出行、生活等的语言帮助，但有的信息对他们来说无用。然而，不同国家的政治、经济、文化等均有自己的特色，这些特色有时体现在标牌上，如国家的政策、针对本国人的行为规范等，这些并不是外国游客所需要的信息，无须外译。但实际情况并非如此，很多译者不加选择地将这些信息和标牌其他内容一起翻译，尤其是英译，似乎为了标示城市的国际化。我国很多语言景观翻译并未做到内外有别，将不该对外只能对内的标语、口号、警示信息、机构名称等直接译成外文，这不仅会给外宾的理解带来困难，还会给他们留下不好的印象，损害民族和国家形象。语言景观外译并不是见一个译一个，应该遵循"三贴近"原则，即贴近中国发展的实际，贴近国外受众对中国信息的需求，贴近国外受众的思维习惯（转引自黄友义，2004）。因此，与国外受众无关的信息、不具备普遍意义的信息可不译。

外文译写要尽可能贴近和满足国外受众必要的，与出行、生活起居等密切相关的信息需求，尊重译语民族的风俗习惯。有些内容完全可省略不译。可不译的内容有以下几种：一是有损我国形象的、不雅的、不恰当的、对我国和谐社会环境产生负面影响的内容，如"大门前禁止停车，好狗不堵门""串门就是互相残杀，聚会就是自寻短见""不要屁股脸的人，办不要脸的酒；不知耻的人去帮忙，不要脸的人去吃酒"等。二是只针对国内受众的一些宣传性标语口号，如"五讲、四美、三热爱""携起你我双手，共创美好家园"等。三是只为国内受众提供信息、起指示作用的内容，如"计生办""党委办公室""审计处"等，这类语言景观不具有普遍性；还有一些只针对国内受众的优惠政策，如在我国一些旅游景点常见到的"教师半价""军人、80岁以上老人以及1.2米以下儿童免票"等。

因此，汉语景观的译写应专注于确有对外服务需要的、能够传播中国文化并树立良好国际形象的文本；那些本身就缺乏得体性，且不能传播中国文化、不能树立良好国际形象的语言景观，则不应纳入汉语景观的外文译写范围。

二、文化误译

语言是文化的载体,它负载着厚重的社会文化,渗透着丰富的文化意蕴,文化为语言提供生命和活力,而语言又作为一个窗口把文化的生命和活力生动地展现出来(陈定安,1998)。特定的文化往往会在语言上留下深刻的烙印。一个时代的客观社会生活,决定了那个时代的语言内容;换言之,语言的内容足以反映出某一时代社会生活的各面影。社会的现象,由景观生活到全部社会意识,都沉淀在语言里(罗常培,2018)。语言景观是语言的一种现实表现形态,充分反映社会各个方面的语言运用特点,受到社会道德、价值观念、传统习俗、公共教养等社会文化诸因素的影响,它不是一个自足的封闭式静态系统,而是一个向外的开放式动态系统,能更鲜明地体现出人类文化的特点,蕴含着丰富的文化内涵。因此,研究语言景观规范,不能局限于语言结构内部的语音、词汇、语法等,必须同时考虑语言结构以外的相关社会文化因素(龚千炎,1992)。

语言景观翻译,形式上是不同语言字符的转换,但内容上是不同民族文化的交流,语言景观翻译是一种跨文化交际行为。翻译理论家奈达认为,要真正做好翻译,熟悉两种文化比掌握两种语言更为重要,因为词语只有在其所处的文化中才有意义(奈达,2001)。在所调查的语言景观中,汉俄译写文化误译现象很普遍。文化误译指译者不了解原语与译语文化的差异,在翻译过程中,或忽视原语文化,照字面意义直译成译语,不管译语受众能否理解;或不考虑译语文化,将原文一字不漏地转换成译语,不管译语受众能不能接受。具有文化特点的语言景观可分为三类:一是原文含有文化元素,二是原文与译文均含有文化元素,三是译语含有文化元素。下面从原文文化因子流失、原文与译文所含文化因子不对应、译文有失得体或触犯禁忌三方面对文化误译展开分析。

(一)原文文化因子流失

原作是作者生活圈内的产物,不可避免地带有其民族的文化印迹。译者和作者基于共同的经验范畴,共享原作信息,但这些信息一般是局限于原作

"透明窗格"里的信息。原作中还有一些"隐蔽窗格"里的信息，如成语、典故、俗语、俚语、风土人情、风俗习惯、政治制度、经济结构、宗教信仰等源语文化的深厚积淀；此外，作者的写作动机、原作的创作背景以及作者的生活环境等均不透明，且较为隐蔽（卢彩虹，2016）。这些因素为翻译增添了难度，正如王佐良（1997：500）所言，译者"处理的是个别的词，他面对的则是两大片文化"。在一种文化里不言而喻的内容，在另一种文化里却要费很大力气解释。"翻译之难，不仅因为中西语言文字不同，而且因为事物、思想的差异。"（黄振定，2007：217）"言语者，思想之代表也，故新思想之输入，即新言语输入之意味也。"（姚淦铭和王燕，1997：41）翻译及其相关因素均取决于文化的轴心地位，围绕且只围绕这一轴心波动（孔德亮，2005）。这也正是翻译面临的最大困难所在。语言景观内容丰富多样，一个国家的政治、经济、文化，乃至民族思维、价值取向等均有体现。

近年来，随着我国对人文旅游资源外宣力度的加大，一些融合自然景观和人文景观的景区也受到了越来越多俄语国家游客的青睐。因此，如何翻译具有文化内涵的语言景观是值得思考的问题。但由调查可知，语言景观汉俄译写大多未体现出旅游资源特色和所蕴含的中华文化，满足不了俄语受众对人文知识的需求。例如，"龙王别院""寿字碑"与我国神话故事、历史典故等密切相关，译者采用音译专名、意译通名（且不论多语混用的错误）或专名、通名均音译的方法进行翻译，虽然保持了原名发音的韵律，但体现的文化信息太少。一般来说，已失去其所指称的意象或性质的专名才用音译法，而尊重目的语文化内涵的情况下宜采用意译法或音译+意译法（杨红英，2011）。三亚同一景点两块标牌"南海龙王别院"和"龙王别院"的译文分别为 Здание короля дракона южного моря 和 Дом Longwang，同一景点不仅译文不一，且均未译出文化内涵。"龙王别院"实际上是为了祭祀南海龙王修建的神庙。南海龙王是民间神话故事中保佑人们免遭天灾、来年有好收成的神仙，专名意译可再现原名的文化内涵。"别院"旧时指主宅之外的同属一个主人的宅院，如今该词也被用于公园、组织、小区等处所的名称中。译者将"别院"译成 дом，未体现其作为祭拜场所的功能，使用"庙宇"（храм）才能准确传达这一含义。因此，该景点名称可译为 Храм короля-дракона Южного моря。但此译并未译出"龙王"在中国文化中的含义，俄语受众可

能不了解 король-дракон；若要译出，只能在其后加注。但作为景区指示标牌，其空间有限，因此可选择不译。"寿字碑"译为 Стела иероглифы "Шоу"，译者将其中的"寿"音译，导致原文的文化意义完全丧失。寿字碑与历史典故有关。清朝光绪年间，慈禧太后将"寿"字赐给即将到地方任知州的王亘，他上任后，便将此真迹刻在碑上，寓意"寿比南山"。"寿"是实义词，意译为 долголетие 才能凸显其寓意。另外，иероглифы 是一种书面符号的名称，而 надпись 有"题词"之义，更贴近原文典故。原译建议改为 Стела с надписью "Долголетие"（刘丽芬和潘盈汕，2020），也可改为 Памятник иероглифу "Долголетие"。

"流水藏金"完全照字面意思翻译，译为 водаспряталзолото（水隐藏了金子），即使是直译，该译也不正确（还有书写、语法错误），作为具有指示功能的标牌一般用名词词组表示，照字面义可译为 Золото в текущей воде 或 Золото, скрытое в струях воды，但原文并非此意。"流水藏金"系三亚市兰花世界一景点，景区标牌对"流水藏金"的介绍为："盈盈的流水与色彩艳丽的兰花，巧夺天工的巨石营造出山水动静，天地生成的瑰丽景观，流水潺潺，蓄金于水，兰财满园，从南山引流下来的福泽之水，滋润着兰花，花团锦簇，祈福游人。"由此可知，"流水藏金"并非水里藏有真正的金子，而是运用了隐喻手法，指以"盈盈流水"浇灌"珍贵的兰花"，此处的金子指兰花。若译成 Орхидеи в струях воды，该标牌的隐喻义将大打折扣；要译出隐喻义，可采用增译法，将兰花比作宝藏，同时还要译出兰花的繁盛。因此可译为"Цветущие сокровища-орхидеи, скрытые в струях воды"，此译传达出这一标牌的真正内涵。

琼海市北仍村的一块标牌上有四个语言景观："乡愁味道""庭院时光""岁月年轮""草寮咖啡"，译文均未正确转换原语文化内涵。"乡愁味道""庭院时光""岁月年轮"蕴含诗情画意的中国写意文化。"乡愁味道"系经营琼菜的餐厅名称，原译 Ностальгия по родину（思念故乡）虽然译出了"乡愁"之义，但未突出菜品的味道，未指出该店的功能，可改译为 Ресторан "Вкус родины"（"故乡味道"餐厅），由"味道"传递出原文"乡愁"的思乡内涵。

对于蕴含中国文化的语言景观，应根据实际情况采用直译、意译或阐译等不同的方法进行翻译。例如，我国的纪录片《舌尖上的中国》就采用了直译法，译为 Китай на кончике языка。该纪录片讲述了中国各地人民对各种美食及美好生活的向往与追求，体现了中国人辛勤劳作、不惧困苦的良好品性；描绘了市井里的烟火气，展示了食物承载的仪式感和伦理文化，展现了中国特色食材及与之相关的构成中国美食特有形象的一系列元素；刻画了人与食物的完美碰撞所迸发出的文化火花。又如我国对外宣传片《感受中国》的俄译名并未照字面义翻译，而是结合其内涵译为 Открой для себя Китай。以上两例展示了我国对外宣传中国文化的优秀译法。"庭院时光"是一处小花园，译文 Чудное время во дворе 未传递出原文中"在此处闲适休息"的文化含义，可以译为 Сад тихого умиротворения，表达"于花园静思"的内涵（吕卉等，2022）。同一语言景观"岁月年轮"的译文不一，两种译文分别为 Годичное кольцо 和 Год за годом，既未传递出原语感慨岁月流逝之义，也未指明此处系休闲广场的场所用途，建议改译为 Площадь "Круговорот времени"，这个译名既履行了语言景观的指示功能，又传递了原语"时光轮回"的文化内涵。

草寮咖啡是蕴含海南地域文化的语言景观。草寮咖啡是琼海市北仍村特有的地域文化现象，起源于 20 世纪 30 年代。当时，村民受南洋文化影响，开始品尝舶来饮品和食品，由于经济条件有限，村中无高档公共聚会场所，村民只能在屋前树下搭起草寮，一边品尝咖啡和面包，一边静坐闲聊消磨时光。随着岁月的流逝，草寮咖啡已经成为北仍村的文化标签（吕卉等，2022）。原译 кофешка 为译者自造词，即便采用俄罗斯咖啡馆对应的俄语 кофейня，也无法传递"草寮"一词的文化内涵。倘若只是突出其功能，只提供主要信息，也可直接译为 Кофейня 或 Кафе；若要译出"草寮"之义，可译为 Кафе "Травяная крыша"或 Кафе под травяной крышкой，或用 кофейня 替换 кафе。尽管译出了"草寮"（травяная крыша），但译语受众可能仍无法完全理解其含义，如同原语受众不理解"草寮"一词的文化内涵一样。翻译此类富含文化内涵的语言景观时，一般采用音译加注或意译加注方法，但此处是标牌，有版面限制，无法加注，只能采用折中译法。

"朋莱湾（苗话：约会湾）"译为 Бухта Юэхуэйвань（约会湾），译者将"约会"音译，令俄语受众不解；若意译，易于俄语受众理解，但丧失了民族语言所蕴含的文化意义。当然，无论是译为 Юэхуэйвань，还是译为 Пэнлай，译语受众均无法理解，甚至不懂苗语的汉语受众也不解"朋莱"之义。因此，标牌制作者在标牌原文下一行括注了"朋莱"之义："苗话：约会湾"。译成俄语时，可有两种选择：一是先译为 Бухта "Пэнлай"，再在其后加注，即 Бухта "Пэнлай"（свидания），这样既译出了语言景观中的文化内涵，又传播了苗族文化；二是采用意译法，直接译为 Бухта свидания，可节省版面，因为该标牌不仅译成俄语，还译成英语、韩语、日语等多个语种，尽管此种译法丧失了部分文化含义，但准确传递了信息。同理，标牌"洲（苗话：爱情鹊桥）"也可采用同样的译法，可译为 Чжоу（Мост любви）或 Чжоу（Мост свидания влюблённых）或 Чжоу（сорочий мост）。

有的语言景观不适宜音译，例如"鹿回头雕塑"中的"鹿回头"音译为 Лухуэйтоу，不仅令译语受众费解，还丢失了其文化内涵。此处"鹿回头"不是专名，鹿回头雕塑是鹿回头公园内标志性的建筑。鹿回头公园是三亚市著名风景区，这一名称蕴含中国古典爱情文化和海南黎族族源文化。相传很久以前，一个黎族猎人追逐一头山鹿，从五指山一直追到南中国海。当山鹿面对大海无路可逃时，回头一望，突然变成了美丽的少女。根据此传说建成的壮观雕塑"鹿回头"已经成为浪漫爱情的见证。中国游客熟悉这个传说，所以无须对景点名称作太多解释，但对外国游客来说，这个传说是陌生的，如果只是简单地把"鹿回头"音译过来，会令外国游客不解。原译丢失了原语文化中的动物形象和寓意（吕卉等，2022），可以转换为 Скульптура "Повернувший голову олень"，此译并非最佳译文，但至少可以让俄语受众理解，进而对 Повернувший голову олень 提出疑问，并猜测背后的传奇故事。但若译出传说，版面不允许。

不同民族，由于地域、习俗、宗教，甚至社会发展程度不同，常常会出现文化错位，这给翻译工作设下了陷阱。背负译语文化的译者，如果不能正确解读原文要传达的文化信息，就会掉入陷阱（黄天源，2006）。移植（保留）原文的形象化语言，就等于为译语受众提供了了解异域文化的机会。同时，译语受众不断接触此类新鲜形象，也有利于提高其对异域文化的解释和消化能力。因此，对于原文中文化内涵丰富的词语（即文化负载词），但凡有可能，应尽量采取保留形象的移植法翻译，使之成为译语的"新鲜血液"

（成昭伟和周丽红，2008）。例如，"臭皮匠制鞋部"译为изготовление обуви у Серёжи。此译有几处错误：一是译文与汉语店名不对等，汉语店名中无人名"谢廖沙"（Серёжа）；二是"臭皮匠"一词未译，也许译者将"臭皮匠"译成了Серёжа。当然，若只提供信息，指出店铺经营项目，该词可不译；倘若要译，须了解"臭皮匠"的文化内涵。"臭皮匠"源于典故"三个臭皮匠，胜过诸葛亮"，作为店名，若直译为 Обувная мастерская "Вонючий сапожник"，一者使其中的文化含义丧失殆尽，二者令俄语受众难以理解。对于该类具有文化含义的词语，一般可采用音译加注方法翻译，以附加相关背景知识，但作为标牌，受限于版面空间，无处加注，即使有空间加注，无形中也会增加受众的阅读负荷，与其如此，不如只译出店铺的功能，达到交际目的即可。在一般文本中，对文化负载词的翻译多采用移植法，这样既可保留原文的形象和修辞效果，又可传播中国文化（成昭伟和周丽红，2008）。但此处是标牌，受到版面空间限制，在不影响主要信息传递的情况下，可不译文化信息，只译出店铺功能即可，建议改译为 Обувная мастерская。

一则提示性与禁止性语言景观"温馨提示 请勿翻越护栏"译为"Не переходите за ограждение!"，原文"温馨提示"体现汉语景观的人文性，表达温和，将禁止性信息蕴于委婉言词中，俄语则更倾向于直接、明确地表达禁止性信息。因此，俄译时，万不可用汉语的思维方式进行转换，必须尊重俄语受众的思维习惯，采用地道的俄语表述。此外，"请勿翻越护栏"的俄译存在词汇错误，其中"翻越"应为 перелезать 或 заходить。建议改译为 Не перелезать через перила/ограждение 或 Запрещено перелезать через перила/ограждение 或"Не заходите за ограждение!"或"За ограждение не заходить!"或"За ограждение заходить запрещено!"。若非要译出"温馨提示"，可使用俄语单纯表提示的词语 напоминание 或表示提醒注意的标记词 внимание，可译为"Внимание! Перелезать через перила запрещено"等。但无论采取哪种形式，均无法传递汉语所蕴含的人文情怀。在此语境下，俄语常用表禁止的标记词 запретить 的被动短尾形式或 запрещаться 的现在时,有时用语气更为严厉的"не+未完成体动词不定式"。

翻译不仅仅是语言层面的单纯转换，更是文化精神层面精神文化交流。作为文化的最高层——精神文化，它是人们思维活动形成的精神产品，包括思维方式、审美情趣、道德操守、价值观念、宗教信仰，同时也包括科学、哲学、文学、艺术等方面的成就（张淑文，2002）。每个民族、每种文化都受到地理、物候、历史发展等因素的影响，因此同一信息在不同语言中有不同的表现形式，也可能出现表现形式的空缺，这种空缺往往体现在各民族特有的文化负载词上，一种语言中大多数文化负载词在另一种语言中找不到对应的词，于是就出现了文化空缺。文化空缺指某民族文化元素在另一民族文化中根本不存在，或某民族文化特点在另一民族文化中找不到对应词来表达的现象，体现在语言层面即词汇空缺，也称文化词空缺。

在所调查的语言景观汉俄译写中，文化词空缺错误不多。例如，"马玉涛麻辣烫"译为 Малая（麻辣雅） тан（小的），让人迷惑不解，也许译者将"麻辣"音译为 Малая，但多了个字母 я。"麻辣烫"是中国特色美食，俄语无对应表达，翻译时一般采用音译法，初次出现时可辅以解释，该标牌可借用俄语写法译为 Острый суп 或 Суп "Малатан"。又如"回锅肉"译为 Два раза в приготовленную свинину，这一译文是按字面意思翻译的，既无法激发食欲，也让俄语受众难以理解。菜名翻译是翻译中的难点。中国饮食文化博大精深，民以食为天，菜名的翻译也是传播中国文化的重要组成部分，但菜名如何翻译，一直是学者讨论的问题，其中菜名英译的讨论最多。伍锋和何庆机（2008）认为，翻译菜名时要直入主题，开门见山地点明菜肴的原料和烹饪方法，以便客人点菜；有时也可以使用艺术化的菜名，体现民俗风情，或讲述历史传说，引起客人的兴趣和食欲。他们总结出以下常用的翻译方法。

第一，音译法。这种方法主要用于两种语言中无对应概念时，较多出现在英译汉中。中文菜名英译时，先以拼音译出，再加以解释性的英译。

第二，直译法。该方法又细分为：①烹饪法+原料（+佐料）；②原料+地名+style（俄语用 по-+地名，如 по-пекински），该方法一般用于翻译一些具有地方特色的菜名；③直译+故事法，先直译中文菜名，再补充说明其实际含义。

第三，意译法。该方法又分为以下几种：①以实对虚，舍去中文（或英文）菜名里的喻义、夸张等说法，用平直、明白的英文（或中文）译出；②中英文借用法，指用西方人熟悉的西方菜名或主食名来译部分中文菜名或少数主食名，用中国人熟悉的中文菜名来翻译西方菜名；③虚实结合法，指保留中文菜名里的形象、喻义、夸张等说法，并用朴实、明白的英语译出（伍锋和何庆机，2008）。菜名英译方法与策略可以运用到菜名俄译中。

关于菜名俄译也有学者探讨过，一般采用以下译法。第一，直译法。该方法具体分为：①菜名+из+主料或原料（形容词）+菜名；②烹饪法（形容词）+主料名（或+с+配料）；③主料+с+调料或主料+в+调料；④主料+地名（一般用带 по- 的副词形式）；⑤原料+в/на+器皿。第二，意译法。第三，直译+注释法。第四，音译+注释法（王灵芝，2012）。

菜名外译（无论是英译还是俄译）一般可酌情采用上述翻译策略与方法。根据上述分析，"回锅肉"俄译可采用意译法，须先了解什么是"回锅肉"。回锅肉是四川传统菜式中家常（味型）菜肴的代表之一。它起源于四川农村地区，古代称油爆锅，制作原料主要有猪后臀肉、青椒、蒜苗等。其口味独特，色泽红亮，肥而不腻。所谓回锅，就是再次烹调的意思，故译者译为"两次"（два раза），第二部分不知为何用带前置词 в+第四格形式的приготовленную свинину。根据菜名俄译法，可将"回锅肉"改译为 Жареная свинина ломтиками с овощами。

随着中西饮食文化交流的扩大，中西菜谱的翻译也蓬勃发展起来。菜谱翻译很特殊，但也要遵循一定的翻译原则，同时要适时变通、因地制宜。语言和文化之间存在相互依存的关系，颇类似于内容与形式间的相互作用，但又不能简单地画等号。一方面语言系统本身是构成文化大系统的要素之一，另一方面文化大系统的其他要素都必须由语言来表达，从而得到演进和发展（林纪诚和俞青海，1989）。

（二）原文与译文所含文化因子不对应

人类文化既有个性（即各民族文化具有差异性），也有共性（文化共性在人类文化中占主导地位）；人类文化共性和民族文化个性都是由自然条件和社会条件所决定的。原文与译文均含有文化因子，但所含文化因子并不相同。标牌设置者在命名时，试图通过名称的各个组成部分来产生某种暗示作用，采用各种修辞方法（夸张、修饰、换喻），借助联想作用（文化涵义），采用先例名、先例文本（引起联想的类似物等）等，以期受众作出有益于某一客体（如商店、餐厅等）的选择。其中，先例现象常见于俄语标牌。标牌设置者会根据大众的语言意识，援引小说、童话、电影、歌曲、电视节目、地理名称、商品品牌等。调查中所发现的一例即是援引童话，如店名"白雪公主"译为 Снежная королева（《冰雪王后》《白雪皇后》《冰雪女王》《白雪女王》《冰雪皇后》《雪之女王》《雪后》等），Снежная королева（《白雪皇后》）是安徒生的童话，是其最经典的作品之一，曾被多国翻拍成不同版本的电影及动画。《白雪皇后》被安徒生称为七个小故事的故事，或"心灵的冰之谜"。俄罗斯有以这一名称命名的服装品牌，意为穿上这一品牌的衣服就像白雪公主一样美丽。汉语店名"白雪公主"采用先例现象，也许包含和俄罗斯同类品牌相同的文化含义，但"白雪公主"对应的俄语为 Белоснежка，而 Белоснежка 是格林兄弟的童话。该店名若译成 Снежная королева，俄语受众可能会误以为该店销售的是俄罗斯同一品牌服装，但进店一看，并非如此，其销售各种各样的服装，无固定品牌，甚至无牌。此译名不仅与汉语名称不符，还可能构成侵权，甚至引发国际法律纠纷。因此，在翻译此类语言景观时，译者不仅要深入了解原语与译语的文化背景知识，还应具备一定的世界文化知识，结合店铺所售商品进行翻译。

不同语言有不同的社交规范、礼貌标准和禁忌，受制于特定社会文化规约。因此，翻译时需考虑译语的礼貌规范，避免使用侮辱、轻慢（王晓明和周之南，2011）等不敬词语。Новиков（1983）把词的词汇意义分为四种语义类型，其中一类是语用意义，指说话人在用词上表现出的情感意义。词的情感意义又可分为两类：一类表现为语言使用者对词的所指对象的情感反应；另一类表现为语言使用者对词本身的情感反应。词汇意义类型众多，汉俄语词义并非一一对应，有的词在一种语言中有引申义，但在另一种语言中不一定有同样的意义。例如，"傻老板美食"译为 Ресторан Дурацкии Директор，暂且不管语法错误与书写错误，更严重的错误是文化错误。"傻子"的释义为：①"智力低下，不明事理的人"（中国社会科学院语言研究所词典编辑室，2016：1134）。②一种瓜子的品牌（张雪等，2019）。③甘愿牺牲个人利益，帮助和解救别人的人（屈宏和韩畅，2023）。④某人的行为很可爱，这时人们会形容他为"傻子"（刘春艳，2022）。由此看来，"傻子"在汉语中既有贬义，又有褒义，"傻老板美食"为褒义用法。俄语无类似表达，

俄语 дурак 本义是"愚蠢的人""傻瓜"。俄罗斯民间故事中有一个家喻户晓的人物 Иван-дурак（"傻子伊万"），但和汉语"傻子"的意思不尽相同。"傻子伊万"天性懒惰却心地善良，受尽嘲弄却备受上天垂青，他与众不同的"傻子思维"总能在关键时刻助他逢凶化吉，最终走向美满结局。时至今日，"傻子伊万"的形象仍备受俄罗斯人喜爱，反映了俄罗斯民族心理中的"傻子哲学"，即大智若愚、大道至简、顺势而为，以及对上帝保持朴素、真诚的信仰。"傻子伊万"这一形象衍生出了一系列谚语，如 Везет дуракам（傻子自有好运）、Бог дураков любит（上帝垂青傻子）、Правду видят дураки（傻子才懂真理）等。还体现在俄罗斯一些民族文化习惯上，如给孩子取小名加上"傻子"一词，以求孩子健康平安；或自称"傻子"，以表自嘲。可见，"傻子"一词在汉俄两语中，基本义相对应，但在两个民族中具有不同的文化含义。因此，"傻老板美食"中的"傻老板"可不译。该店名中的"美食"与餐厅 ресторан 还有差别，"美食"可译为 Закусочная。

因此，若不了解词语本义和联想义的差别，或不具备与译语相关的文化背景知识，也就不可能完全理解词语所负载的民族文化内涵，在翻译时很容易出现跨文化交际偏误，甚至导致文化冲突。

（三）译文有失得体或触犯禁忌

语言景观汉俄译写中也见译者未考虑译语文化而导致译文用词或表述有失得体或触犯译语文化禁忌的情况。语言景观汉俄译写时，应考虑俄汉两个民族之间的文化差异，尊重译语的文化传统和文化习惯，既要追求功能信息的等值，更要讲求文化和风格的照应。译者如果不能透彻地理解文字里所蕴含的文化信息，就不可能很好地完成两种语言之间的翻译转换。例如，海南一家餐厅在取餐台上放置了一块手写的提示语标牌，只有俄语，因为常有俄语国家游客用完餐后还带走食物。此标牌"Берите столько, сколько будете кушать. Выносить еду нельзя!"整体上表述不错，但动词 кушать 的运用有待改进。尽管与 есть 相比，кушать 含有亲昵、礼貌之义，但 кушать 只用于病人和小孩，用在此处不合适，为了避免不快，最好使用中性词 съесть。原译建议改为"Берите столько, сколько сможете съесть. Выносить еду нельзя!"。当然，这一改译是精益求精，不仅在语言上符合译语习惯，还力求在文化上考虑多数译语受众的心理感受，以营造和谐舒适的就餐环境，让译语受众感到愉悦，从而欣然接受这一建议。

　　语言景观翻译在选词上除考虑译语受众的心理感受外，还须特别注意禁忌因素。禁忌语指人们在说话时，出于某种原因，不能、不敢或不愿说出某些具有不愉快联想色彩的词语。语言交际中，禁忌语是不可随便说的，说出来就可能会引起受话人的不快和反感。交际过程中，如果遇到禁忌或敏感的事物或话题时，不直接说出，而采用含蓄、迂回的言辞加以指代，这类言辞就叫做委婉语。我国《公共服务领域俄文译写规范》规定，公共服务领域俄文译写应根据对外服务的实际需求进行。公共服务领域俄文译写应通俗易懂，避免使用生僻的词语和表达方法。公共服务领域俄文译写应用语文明，不得出现有损我国和他国形象或有伤民族感情的词语，也不得使用带有歧视性或损害社会公共利益的译法。笔者在实地调查中还真发现了让译语受众尴尬的译文。例如，"爱辉公安分局"译为 Милиция "Ай Хуй"，译文本身无错，"爱辉"是黑龙江省黑河市的一个区，即"爱辉区"，地处中俄边境，双方贸易十分频繁。但直译地名"爱辉"则触犯了文化禁忌，因为"辉"字的音译 хуй 在俄语中意为"男性生殖器"，主要用于詈语中，是个避讳禁忌语，将其用于官方政府机构的命名显然不当。因此，可采用减译法，省去"爱辉"二字，只译出公安局 милиция 即可。语言景观翻译中，为了尊重译语民族文化，以及译语受众的感情和期待（Baker，1992），可采用两种翻译策略：对禁忌语不译或用委婉语替换。

　　语言景观作为广泛应用于现实生活的一种文体形式，具有强烈的社会依赖性，它折射出不同文化习俗、思维方式、审美观点和价值取向等文化内涵。因此，语言景观翻译应遵循信息传递原则和文化适应原则（沈燕燕和李建军，2008），基于语言性语境和非语言性语境，仔细揣摩原文的信息意图，尤其是非明示的交际意图，将译语受众置于首位，充分考虑其社会文化背景知识，按照译语民族的文化特点，通过增、减、改、删等变通手段，进行原文信息的补全、删减、匡正、重组和译文信息的语用充实，选择适切的译语表达方式，尽最大可能使译语受众获得与原语受众同样的语用效果，实现原文与译文之间的语用语言等效和社交语用等效。

结论及建议

本书从语相、语形、语义、语用四方面分析了我国语言景观汉俄译写错误，归纳出错误类型，提炼出语言景观语言特点及译写模式，具体如下。第一，语相方面，探讨了俄语景观正字法规范，分析了语言景观汉俄译写排版与正字法错误类型及其误因。第二，语形方面，总结了俄语景观语法特点，分析了语言景观汉俄译写在词法（词类错误，名词单复数错误，词形变化及格使用错误，动词错误，前置词遗漏、冗余、错用等）和句法（词序错误、词组类型错误和句类错误）方面的错误及其误因。第三，语义方面，阐述了俄语词汇-语义特点，分析了语言景观汉俄译写中词汇概念义、语义聚合、语义组合、语义重复等错误类型及其误因，并总结出一些语言景观汉俄译写模式。第四，语用方面，从语用语言失误（偏离俄语表达习惯、中式俄语、信息不对等、同一内容译文不一、多语混杂、英式翻译、胡译乱译）和社交语用失误（内外不分、文化误译）两方面分析了语言景观汉俄译写语用失误。

我国语言景观汉俄译写错误颇多，涉及语言与文化各个层面，且常常是一个语言景观中多个错误并存。错误的语言景观不仅不能给来华国际友人带来便捷，反而会误导他们，甚至会伤害民族感情，损害城市乃至国家形象。因此，为给来华国际友人提供切实的语言服务，使他们在行走和欣赏美景中感受中国文化，让中国文化润物细无声地融入他们的精神世界，从而构建正面的中国形象，我们必须减少语言景观汉外译写错误。为此，须进行语言治理，这要求大多数人主动参与，并实现自上而下与自下而上的良性互动（张日培，2017）。语言治理可以分为本体治理和应用治理两大类，语言景观外译是应用治理的一个重要方面。"治理的主体则是多元的，除了政府以外，还包括企业组织、社会组织和居民自治组织等。"（俞可平，2018：49）王春辉（2020）认为，语言治理的主体主要涵盖以下七类：执政党、政府部门

（如外交部、民政部、国家语言文字工作委员会、国务院侨办等）、司法机关（检察院、法院等）、社群团体（语言团体及与语言文字相关的社会团体）、企业（出版企业、人工智能企业、语言产业相关企业等）、媒体（传统媒体、新媒体等）、个体公民（知名人士、权威学者、普通大众等）。其中执政党是第一主体和核心，其他主体则是多元辅助主体。各主体共同致力于构建一个以目标体系为追求、以制度体系为支撑、以价值体系为基础的结构性功能系统的语言治理体系。据此，可将语言景观外译治理主体分为政府相关部门、企事业单位、社群团体、媒体、个人等。语言景观外译应多管齐下，产、学、研、政结合。政府职能管理部门应制定语言景观译写、制作等相应的法规条例，使语言景观外译有法可依；各省市及相关机构应参照国家已颁布的相关译写规范进行治理，使语言景观外译有章可循；研究者应调研市场上语言景观外译情况，对其错误进行分析，提炼出不同译写模式，总结出译写策略和方法，为语言景观外译提供可操作性的指导框架。

目前，我国语言景观汉俄译写存在诸多问题，为了提高语言景观汉俄译写质量，真正发挥语言景观应有的功能，建议从以下几方面加以规范。

第一，相关部门加强监管，制定相应的措施。

我国城市双语乃至多语景观数量众多，但质量参差不齐，某些地方政府部门以为设置了双语景观就实现了城市国际化，不管其译文是否正确。俯拾即是的俄语译写错误与这些地方政府部门的不闻不问、放任自流有关。因此，我们呼吁国家有关部门出台相应的语言景观译写管理条例，设立专门机构加强对语言景观生产流程的监管，实行严格的审批制度，加强专家把关，将语言景观汉俄译写错误消灭于源头，遏制于萌芽。对于影响市容乃至国家形象的俄语译写错误，各级部门和相关机构应及时整改，规范语言景观翻译市场，加大监督和管理力度，建立系统的监管机制，切实提升翻译服务质量。

第二，整肃翻译市场，提高译者准入门槛。

我国语言景观汉俄译写主体分为三部分：一是翻译机构；二是个人译者；三是不懂俄语、采用翻译软件的语言景观制作者。我国翻译市场准入门槛低，各级各类翻译机构的翻译资质良莠不齐，译者个人水平参差不齐，有的持有翻译证，有的只是略懂俄语。这样的翻译队伍导致译文粗制滥造、质量低下。殊不知，即使熟谙俄语，倘若不懂语言景观语体特点，不了解汉俄景观的使用特征、社会文化规范以及在结构和表达上的异同，不了解中俄两国在政治、经济、文化、意识形态、价值取向、风俗习惯等方面的差异，仍然无法译写出地道的译文。因此，对译者的要求是要有职业伦理道德，精通汉俄双语，熟谙两国文化，具备一定的百科知识，对俄语国家的语言景观有足够的了解，熟知原语和译语中语言景观的语用和语域特点，掌握一定的翻译技巧，遵循林克难（2007）提出的"看""易""写"三原则，使语言景观汉俄译写有据可依，确保语言景观译写质量。

第三，人机多方协作，产出高效精准译品。

语言景观研究者、机器翻译技术人员与译者三方协作，引入大语言模型（如 ChatGPT 等）技术，推动翻译实践模式创新。语言景观研究者通过分析多语语料提炼翻译规范，为大语言模型提供高质量训练数据；机器翻译技术人员结合研究成果与大语言模型，优化翻译系统，使其适应更复杂的场景；译者则在大语言模型生成的流畅译文基础上进行译后编辑，实现人机协作下的高效精准翻译。

第四，译者全程跟踪，确保任务完成。

语言景观标牌中出现的字母缺失、遗漏、多余、颠倒、稀疏分布、分隔以及大小写使用不当等低级错误，通常是标牌的制作者与安装者缺乏相关知识所致，他们一般不懂俄语，这就要求译者或懂俄语者负责标牌的制作与安装，直至任务完成。

第五，提高全民语言景观意识，社会各界齐参与。

语言景观翻译是一项"门面工作"，与来华国际友人密切相关，每一个翻译细节都不容忽视。语言景观翻译还涉及生产和生活的方方面面，全社会包括政府、机构、企业和个人都有权利监督和批评各种误译现象，以切实维护好语言景观翻译生态环境。社会各界应加强语言景观意识，营造"语言景观翻译，关系你我，人人有责"的良好氛围（卢小军，2013：38）。只有聚集各方力量，共同努力，才能提升我国语言景观外译水平，使语言景观真正为来华工作、学习、旅游等的国际友人提供便利，让他们通过语言景观认识中国、了解中国，进而树立正面的国家形象，构建和谐的语言生态环境。

参 考 文 献

爱德华·萨丕尔. 1964. 语言论: 言语研究导论. 陆卓元译. 北京: 商务印书馆.
北竹, 单爱民. 2002. 谈英语公示用语的语言特点与汉英翻译. 北京第二外国语学院学报, (5): 76-79.
贝可钧, 翁晓梅. 2015. 中国沿海城市英语公示语误译解读. 北京: 中国人民大学出版社.
卞正东. 2005. 论标示语的翻译. 上海翻译, (1): 27-31.
常欣, 王沛. 2018. 国家形象的内涵及其结构: 多学科的视角. 中国外语, (6): 97-103.
陈定安. 1998. 英汉比较与翻译: 增订版. 北京: 中国对外翻译出版公司.
陈刚. 2014. 旅游翻译. 杭州: 浙江大学出版社.
陈鹤. 2014. 中国德语学习者篇章写作中的词汇错误分析: 一项基于语料库和三语习得的研究. 北京: 北京外国语大学博士学位论文.
陈敬鸾. 2005. 利用地方文献 开发旅游产业. 中国科技信息, (23): 186, 189.
陈曦. 2007. 俄汉称名对比研究. 天津: 天津人民出版社.
陈小慰. 2011. 新编实用翻译教程. 北京: 经济科学出版社.
陈宗明. 1986. 语句的语形分析: 语言逻辑漫话之三. 思维与智慧, (5): 6-8, 45.
程尽能, 吕和发. 2008. 旅游翻译理论与实务. 北京: 清华大学出版社.
成昭伟, 周丽红. 2008. 译可译 非常译: 英汉互译典型错误例析. 北京: 国防工业出版社.
崔学新. 2010. 公共场所英文译写规范研究. 杭州: 浙江大学出版社.
戴昭铭. 1999. 语言功能和可能规范//陈章太等. 世纪之交的中国应用语言学研究. 北京: 华语教学出版社: 241-255.
戴宗显, 吕和发. 2005. 公示语汉英翻译研究: 以 2012 年奥运会主办城市伦敦为例. 中国翻译, (6): 38-42.
邓炎昌, 刘润清. 1989. 语言与文化: 英汉语言文化对比. 北京: 外语教学与研究出版社.
丁衡祁. 2006. 努力完善城市公示语 逐步确定参照性译文. 中国翻译, (6): 42-46.
杜桂枝. 2015. 从逻辑语义分析视角探究句子的歧义现象. 中国俄语教学, (1): 7-11.
段连城. 1990. 呼吁: 请译界同仁都来关心对外宣传. 中国翻译, (5): 2-10.
樊桂芳. 2010. 公示语翻译的互文性视角. 中国科技翻译, (4): 47-50, 63.
范祥涛, 刘全福. 2002. 论翻译选择的目的性. 中国翻译, (6): 25-28.

范誉丹. 2017. 浅谈美国乡村音乐的风格及其演变. 中国民族博览, (8): 125-126.
费尔迪南·德·索绪尔. 1980. 普通语言学教程. 高名凯译. 岑麒祥, 叶蜚声校注. 北京: 商务印书馆.
冯广艺. 2011. 语言生态学的性质、任务和研究方法. 毕节学院学报, (1): 110-114.
龚千炎. 1992. 社会用语研究刍议. 汉语学习, (6): 1-5.
顾俊玲. 2013. 牌匾公示语误译溯因. 中国俄语教学, (1): 54-57.
郭贵春, 赵晓聃. 2014. 规范性问题的语义转向与语用进路. 中国社会科学, (8): 68-90.
郭海霞. 2011. 从美学视角看汉语公示语的英译. 济南: 山东大学硕士学位论文.
郭聿楷, 何英玉. 2002. 语义学概论. 北京: 外语教学与研究出版社.
国家国内贸易局. 1998. 国家国内贸易局出台《零售业态分类规范意见(试行)》. 中国商贸, (15): 44-45.
杭海. 1991. 社会用语规范研究中的几个问题. 汉语学习, (6): 41-44.
郝兴跃. 2003. 二语习得中的错误类型及错误纠正的策略. 昆明理工大学学报(社会科学版), (4): 92-96.
何兆熊. 2000. 新编语用学概要. 上海: 上海外语教育出版社.
何自然. 1997. 语用学与英语学习. 上海: 上海外语教育出版社.
何自然. 1998. 社会语用建设论文集. 广州: 广东外语外贸大学.
何自然, 陈新仁. 2004. 当代语用学. 北京: 外语教学与研究出版社.
何自然, 冉永平. 2009. 新编语用学概论. 北京: 北京大学出版社.
贺学耘. 2006. 汉英公示语翻译的现状及其交际翻译策略. 外语与外语教学, (3): 57-59.
胡永祥. 2011. 文字体系特征对正字法研究的启示: 以中、英文文字体系对比为例. 传奇·传记文学选刊(理论研究), (6): 28-30.
华晓宇, 徐玉臣. 2018. 语篇信息流动中的主语及被动化选择. 外语教学, (6): 44-48.
黄伯荣, 廖序东. 2017. 现代汉语: 下册. 北京: 高等教育出版社.
黄德先, 杜小军. 2007. 公示语翻译的规范. 术语标准化与信息技术, (4): 28-31.
黄天源. 2006. 误译存在的合理性与翻译质量评价. 中国翻译, (4): 37-42.
黄义娟, 刘冲亚. 2019. 现代旅游翻译理论研究与公示语翻译策略. 北京: 冶金工业出版社.
黄友义. 2004. 坚持"外宣三贴近"原则, 处理好外宣翻译中的难点问题. 中国翻译, (6): 27-28.
黄振定. 2007. 翻译学的语言哲学基础. 上海: 上海交通大学出版社.
贾冠杰. 2013. 中国英语再研究. 当代外语研究, (3): 8-13, 77.
姜望琪. 2003. 当代语用学. 北京: 北京大学出版社.
姜雪华. 2017. 中国边境城市俄译牌匾公示语分析与评价: 以满洲里商业街为例. 呼伦贝尔学院学报, (1): 97-99, 18.
金健人. 2020. 论汉语语形的美学功能. 浙江大学学报(人文社会科学版), (2): 168-177.

孔德亮. 2005. 文化: 翻译的轴心. 语言与翻译, (2): 58-60.

黎秋山. 2016. 天涯海角情. 驾驶园, (6): 92-93.

李建利, 邵华. 2007. 翻译过程中的信息缺失: 以霍桑小说《好小伙子布朗》中的人名翻译为例. 西北大学学报(哲学社会科学版), (6): 133-136.

李杰, 钟永平. 1999. 浅论英语词汇的搭配问题. 汕头大学学报(人文科学版), (4): 76-82.

李行健. 2014. 现代汉语规范词典. 第3版. 北京: 外语教学与研究出版社.

李玉良, 于巧峰. 2008. 汉语标识语的英译原则. 上海翻译, (1): 42-45.

李元胜. 2004. 跨文化非语言交际语用失误研究. 华中科技大学学报(社会科学版), (2): 112-116.

李在铭. 1995. 试论英语搭配. 福建外语, (Z1): 34-37.

连淑能. 2002. 论中西思维方式. 外语与外语教学, (2): 40-46, 63-64.

林纪诚, 俞青海. 1989. 语言与文化综论. 教学研究(外语学报), (3): 1-9.

林克难. 2007. 从信达雅、看易写到模仿-借用-创新: 必须重视实用翻译理论建设. 上海翻译, (3): 5-8.

林戊荪. 1991. 改进中译外工作 更好地向世界介绍中国: 在全国中译英学术研讨会上的报告. 中国翻译, (1): 4-7.

林杏光. 1994. 论词语搭配及其研究. 语言教学与研究, (4): 18-25.

林杏光. 1995. 张寿康先生与词语搭配研究. 首都师范大学学报(社会科学版), (1): 59-63.

刘白玉. 2008. 禁止性公示语汉英翻译错例分析. 沧桑, (2): 138-139.

刘春艳. 2022. 民间叙事与民俗规约的互文性: 基于对中国傻女婿故事的解读. 民间文化论坛, (4): 85-92.

刘季春. 1996. 实用翻译教程. 广州: 中山大学出版社.

刘丽芬. 2012. 语言与民族思维互为观照: 以俄语为例. 中国社会科学报, 2012-7-25.

刘丽芬. 2013. 俄汉标题对比研究. 北京: 商务印书馆.

刘丽芬. 2014. 俄汉语同位结构标题的类型学解释. 中国俄语教学, (2): 50-55.

刘丽芬. 2016a. 俄汉公示语模式化研究. 外语学刊, (6): 85-89.

刘丽芬. 2016b. 中国公示语研究进展与前瞻. 中国外语, (6): 53-58.

刘丽芬. 2019. 俄译中国品牌, 讲好中国故事. 俄语学习, (4): 4-7.

刘丽芬. 2020a. "公示语"定名理据及概念重识. 中国外语, (2): 59-66.

刘丽芬. 2020b. 共时历时双轨并行 推进语言景观分析. 中国社会科学报, 2020-12-1.

刘丽芬, 焦敏. 2023. 让城市符号景观充溢生命气息. 中国社会科学报, 2023-1-3.

刘丽芬, 焦敏, 黄忠廉. 2023. 中俄应急场域符号景观构型对比. 中国外语, (5): 47-56.

刘丽芬, 李敏. 2024. 中国公示语外译信息不对等探究. 外国语文研究, (4): 81-93.

刘丽芬, 邝洁莹. 2022. 中国话语的俄译研究: 以"共享X"为例. 上海翻译, (5): 65-70.

刘丽芬, 刘秀娟, 鲍雪. 2018. 中国境内语言景观俄译考察. 中国俄语教学, (1): 20-30.

刘丽芬, 刘秀娟, 黄忠廉. 2021. 语言景观格局研究: 以三亚为例. 中国外语, (6): 51-57.

刘丽芬, 潘盈汕. 2020. 语言景观俄译失调因子分析. 中国翻译, (2): 154-162.

刘丽芬, 裴湘琳. 2024. 语言景观外译社交语用失误探察. 外国语文, (6): 100-110.

刘丽芬, 卫晓. 2024. 中俄美业指称演变场域论. 中国外语, (6): 50-57.

刘丽芬, 肖欢. 2023. 中俄景点名称形义对比与互译探赜. 外国语文, (1): 123-131.

刘丽芬, 张莉. 2022. 语言景观的符号学阐释. 中国社会科学报, 2022-2-8.

刘丽芬, 张莉. 2024. 符号景观词汇指称义外译失范类型及溯因. 上海翻译, (6): 24-29.

刘绍忠, 钟国仕. 2001. 语用关联与跨文化交际中的五类语用失误. 柳州师专学报, (2): 34-39.

龙江华. 2007. 国内公示语汉英翻译研究述评. 语文学刊, (17): 128-131.

卢彩虹. 2016. 传播视角下的外宣翻译研究. 杭州: 浙江工商大学出版社.

卢小军. 2013. 国家形象与外宣翻译策略研究. 上海: 上海外国语大学博士学位论文.

陆俭明. 2012. 相同词语之间语义结构关系的多重性再议. 苏州大学学报(哲学社会科学版), (4): 5-11, 191.

陆俭明, 沈阳. 2016. 汉语和汉语研究十五讲. 第2版. 北京: 北京大学出版社.

鹿士义. 2002. 母语为拼音文字的学习者汉字正字法意识发展的研究. 语言教学与研究, (3): 53-57.

罗常培. 2018. 语言与文化. 南昌: 江西教育出版社.

罗选民, 黎土旺. 2006. 关于公示语翻译的几点思考. 中国翻译, (4): 66-69.

吕和发. 2005. 公示语的功能特点与汉英翻译研究. 术语标准化与信息技术, (2): 21-26, 35.

吕和发. 2017. Chinglish之火可以燎原?: 谈"新常态"语境下的公示语翻译研究. 上海翻译, (4): 80-87, 94.

吕和发, 蒋璐. 2011. 公示语翻译. 北京: 外文出版社.

吕和发, 蒋璐. 2013. 公示语翻译教程(学生用书). 北京: 清华大学出版社.

吕和发, 蒋璐, 王同军, 等. 2011. 公示语汉英翻译错误分析与规范. 北京: 国防工业出版社.

吕和发, 单丽平. 2004. 汉英公示语词典. 北京: 商务印书馆.

吕和发, 单丽平. 2015. 汉英公示语词典. 第2版. 北京: 商务印书馆.

吕卉, 刘丽芬. 2018. 俄罗斯宠物类公示语功能类型分析. 俄语学习, (4): 40-45.

吕卉, 石梦真, 刘丽芬. 2022. 公共空间俄语景观的翻译生态研究: 以海南自由贸易港为例. 海南大学学报(人文社会科学版), (5): 152-157.

吕旸. 2009. 社会符号学视角下的汉语公示语英译研究. 大连: 辽宁师范大学硕士学位论文.

牟金江. 2004. 语言错误分类及其纠错策略. 西安外国语学院学报, (4): 1-4.

奈达. 2001. 语言与文化: 翻译中的语境. 上海: 上海外语教育出版社.
倪传斌, 刘治. 1998. 标记语的英译原则及实例分析. 上海科技翻译, (2): 18-20.
牛津大学出版社. 2005. 牛津大学英语词典. 上海: 上海译文出版社.
牛新生. 2008. 公示语文本类型与翻译探析. 外语教学, (3): 89-92.
彭萍. 2016. 实用旅游英语翻译(英汉双向). 第2版. 北京: 对外经济贸易大学出版社.
彭泽润, 李葆嘉. 2007. 语言理论. 第4版. 长沙: 中南大学出版社.
皮德敏. 2010. 公示语及其汉英翻译原则研究. 外语学刊, (2): 131-134.
祁颖. 2009. 旅游景观美学. 北京: 中国林业出版社.
钱冠连. 2002. 汉语文化语用学. 第2版. 北京: 清华大学出版社.
邱芳. 2009. 从关联理论的语境视角探讨公示语汉英翻译. 广州: 广东外语外贸大学硕士学位论文.
屈宏, 韩畅. 2023. 弘扬雷锋精神塑造人类文明新形态. 辽宁省社会主义学院学报, (3): 77-84.
屈志凌. 2007. 浅谈标语口号的语言特色. 读与写(教育教学刊), (6): 7.
冉永平. 2006. 语用学: 现象与分析. 北京: 北京大学出版社.
冉永平. 2012. 词汇语用探新. 北京: 外语教学与研究出版社.
沙润等. 2004. 旅游景观审美. 南京: 南京师范大学出版社.
单霁翔. 2010. 走进文化景观遗产的世界. 天津: 天津大学出版社.
尚国文, 赵守辉. 2014. 语言景观研究的视角、理论与方法. 外语教学与研究, (2): 214-223, 320.
上海市公共场所中文名称英译专家委员会. 2004. 上海市公共场所中文名称英译基本规则.
深圳市外事办. 2010. 汉英深圳公示语辞典. 深圳: 海天出版社.
沈燕燕, 李建军. 2008. 从文化视角谈公示语的翻译. 金华职业技术学院学报, (5): 51-54.
宋德富, 张美兰. 2011. 小标牌大英文: 英汉公示语即查即用手册. 北京: 中国水利水电出版社.
孙洪德, 张峰. 2011. 计算机应用基础. 上海: 上海科学技术出版社.
谭载喜. 1984. 奈达论翻译. 北京: 中国对外翻译出版公司.
唐红芳. 2007. 跨文化语用失误研究. 成都: 西南交通大学出版社.
陶七一. 1984. 俄语标语口号结构谈. 外语研究, (2): 59-65.
特朗博(Trunble, W. R.), 史蒂文森(Stevenson, A.). 2004. 牛津英语大词典(简编本). 上海: 上海外语教育出版社.
田宁. 2011. 模因论视角下的汉英公示语翻译. 青岛: 中国海洋大学硕士学位论文.
童宪刚. 1964. 俄语词序的特点及功能. 外语教学与研究, (3): 44-48.
托马斯·库恩. 2012. 科学革命的结构. 第4版. 金吾伦, 胡新和, 译. 北京: 北京大学出版社.

拓牧. 1982. 我的几点认识：谈谈"正字法". 文字改革,（3）：10-12.
万永坤. 2015. 公示语汉英翻译探究. 昆明：云南大学出版社.
汪朗. 1994. 加州牛肉面"滋味"何在? 中国企业家,（4）：50-52.
王秉钦. 1998. 语言与翻译新论：语义学、对比语义学与翻译. 天津：南开大学出版社.
王超尘, 黄树南, 信德麟, 等. 1963. 现代俄语通论（上册）. 北京：商务印书馆.
王春辉. 2020. 论语言与国家治理. 云南师范大学学报（哲学社会科学版）,（3）：29-37.
王建华, 袁国霖. 1999. 简析社会用语的特征. 语言文字应用,（3）：55-59.
王建民, 赵红彬. 2014. 语义重复例谈. 语文学习,（1）：76.
王灵芝. 2012. 中国菜名俄译探析. 中国俄语教学,（4）：75-79.
王铭玉. 1998. 聚合关系的制约因素. 中国俄语教学,（3）：7-13.
王宁武, 杨林, 康鹄伟. 2006. 从"目的论"的角度析公示语的汉英翻译. 牡丹江教育学院学报,（4）：50-52.
王倩倩. 2012. 生态翻译学视角下的公示语汉译英研究. 荆州：长江大学硕士学位论文.
王维贤. 1989. 第三讲 自然语言的语形学. 思维与智慧,（2）：2-5.
王晓娟. 2011. 我国境内俄译公示语现状研究. 中国俄语教学,（4）：80-82.
王晓娟. 2014. 禁止类公示语汉俄翻译策略探析. 中国俄语教学,（1）：38-43.
王晓娟. 2015. 提示类公示语汉俄翻译策略探析. 中国俄语教学,（1）：54-59.
王晓明, 周之南. 2011. 汉英公共标示语翻译探究与示范. 北京：世界知识出版社.
王欣. 2019. 现代旅游翻译理论研究与公示语翻译策略. 南京：东南大学出版社.
王欣, 吕婷婷, 李宁. 2010. 公共标识英语纠错指南：实例、辨析和解决方案. 北京：中国书籍出版社.
王颖. 2011. 变译视角下的汉英公示语翻译研究. 曲阜：曲阜师范大学硕士学位论文.
王颖, 吕和发. 2007. 公示语汉英翻译. 北京：中国对外翻译出版公司.
王佐良. 1997. 王佐良文集. 北京：外语教学与研究出版社.
韦孟芬. 2016. 中英公示语比较与翻译. 成都：西南交通大学出版社.
维诺格拉多夫. 1960. 词的语法学说导论. 黑龙江大学编译室译. 北京：科学出版社.
魏海波, 刘全福. 2007. 公示语英译中的语用关联分析. 绍兴文理学院学报（哲学社会科学版）,（2）：83-87.
卫乃兴. 2002. 基于语料库和语料库驱动的词语搭配研究. 当代语言学,（2）：101-114, 157.
卫乃兴. 2003. 搭配研究50年：概念的演变与方法的发展. 解放军外国语学院学报,（2）：11-15.
吴必虎. 1988. 台湾的历史移民及其对台湾文化的影响. 科学,（4）：291-294.
吴振国. 2000. 模糊语义的聚合. 语言研究,（4）：29-35.
伍锋, 何庆机. 2008. 应用文体翻译：理论与实践. 杭州：浙江大学出版社.
肖昌铁. 1987. 汉语逆序论. 韶关师专学报,（4）：83-87.

谢葆辉, 蔡芳. 2008. 从关联角度看误译. 外语与外语教学, (5): 57-60.
谢丹. 2017. 变译在公示语汉英翻译中的应用. 成都: 西南交通大学出版社.
谢建平等. 2008. 功能语境与专门用途英语语篇翻译研究. 杭州: 浙江大学出版社.
熊雁鸣. 2013. 张家界市公示语汉英对照手册. 长沙: 湖南大学出版社.
徐盛桓. 1983. 聚合和组合. 山东外语教学, (3): 12-21.
徐宜良. 2000. 从语相学的角度看英汉语言构词的相同性. 湖北民族学院学报(哲学社会科学版), (4): 85-88, 101.
杨红英. 2011. 旅游景点翻译的规范化研究: 陕西省地方标准《公共场所公示语英文译写规范: 旅游》的编写启示. 中国翻译, (4): 64-68.
杨丽波. 2007. 接受理论视角下的汉语公示语的英译研究. 长沙: 湖南大学硕士学位论文.
杨全红. 2005. 也谈汉英公示语的翻译. 中国翻译, (6): 43-46.
杨全红. 2009. 高级翻译十二讲. 武汉: 武汉大学出版社.
杨永和. 2009. 我国新世纪公示语翻译研究综述. 外语教学, (3): 104-108.
杨永林. 2013a. 标志翻译 1000 例: 方法篇. 北京: 高等教育出版社.
杨永林. 2013b. 标志翻译 1000 例: 理论篇. 北京: 高等教育出版社.
杨永林, 李晋. 2010. 双语标识译写研究: 街名标识篇. 外国语言文学, (4): 258-267, 288.
姚淦铭, 王燕. 1997. 王国维文集(第三卷). 北京: 中国文史出版社.
佚名. 2007. 加州没有牛肉面. 农产品市场周刊, (8): 23.
殷聪聪. 2024. 从至善至美到忧国忧民: 叶圣陶童话的主题研究. 长江小说鉴赏, (3): 80-83.
余富林. 2003. 英汉汉英揭示语手册. 上海: 上海交通大学出版社.
俞可平. 2018. 中国的治理改革(1978—2018). 武汉大学学报(哲学社会科学版), (3): 48-59.
于学勇. 2008. 卡明斯视觉诗语相隐喻的解读. 中国外语, (4): 27-31.
喻云根. 1994. 英汉对比语言学. 北京: 北京工业大学出版社.
袁晓宁. 2010. 以目的语为依归的外宣英译特质: 以《南京采风》翻译为例. 中国翻译, (2): 61-64.
袁毓林. 2015. 汉语反事实表达及其思维特点. 中国社会科学, (8): 126-144, 207.
岳中生, 于增环. 2014. 公示语生态翻译论纲. 北京: 科学出版社.
曾庆南. 2012. 从顺应论角度分析公示语翻译. 长春: 长春理工大学硕士学位论文.
詹伯慧. 2001. 当前一些语言现象与语言规范. 暨南学报(哲学社会科学版), (4): 116-120.
章彩云. 2015. 语境制约下词义的表层、深层语义指向和显现. 信阳师范学院学报(哲学社会科学版), (4): 116-120.
张沉香. 2008. 功能目的理论与应用翻译研究. 长沙: 湖南师范大学出版社.
张德禄. 1995. 语相突出特征的文体效应. 山东外语教学, (2): 1-5.

张会森. 2010. 语法和语法教学. 中国俄语教学, (1): 4-5.
张美芳. 2005. 翻译研究的功能途径. 上海: 上海外语教育出版社.
张美芳. 2009. 文本类型理论及其对翻译研究的启示. 中国翻译, (5): 53-60, 95.
张日培. 2017. 《公共服务领域英文译写规范》颁布后工作的三个建议. 语言规划学研究, (2): 17-18.
张绍麒. 1986. 试论语符组合关系和聚合关系的基本特性. 烟台师院学报(哲学社会科学版), (1): 45-52.
张淑文. 2002. 文化差异与外语教学. 中国高教研究, (8): 92-93.
张先亮, 谢枝文. 2010. 生态观视野中的汉语言和谐. 语言文字应用, (2): 36-41.
张晓东. 2015. 汉英句法结构比较. 长春教育学院学报, (21): 18-19, 40.
张雪, 张琴, 王翠. 2019. 徽商老字号品牌营销创新策略研究: 以傻子瓜子为例. 市场周刊, (6): 99-100.
张永中, 杨春燕, 夏方耘. 2008. 编译策略及其本质论略. 湖北经济学院学报(人文社会科学版), (10): 145-147.
张志毅, 张庆云. 2012. 词汇语义学. 第3版. 北京: 商务印书馆.
赵国栋. 2008. 动词体整合研究. 北京: 科学出版社.
赵楠, 黄忠廉. 2015. "公示语"英译调查与厘定. 中国科技翻译, (3): 60-62.
赵伟飞. 2010. 公示语的汉英翻译原则及翻译策略: 以南宁市公示语英译为例. 东南亚纵横, (5): 116-119.
赵伟丽. 2009. 从文本类型说看汉语公示语英译: 以乌鲁木齐市公示语为例. 新疆财经大学学报, (2): 80-83.
赵友斌. 2018. 旅游翻译. 北京: 外语教学与研究出版社.
中国社会科学院语言研究所词典编辑室. 2016. 现代汉语词典. 第7版. 北京: 商务印书馆.
周华北, 徐建国, 彭雁萍, 等. 2013. 跨文化传播视域下的公示语翻译: 以黔西南州公示语的翻译为例. 兴义民族师范学院学报, (4): 54-59.
周丽霞, 许芝兰. 2020. 海南俄语导游. 北京: 旅游教育出版社.
周显峰. 2011. 从信息论角度看教学语言的冗余现象. 教学与管理, (30): 100-102.
周一兵. 2012. 新世纪美国公示语1000例. 北京: 北京大学出版社.
周玉忠, 杨春泉, 宋江录, 等. 2011. 宁夏旅游景点、酒店中文公示语英译指南. 银川: 宁夏人民教育出版社.
朱晓华. 2012. 公示语汉英翻译原则浅析. 英语广场(学术研究), (2): 21-22.
朱志勇. 2018. 河北省县域经济发展与公示语汉英翻译标准化战略关系研究. 长春: 东北师范大学出版社.
E. A. 纳吉科娃, 蔡学举, 刘恒山. 1980. 论俄语标语、口号的句法结构. 外语学刊, (4): 79-81, 40.

Backhaus, P. 2007. *Linguistic Landscapes: A Comparative Study of Urban Multilingualism in Tokyo*. Clevedon: Multilingual Matters.

Baker, M. 1992. *In Other Words: A Coursebook on Translation*. London: Routledge.

Ben-Rafael, E. 2009. A sociological approach to the study of linguistic landscapes. In E. Shohamy & D. Gorter (Eds.), *Linguistic Landscape: Expanding the Scenery* (pp. 40-54). New York: Routledge.

Bolinger, D. 1976. Meaning and memory. *Forum Linguisticum*, (1): 1-14.

Brown, H. D. 1994. *Principles of Language Learning and Teaching*. 3 rd edn. Englewood Cliffs: Prentice Hall Regents.

Cavallini, E. 2010. *Deutsch nach Englisch bei Italienisch als Ausgangssprache: Eine Empirische Analyse zum Tertiärspracherwerb*. München: Internationaler Verlag der Wissenschaften.

Cinque, G. 1994. *On the Evidence for Partial N-Movement in the Romance DP*. Washington: Georgetown University Press.

Corder, S. P. 1981. *Error Analysis and Interlanguage*. Oxford: Oxford University Press.

Dentler, S. 1998. Zur systematizität und prognostizierbarkeit lexikalischer interferenzen. In B. Hufeisen & B. Lindemann (Eds.), *Tertiärsprachen: Theorien, Modelle, Methoden* (pp. 31-46). Tübingen: Stauffenburg Verlag.

Dulay, H., Burt, M., Krashen, S. 1982. *Language Two*. Oxford: Oxford University Press.

Firth, J. R. 1957. *Papers in Linguistics 1934-1951*. London: Oxford University Press.

Gorter, D. 2006. Introduction: The study of the linguistic landscape as a new approach to multilingualism. *International Journal of Multilingualism*, (3): 1-6.

Grice, H. P. 1975. Logic and conversation. In P. Cole & J. L. Morgan (Eds.), *Syntax and Semantics: Speech Acts* (pp. 41-58). New York: Academic Press.

Halliday, M. A. K. 1976. Lexical relations. In C. Kress (Ed.), *System and Function in Language: Selected Papers* (pp. 73-83). Oxford: Oxford University Press.

Halliday, M. A. K., Hasan, R. 1976. *Cohesion in English*. London: Longman.

Hymes, D. 1972. On communicative competence. In J. B. Pride & A. Holmes (Eds.), *Sociolinguistics: Selected Readings* (pp. 269-293). Harmondsworth: Penguin Books.

Itagi N., Singh S. 2002. *Linguistic Landscaping in India with Particular Reference to New States*. Mysore: Central Institute of Indian Languages and Mahatma Ghandi International Hindi University.

Jaworski, A., Thurlow, C. 2010. *Semiotic Landscapes: Language, Image, Space*. London: Continuum.

Kress, G., Leeuwen, T. V. 2001. *Multimodal Discourse: The Modes and Media of Contemporary*

Communication. London: Arnold.

Landry, R., Bourhis, R. Y. 1997. Linguistic landscape and ethnolinguistic vitality: An empirical study. *Journal of Language and Social Psychology*, 16(1): 23-29.

Leech, G. 1979. *Semantics: The Study of Meaning*. New York: Penguin Books.

Lyons, J. 1968. *Introduction to Theoretical Linguistics*. Cambridge: Cambridge University Press.

Lyons, J. 1977. *Semantics*. Vol. 1. Cambridge: Cambridge University Press.

Mitchell, T. F. 1971. Linguistic 'going on': Collocations and other Lexical Matters Arising on the Syntagmatic record. *Archivum Linguisticum*, (2): 35-69.

Mitchell, T. F. 1975. *Principles of Firthian Linguistics*. London: Longman.

Nord, C. 1997. *Translating as a Purposeful Activity: Functionalist Approaches Explained*. Manchester: St. Jerome Publishing.

Pavlenko, A. 2010. Linguistic landscape of Kyiv, Ukraine: A diachronic study. In E. Shohamy, E. Ben-Rafael & M. Barni (Eds.), *Linguistic Landscape in the City* (pp. 133-150). Bristol: Multilingual Matters.

Shohamy, E., Waksman, S. 2008. Linguistic landscape as an ecological arena: Modalities, meanings, negotiations, education. In E. Shohamy & D. Gorter (Eds.), *Linguistic Landscape: Expanding the Scenery* (pp. 313-331). London: Routledge.

Thomas, J. 1983. Cross-cultural pragmatic failure. *Applied Linguistics*, (2): 91-112.

Vinay, J., Darbelnet, J. 1995. *Comparative Stylistics of French and English: A Methodology for Translation*. Amsterdam: John Benjamins Publishing Company.

Wilkins, D. A. 1972. *Linguistics in Language Teaching*. Cambridge: MIT Press.

Абрамова Е. И. 2016. Лингвистический ландшафт как объект социолингвистики. *Russian Linguistic Bulletin*, (6): 48-49.

Антонова А. Б. 2020. Лингвостилистический анализ ошибок в русских публичных надписях и объявлениях (на примере г. Иркутска). *Вестник Пермского университета. Российская и зарубежная филология*, 12(1) : 5-15.

Аринштейн В. М. 2001. Этноспецифические особенности оформления "публичных директивов" и национальный характер языковой общности. Язык и социокультурный контекст (материалы к спецкурсу). Санкт-Петербург: Изд-во Б. и. С. 77-90.

Астапенко Е. В. 2004. Высказывания о ситуациях запрета: Как феномен английского языка и как феномен американской культуры: автореф. дис. канд. филол. наук. Тверь.

Астафурова Т. Н., Джумагалиева А. С. 2014. *Лингвосемиотика дискурса ландшафтного дизайна*. Волгоград: Изд-ВолГУ.

Буренина Ю. С. 2011a. Стилистические особенности информативно-регулирующих текстов (на материале французского языка). *Филология. Искусствоведение*, 51(8): 23-25.

Буренина Ю. С. 2011b. Формы и функции информативно-регулирующих текстов (на материале французского языка): автореф. дис. канд. филол. наук. Нижний Новгород.

Васильева Ю. А. 2017. Эргонимикон города Астрахни: лексико-семантическая и словообразовательная характеристики. *Вестник КГУ*, (2): 137-141.

Вежбицкая А. 2001. *Сопоставление культур через посредство лексики и прагматики*. М. : Языки славянской культуры.

Виноградов С. И. 1996. Нормативный и коммуникативно-прагматический аспекты культуры речи. *Культура русской речи и эффективность общения*. М. : Наука. С. 121-152.

Вовк Н. А. 2010. Системные свойства фирмонимов в англоязычных текстах финансово-экономической тематики в словообразовательном и функциональном аспектах. *Вісник СевНТУ*, (102): 144-148.

Голованова И. Ю. 2004. Проблема анализа речевых ошибок в контексте онтогенеза языковой компетенции: автореф. дис. канд. филол. наук. Челябинск.

Горбачева Е. Н. 2013. Оппозиция "Перформативное действие — перформативный дискурс" в речевом жанре "Общественный знак" (на материале русского и английского языков). *Ценности и смыслы*, (6): 79-82.

Гузикова В. В. 2013. Иноязычный текст на улицах Екатеринбурга. *Вестник Челябинского государственного университета*, 73(1): 203-207.

Дзюба Е. В., Дударева З. М., Никулина И. М. 2017. Российские и немецкие политические лозунги как объект семантического, лексикографического и лингвопрагматического описания (рецензия на публикацию "Дайте миру шанс! Словарь современных политических лозунгов России и Германии"). *Политическая лингвистика*, (63): 146-151.

Дубкова О. В., Захарова-Саровская М. В. 2018. Контрастивный анализ словосложения в русском и китайском языках на материале неологической эргономии. *Вестник Кемеровского государственного университета*, (2): 170-175.

Едличка А. 1987. Типы норм языковой коммуникации. *Новое в зарубежной лингвистике. Вып. 20: Теория литературного языка в работах ученых ЧССР*. Москва. С. 135-149.

Ейгер Г. В. 1990. *Механизм контроля языковой правильности высказывания*. Харьков: Основа.

Епихина Е. М. 2014. Эмблематические коммуникативные ошибки: дис. канд. филол. наук. Волгоград.

Еремеев Я. Н. 2001. О некоторых особенностях текста общественных указателей (современная мифология). *Язык, коммуникация и социальная среда*, (1): 84-90.

Зенина Е. В. 2011a. Роль языковой игры в реализации категории вежливости в английских директивно-инструктивных надписях. *Известия Самарского наужного центра Российской академии наук*, 13(2): 1450-1454.

Зенина Е. В. 2011b. Смешение речевых актов в англоязычных директивно- инструктивных надписях в процессе экспликации категории вежливости. *Известия Самарского научного центра Российской академии наук*, 13(2): 1213-1216.

Зюзина Е. А. 2018. О полизнаковости графического облика языкового пространства города Махачкалы. *Проблемы современного педагогического образования*, (61): 66-68.

Канакина Г. И., Родионова И. Г., Гурьянова Л. Б., Луннова М. Г. 2014. *Язык современного провинциального города: лингвокультурологическое исследование (на материале города Пензы)*. 2-е изд., перераб. и доп. Пенза: Изд-во ПГУ.

Китайсгородская М. В., Розанова Н. Н. 2010. *Языковое существование современного горожанина: на метриале города Москвы*. М. : Издательский дом "ЯСК".

Княжева Е. А. 2010. Оценка качества перевода: проблемы теории и практики. *Вестник ВГУ*, (2): 190-195.

Кобозева И. М. 2000. *Лингвистическая семантика*. М. : Эдиториал УРСС.

Козлов Р. И. 2000. Эргоурбонимы как новый разряд городской ономастики: автореф. дис. канд. филол. наук. Екатеринбург.

Комиссаров В. Н. 1980. *Лингвистика перевода*. М. : Междунар. отношения.

Коновалова Я., Анатольевна Д. 1997. Названия коммерческих предприятий: Ономасиол. классификация и функционирование в совремнном русском языке: автореф. дис. канд. филол. наук. Челябинск.

Костина П. М. 2016. Лозунги и призывы библейского происхождения в русском языке. *Проблемы истории, филологии, культуры*, (3): 13-21.

Котельникова Н. Н. 2019. Лингвокультурные особенности текстов вывесок как фрагмента семиотического пространства современного китайского города. *Вестник Самарского университета. История, педагогика, филология*, 25(3): 130-138.

Котельникова Н. Н., Леонтович О. А. 2018. Метаморфозы китайской городской семиотики. *Известия ВГПУ. филологические науки*, (10): 176-181.

Крыжановская В. А. 2017. Эргонимы с элементами графической трансформации: структурно-семантический и прагматический аспекты: автореф. дис. канд. филол. наук. Краснодар.

Крысин Л. П. 2021. *Очерки по социолингвистике*. М. : ФЛИНТА.

Кузнецов А. М. 1990. *Лингвистический энциклопедический словарь*. М.: Сов. Энциклопедия.

Кузьмина Н. А. 2016. Христианские мотивы в советских лозунгах. *Проблемы истории, филологии, культуры*, (3): 22-27.

Ладыженская Т. А. 1991. *Методика развития речи на уроках русского языка: книга для учителя*. М. : Просвещение.

Ланчиков В. К. 2008. Ошибки без кавычек. *Мосты. Журнал переводчиков*. http: //www. thinkaloud. ru/archive. html[2025-01-10].

Ларина Т. С. 2018. Директивные речевые акты в немецкоязычных общественных знаках. *Вестник Московского государственного лингвистического университета. Гуманитарные науки*, (9): 102-112.

Львов М. Р. 1975. *Речь младших школьников и пути ее развития*. М. : Просвещение.

Лю Лифэнь. 2018. Лингвистика общественных знаков: терминология, определения, классификация. *Филологические науки. Вопросы теории и практики*, ч. 1, 2(80): 113-116.

Лю Лифэнь. 2023. 公示语 (общественные знаки) и 语言景观 (языковой ландшафт): лингвистические термины и стоящие за ними понятия. *Вестник Санкт-Петербургского университета. Востоковедение и африканистика*, 15(3): 588-602.

Лю Лифэнь, Ван Лина. 2024. Ошибки лексико-семантической парадигматики в русских переводах китайскоязычных общественных знаков. Вестник Московского государственного лингвистического университета. *Гуманитарные науки*, 13 (894): 76-82.

Лю Лифэнь, Ван Хайцзяо. 2023. Анализ синтаксических ошибок в русском переводе общественных знаков в Китае. *Вестник МГУ. Теория перевода*, 22(4): 74-91.

Лю Лифэнь, Куан Цзеин. 2024. Анализ семантического повтора при переводе общественных знаков в Китае на русский язык. *Вестник Московского университета. Теория перевода*, 22(3): 106-125.

Лю Лифэнь, Ли Жуйжу, Ван Хайцзяо. 2022. Обзор исследований общественных знаков в Китае. Каплунова М. Я., Чжао Жунхуэй. *Современная языковая политика в мире: теория и практика*. М. : ИМЛИ РАН, С. 283-303.

Лю Лифэнь, Ли Жуйжу, Ли Минь, Хуан Чжунлянь. 2023. Анализ морфологических ошибок в русских переводах информационных знаков в Китае. *Вопросы истории*, 11 (2): 256-267.

Лю Лифэнь, Ли Минь. 2023. Анализ ошибок в порядке слов при переводе знаков для общественных мест в Китае на русский язык. *Политическая лингвистика*, (4): 208-216.

Лю Лифэнь, Пи Юаньчжо. 2022a. Анализ графических и орфографических ошибок в русскоязычных компонентах китайских общественных знаков. *Международный аспирантский вестник*, (4): 74-79.

Лю Лифэнь, Пи Юаньчжо. 2022b. Сопоставление структурных свойств языковых ландшафтов в Китае и России. *Филологические науки. Вопросы теории и практики*, 15 (1): 171-177.

Лю Лифэнь, У Цзюань, Жэнь Яцянь. 2019. Сопоставление пространственной конфигурации языкового ландшафта китайских и российских университетов. *Политическая лингвистика*, 2 (74): 208-215.

Лю Лифэнь, Хуан Чжунлянь. 2020. Сопоставление комбинаций элементов языковых ландшафтов китайских и российских вузов (на материале их вывесок). *Политическая лингвистика*, 6 (84): 166-173.

Лю Лифэнь, Цай Цзылу, Ли Минь. 2024. Исследование языкового ландшафта в контексте семиотики места: на примере торгового района Дуншань в городе Гуанчжоу. *Политическая лингвистика*, 3 (105): 242-254.

Медведева Д. И. 2004. Контрастивный анализ способов выражения идеи запрета в предписывающих знаках (на материале русского, английского и немецкого языков). *Язык и межкультурная коммуникация: Материалы 1-й межвуз. науч. -практ. конф.* Санкт-Петербург. С. 62-64.

Медведева Д. И. 2005a. Безэквивалентные общественные знаки как отражение российских культурных норм. *English in a Multi-Cultural Community: Материалы междунар. конф. Удм. гос. ун-т.* Ижевск. Ч. 2. С. 127-129.

Медведева Д. И. 2005b. Предупреждающие объявления в сфере торговли в лингвокультурологическом аспекте (на материале русского и немецкого языков). *Актуальные проблемы лингвистического образования: теоретический и прикладной аспекты: Материалы международной научной практической конференции.* Самара. С. 200-202.

Медведева Д. И. 2008. Языковая репрезентация концепта "запрет" в общественных знаках: автореф. дис. канд. филол. наук. Ижевск.

Медведева Д. И., Филипп У. 2005. Методика применения общественных знаков в курсе контрастивного страноведения. *Инновационные процессы в сфере образования и проблемы повышения качества подготовки специалистов: Сб. материалов международной научной практической конференции. Удм. гос. ун-т.* Ижевск. С. 101-103.

Миньяр-Белоручев Р. К. 1996. *Теория и методы перевода*. М. : Моск. лицей.

Михайлюкова Н. В. 2012. Отражение социалиной дифференциации языка в текстах вывесок (на материале языка Владивостока). *Вестник Красноярского государственного педагогического университета им. В. П. Астафьева*, (4): 303-309.

Михайлюкова Н. В. 2017a. Тексты вевесок как особый малый письменный жанр в коммуникативном пространстве города (на материале языка г. Владивостока). *Вестник Ч е лябинского государственного университета*, 105 (3): 51-58.

Михайлюкова Н. В. 2017b. Тексты вывесок как жанр рекламного дискурса (на матереале языка г. Владивостоке). *Филологические науки. Вопросы теории и практика*, (3): 128-133.

Михайлюкова Н. В. 2019. *Социолингвистика: языковой облик современного города: учебник и практикум для вузов.* М. : Изд-во Юрайт.

Новиков Л. А. 1983. *Семантика русского языка.* М. : Высш. школа.

Петрова Т. И. 2016. Коммуникативное пространство междугородного сообщения в жанровом аспекте. *Жанры речи*, (1): 120-127.

Повалко П. Ю., Чжан Ц., Ван Ч. 2023. Письменная коммуникация на китайском языке в кампусе интернационального университета. *Litera*, (10). (URL: https://nbpublish.com/library_read_article.php?id=44083)

Подольская Н. В. 1988. *Словарь русской ономастической терминологии.* М. : Наука.

Покровская Е. А., Дудкина Н. В., Кудинова Е. В. 2011. *Речевые жанры в диалоге культур.* Ростов н/д: Foundation.

Прокофьева Т. О. 2016. Мифы и сказки как источник эргонимических номинаций (на примере ономастикона Тамбовской области). *Наука о человеке: гуманитарные исследования*, (1): 49-61.

Ремчукова Е. Н., Махиянова Л. Р. 2015. Лексико-грамматические механизмы лингвокреативности в сфере городской номинации. *Вестник РУДН*, (2): 132-141.

Ремчукова Е. Н., Соколова Т. П., Замалетдинова Л. Р. 2017. Прецедентные имена культуры в ономастическом пространстве современного города. *Ценности и смыслы*, (6): 94-108.

Руссинова Т. В. 2006. Особенности функционирования запрета: на материале русского и английского языков: автореф. дис. канд. филол. наук. Саратов.

русских переводах китайскоязычных общественных знаков. *Вестник Московского государственного лингвистического университета*, 13 (894): 76-82.

Сахарный Л. В. 1991. Тексты-примитивы и закономерности их порождения. *Человеческий фактор в языке: языкознание и порождение речи.* М. : Наука. С. 221-237.

Селиверстова Л. Н. 2014. Политический слоган как речевой жанр с точки зрения прагмалингвистики. *Вестник Таганрогского института управления и экономики*, (1): 48-51.

Симоненко М. А. 2016. Культурные коды городской вывески. *Гуманитарные исследования*, 59: 38-44.

Сиротинина О. Б. 1983. *Русская разговорная речь: пособие для учителя*. М. : Просвещение.

Слышкин Г. Г., Чиж Н. В. 2008. Город как социокульрурная ценность: перспективы лингвосемотического исследования. *Социология города*, (1): 12-20.

Соловейчик М. С. 1979. Нарушение языковых норм в письменной речи младших школьников. *Начальная школа*, (5): 13-18.

Сперанская А. Н. 2019. Как читать городские названия в Китае: иероглиф, цифра, буква. *Коммуникативные исследования*, (1): 112- 134.

Сулименко Н. Е. 1986. О критериях однотипности речевых недочётов. Капинос В. И., Костяева Т. А. *Оценка знаний, умений и навыкков учащихся по русскому языку: сборник статей из опыта работы*. М. : Просвещение.

Тер-Минасова С. Г. 2000. *Язык и межкультурная коммуникация: учеб. пособие для студентов, аспирантов и соискателей по спец*. М. : Слово.

Тесленко О. А. 2014. Современная естественная письменная речь: неполный стиль написания, или аллегровое письмо. *Филология и лингвистика в современном обществе: материалы III Междунар. науч. конф*. М. : Буки-Веди. С. 108-114.

Тихоненко Е. В. 2014. Эргоубонимия белорусской столицы: лингвистический и правовой аспект стандартизации. *Вести БДПУ*, (2): 91-95.

Толдова С. Ю., Муханова Р. В. 2017. Порядок следования прилагательных разных семантических классов в русском языке. *Компьютерная лингвистика и интеллектуальные технологии: по материалам международной конференции «Диалог 2017»*. Москва.

Тортунова И. А. 2015. Жанрово-стилистический портрет современного политического лозунга. *Научный диалог*, (9): 100-111.

У Цзюань, Лю Лифэнь. 2020. Графико-орфографические особенности русскоязычных общественных знаков. *Филологические науки. Вопросы теории и практики*, 13 (11): 134-138.

У Цзюань, Лю Лифэнь. 2023а. Сопоставление метонимической мотивации в русскоязычных и китайскоязычных коммерческих эргонимах. *Филологические науки. Вопросы теории и практики*, 16(3): 956-960.

У Цзюань, Лю Лифэнь. 2023b. О функциях языковых ландшафтов. *Политическая лингвистика*, 3 (99): 196-201.

Ученые записки ЗабГГПУ. Серия: Филология, история, востоковедение, (3): 264-268.

Федорова Л. Л. 2014. Языковой ландшафт: город и толпа. *Вестник Новосибирского государственного университета. Серия: История, филология*, 13(6): 70-80.

Федюченко Л. Г. 2012. Экологический аспект перевода: переводческая ошибка. *Вестник Тюменского государственного университета*, (1): 97-102.

Филинкова Е. О. 2009. Особенности графического оформления рекламных текстов. *Ученые записки ЗабГГПУ. Серия: Филология, история, востоковедение*, (3): 264-268.

Харлушина А. А. 2018. Прописная буква как выразительное средство в языке СМИ. *Современная филология: материалы VI Междунар. науч. конф. Казань*. С. 48-51.

Хуан Чжунлянь, Се Ичэнь, Ли Жуйжу, Ван Хайцзяо. 2024. Исследование языкового ландшафта в свете семиотики места — на примере туристической зоны Юнцинфан в районе Сигуань города Гуанчжоу. *Политическая лингвистика*, 3 (105): 265-277.

Цейтлин С. Н. 1982. *Речевые ошибки и их предупреждение: пособие для учителей*. М. : Просвещение.

Цзяо Минь, Лю Лифэнь, Янь Цюцзюй. 2022. Коллективизм в контролируемом китайской властью языковом ландшафте в период эпидемии коронавируса — на примере противоэпидемических директивных лозунгов. *Политическая лингвистика*, (4): 143-153.

Черемисин П. Г. 1973. К вопросу о классификации речевых ошибок в сочинениях учащихся средней школы. *РЯШ*, (2): 34-40.

Швейцер А. Д. 2009. *Теория перевода. Статус. Проблемы. Аспекты*. М. : Либроком.

Шимкевич Н. В. 2002. Русская коммерческая эргонимия: Прагматический и лингвокультурологический аспекты: автореф. дис. канд. филол. наук. Екатеринбург.

Шорина Л. В. 2007a. Публичный директив и его место в системе речевых актов: на материале американского варианта английского языка и русского языка: автореф. дис. канд. филол. наук. Санкт-Петербург.

Шорина Л. В. 2007b. Речеактовая природа публичного директива и способы оформления в английском и русском языках. *Вестник Санкт-петербургского университета*, (1): 78-83.

Яловец-Коновалова Д. А. 1997. Названия коммерческих предприятий: ономастическая классификация и функционирование в современном русском языке: автореф. дис. канд. филол. наук. Челябинск.

Ян Лисинь, Ли Минь, Лю Лифэнь. 2024. Обзор исследований языкового ландшафта в России. *Политическая лингвистика*, 5 (107): 329-337.

Янь Цюцзюй, Лю Лифэнь, Цзяо Минь. 2022. Мультимодальные метафоры ядерных ценностей китайского социализма в языковом ландшафте. *Политическая лингвистика*, 3 (93): 152-159.

Ярцева В. Н. 1998. *Большой энциклопедический словарь. Языкознание. 2-е (репринтное) издание "Лингвистического энциклопедического словаря" 1990 года.* М. : Научное изд-во.